Lo que la gente dice acerca de
Latina es poder

"Como decía mi madre, 'Educa a un hombre y educarás a sus hijos; educa a una mujer y educarás generaciones.' El libro de la Dra. Ana Nogales nos enseña que las latinas tenemos el poder de hacer eso precisamente. Envía el mensaje vital de que debemos valorar quienes somos y usar nuestras fuerzas para tener éxito en la tarea de desarrollar todo nuestro potencial."

—Lupe Ontiveros, actriz

"*Latina es poder* impulsa el alma de la mujer latina hacia un viaje de autodescubrimiento, de hermandad femenina y de amor propio. Llama a todas las latinas a unirse para que compartan entre ellas un lugar seguro donde adquiera vida su verdadero ser. ¡Qué maravilloso sentimiento!"

—Yasmin Davidds-Garrido, autora, *Empowering Latinas: Breaking Boundaries, Freeing Lives*

"*Latina es poder* es, sencillamente, un libro fantástico que deben leer las latinas de cualquier clase y profesión. La Dra. Nogales no sólo les brinda a las latinas un excelente regalo al identificar y reconocer los poderes inherentes de nuestra cultura y nuestras mujeres, sino que también revierte los estereotipos negativos y ofrece a la lectora una guía práctica para su autofortalecimiento y su logro personal. Lo mejor de todo es que *Latina es poder* les recuerda a las mujeres que tú puedes crear la vida que deseas tener. ¡Bravo!"

—Yolanda Nava, autora de *It's All in the Frijoles*

"¡Por fin, un libro acerca de latinas, por latinas, para latinas! A través de las vidas de estas mujeres asombrosas, sabemos

qué hace a las latinas lo que son hoy día. Sus vidas y sus historias nos proporcionan algo que todas las latinas necesitan: pura inspiración."
—Congresista Nydia M. Velázquez (Nueva York)

"De una manera creativa, Ana Nogales presenta estrategias culturalmente apropiadas para que las latinas descubran su poder. Los inspiradores casos que muestra, propician un clamoroso sentido de '¡Sí se puede!'"
—Carola Suárez-Orozco, Ph.D., Directora Ejecutiva, Centro David Rockefeller para Estudios Latinoamericanos

"Por fin las latinas podemos vernos reflejadas en este libro que ofrece una inapreciable ayuda para fortalecer aquellos valores culturales nuestros que nos guían hacia la autorrealización y el éxito. *Latina es poder* es una obra esencial que abre el camino hacia la comprensión de quienes constituyen el mayor grupo contemporáneo de portadoras y transformadoras de la cultura: las latinas."
—Dra. Carmen Carrillo, Presidenta y CEO, Comisión Femenina sobre Adicciones de California

"Las latinas de todas las edades aclamarán *Latina es poder* cuando se reconozcan a sí mismas—sus fuerzas, sus luchas y su potencial para triunfar—en sus páginas inspiradoras."
—Martha Samano, ALLA, Alianza para Líderes Latinos en Acción, Presidenta"

"*Latina es poder* cuenta la historia de la mujer latina en Estados Unidos y su identidad cultural, los estereotipos positivos y negativos que tiene que enfrentar dentro de una sociedad donde nuestros antepasados marcan un tipo de cultura diferente a la que se vive actualmente. Ana Nogales y Laura Golden Bellotti, incluyeron siete elementos de actitud positiva para que la mujer hispana ponga en práctica en su vida personal y laboral."
—*Semana*, Houston, Texas

Descubre las 7 fortalezas que
tienes para triunfar

¡LATINA ES PODER!

DRA. ANA NOGALES

con Laura Golden Bellotti

Libros en Español
Publicado por Simon & Schuster

Nueva York   Londres   Toronto   Sydney   Singapur

SIMON & SCHUSTER
LIBROS EN ESPAÑOL
Rockefeller Center
1230 Avenue of the Americas
New York, NY 10020

Primera Simon & Schuster Libros en Español Edición 2003

SIMON & SCHUSTER LIBROS EN ESPAÑOL y su colofón son marcas
registradas de Simon & Schuster, Inc.

'ara la información con respecto a descuentos para la compra en grandes
cantidades, por favor ponerse en contacto con Simon & Schuster
Special Sales: 1-800-456-6798 busines@simonandschuster.com

Diseño por Ruth Lee

Hecho en los Estados Unidos de América

3   5   7   9   10   8   6   4   2

Datos de catalogación de la Biblioteca del Congreso

Nogales, Ana, 1951–
[Latina Power! Spanish]
Latina es poder! : descubre las 7 fortalezas que tienes para triunfar /
Ana Nogales con Laura Golden Bellotti.
p.   cm.
Includes bibliographical references and index.
1. Hispanic American women—Psychology. 2. Success—United States—
Psychological aspects. 3. Spiritual life. 4. Conduct of life.
I. Bellotti, Laura Golden. II. Title.
E184.S75N6518 2003
158.1'082—dc22
2003058908

ISBN 0-7432-3607-6

A mi madre

Tú fuiste la fuerza que me guió, que me inspiró
a luchar por alcanzar una vida mejor.
Mi gratitud y mi amor eterno
iluminarán siempre mi camino.

Índice

Las Mujeres

Espíritu creativo

Elena Ávila: Curandera y Enfermera Registrada
Julz Chávez: Creadora y Cofundadora, Get Real Girl, Inc.
Leticia Herrera: Presidenta, Extra Clean, Inc.
Anita Pérez Ferguson: Autora y Capacitadora en Habilidades Políticas
Martha Montoya: Caricaturista
Silvia Bolaños: Directora Nacional de Ventas, Yves Rocher Cosmetics

Aguantadoras

Esperanza Martínez: Artista
Doctora Estela Martínez: Anestesióloga
Mercedes Sosa: Cantante
Doctora Mary López: Profesora de Endocrinología

Comadres

Linda Gutiérrez: Presidenta, National Hispana Leadership Institute
Isabel Allende: Escritora
María Hinojosa: Periodista de Televisión y Radio

Diplomáticas

María Pérez-Brown: Productora de Televisión
Doctora Antonia Pantoja: Activista Política

Loretta Sánchez: Congresista de Estados Unidos
Linda Sánchez: Congresista de Estados Unidos
María Macías: Maestra
Lisa Fernández: Lanzadora de Softball, Ganadora de Dos Medallas
Olímpicas de Oro; Entrenadora Asistente, Equipo Bruin de Softball de la
UCLA

Atrevidas

Sor Juana Inés de la Cruz: Escritora y Poeta
Doctora Sandra Milán: Investigadora Médica
Nely Galán: Ejecutiva de Entretenimiento
Doctora Elvia Niebla: Coordinadora Nacional de Investigación Sobre el
Cambio Global, Servicio Forestal de Estados Unidos
Olga Marta Peña Doria: Profesora de Teatro

Malabaristas

María Elena Salinas: Copresentadora de Noticias Nacionales, Univisión
Leticia Márquez Magaña: Profesora de Biología
Doctora Eleonora Goldberg: Bióloga Molecular
Elizabeth Peña: Actriz
Silvia Pinal: Actriz
Liz Torres: Comediante

Las reinas

Eva de la O: Cantante de Ópera y Directora de Música de Cámara, Inc.
Fern Espino: Ejecutiva de Reclutamiento
Cristina Saralegui: Periodista y Presentadora de Televisión
Linda Alvarado: Presidenta y Directora Ejecutiva, Alvarado Construction,
Inc.; Propietaria de la Franquicia de Béisbol de los Rockies de Colorado
Norma Leandro: Actriz

Cómo compartir el poder

Sonia Marie de León de Vega: Directora de la Orquesta Santa Cecilia;
Maestra de Música
Hilda Solís: Congresista de Estados Unidos
Christy Haubegger: Fundadora, Revista Latina
Jaci Velásquez: Intérprete y Compositora
Angélica María: Actriz y Cantante

¡LATINA ES PODER!

1

Las 7 fortalezas
de la latina

Cuando tenía aproximadamente siete años, solía jugar casi todos los
días con Miguelito, mi vecino de junto; nos divertíamos tanto que pro-
metimos casarnos cuando creciéramos. Un día, mientras levantábamos
nuestra tienda de campaña con sábanas y sillas del comedor, mi madre
y Rosa, mi tía abuela, me llamaron para hablar conmigo. Habían escuchado nuestra conversación sobre matrimonio y me dijeron, "Annie,
cuando crezcas deberás casarte con un hombre con dinero porque así
tendrás un buen futuro." Recuerdo que su comentario me enfadó y respondí espontáneamente, "No se preocupen por eso, yo seré la que gane
el dinero." Esa conversación quedó grabada en mi mente; desde entonces me dije que jamás buscaría un esposo por su dinero. Lo elegiría ba-
sándome en otros aspectos, pues yo sería quien ganaría el dinero.
Estaba en lo correcto, así sucedió.

Creo que el tipo de fuerza y determinación que tenía entonces
(y que aún poseo) es característico de todas las mujeres latinas. El reto
consiste en darse cuenta de que esas cualidades existen en nosotras y
en saberlas utilizar en la vida para llegar a donde queramos. Como latinas, siempre hemos triunfado en lo que se refiere a mantener unida a la

familia, lidiar con nuestras relaciones, criar a nuestros hijos y sobrevivir las crisis, así como para hacer rendir el dinero. Todas estas habilidades pueden ayudar a prepararnos en la profesión que deseamos y en una labor más elevada, como lo es crear una mejor sociedad.

La idea de escribir este libro surgió a lo largo de varios años, tras observar que muchas latinas con creatividad, valor y determinación habían superado varios obstáculos para realizar sus sueños y lograr un cambio en el mundo. Quedé asombrada al descubrir que, contrario al mito generalizado de que la cultura latina detiene a la mujer, muchas de las razones de ese éxito se debían a las cualidades enraizadas en nuestro origen cultural. Al observar más de cerca algunas historias de latinas exitosas que se desempeñan en todos los ámbitos de la vida, pude identificar siete atributos fundamentales, los cuales son resultado de vivir o crecer en esta comunidad. En este capítulo exploraremos dichas cualidades y después podrás distinguir cuáles predominan en ti, por medio de un cuestionario de autoevaluación incluido al final del capítulo. A medida que avances en la lectura de este libro, aprenderás a desarrollar y explotar cada una de las siete cualidades recopiladas de la experiencia de latinas exitosas que enriquecieron sus vidas y las de otras personas.

Tal vez la cualidad que sobresale en tu mente, la que más se destaca en las niñas de tu familia, sea la "generosidad." Sé que en casi todas las familias latinas la mujer está educada para ser generosa con su marido, con sus hijos y con los hijos ajenos, los parientes y su comunidad. Además, las niñas continúan aprendiendo de sus madres y abuelas, quienes representan a la mujer sufrida y abnegada, cuya responsabilidad es entregar su vida por completo al bienestar de sus hijos y su familia. Para algunas de nuestras abuelas, mamás y tías, el reto fue particularmente grande, ya que, además de criar a muchos hijos y de llevar a cabo todas las tareas domésticas, tuvieron que laborar fuera del hogar para mantener a la familia. Para lograrlo, en muchas ocasiones trabajaban de sol a sol y lo hacían orgullosas de sí mismas.

Este sentido de devoción femenina y sacrificio está implícito en nosotras, aunque quizá nos sintamos confundidas al respecto, al valorarlo y rechazarlo al mismo tiempo. Nos preguntamos si existe —más allá de lo que experimentaron las mujeres mayores de nuestra familia—una forma de vida que nos pueda brindar mayor satisfacción personal. Lo que deseo que descubran al leer este libro es el aspecto poderoso e inexplorado de la generosidad que heredamos de nuestra cultura: la capacidad de darnos y retribuirnos a nosotras mismas. Ya que hemos aprendido tan bien la forma de dar, ahora podemos poner esa atención, amor, sacrificio y devoción en nosotras mismas. Tenemos la capacidad de ser tan generosas con nosotras como lo somos con los demás. Al hacerlo podremos alcanzar grandes objetivos: no sólo nos sentiremos más satisfechas y haremos una contribución al mundo, sino que nos convertiremos en modelos a seguir para nuestros hijos, con el fin de que ellos también logren sus metas.

Cómo superar las expectativas familiares
Un poco de historia personal

Ninguno de mis padres estudió una carrera universitaria. La prioridad de mi padre en la adolescencia fue trabajar, porque ganar dinero para sobrevivir era más importante que ir a la escuela. Mi madre era una excelente estudiante, pero cuando tenía quince años su padre murió y debió abandonar sus estudios para trabajar y sostenerse a sí misma y a su familia. De tal suerte que, a pesar de que comprendían el valor de la educación superior, ninguno de ellos tuvo la oportunidad de disfrutar de sus beneficios.

Si bien mi madre siempre quiso que yo me casara y tuviera hijos, estaba convencida de que la mujer no debe depender por completo de un hombre. Una de sus razones era que algunos de ellos pueden ser muy abusivos, por lo que consideraba que siempre es bueno tener una profesión, en caso de que el matrimonio acabe. Sin embargo, existía otro motivo que jamás mencionaba: Alguna vez ella consideró una carrera para sí misma, pero dadas las limitaciones económicas de su familia después de la muerte de su padre, no lo logró. Fue así como depositó esas expectativas —y esos sueños— en mí. Creía que yo era inteligente y que lo conseguiría, aunque, al mismo tiempo, debido a la cultura y al mundo práctico en el que vivíamos, opinaba que debía aprender a cocinar, limpiar la casa, tejer, coser, lavar y educar niños, pues necesitaría tales habilidades cuando me casara. Por consiguiente, en su trato conmigo ambos mensajes estaban implícitos.

Durante la pubertad y la adolescencia odié profundamente las tareas domésticas y sobresalí en las matemáticas y las ciencias. Mis padres, preocupados porque creían que una mujer necesitaba esas cualidades para ser una buena ama de casa, se preguntaban cuál sería mi futuro. Mi padre decidió que debía aprender un oficio, en caso de que por desgracia no encontrara marido. Es probable que su inquietud se debiera a que yo era muy rebelde y por lo mismo dudaban de que algún hombre tolerara mi carácter. Yo no era la típica niña obediente que lleva a cabo todo el trabajo doméstico y desempeña con facilidad el papel de ama de casa. Entonces, siendo una adolescente, mi padre me llevó con un amigo suyo que era dueño de una escuela de belleza en Buenos Aires y me inscribió en ella. Detesté ese lugar y a los tres meses lo abandoné. Mis padres se preocuparon de nuevo: "¿Qué va a ser de ella en el futuro?" Con el modelo ejemplar de mi padre en mente —él triunfó en los negocios sin una educación formal— a los quince años decidí que no necesitaba terminar la escuela: "¿Para qué toda esa presión en mi vida si puedo tener éxito sin terminar el bachillerato?"

Me propuse demostrar a mis padres —y a mí misma— que no necesitaba una educación formal. Aprendí mecanografía, busqué empleo y, después de asistir a dos entrevistas, un hombre me llamó porque quería contratarme. Me dijo que, aunque mis aptitudes para desempeñarlo no eran muy buenas, podía quedarme con el puesto. Sin embargo, había una dificultad: no sólo tendría que realizar labores de oficina, sino que también me pedía cierto "trabajo privado" consistente en brindarle algunos favores. ¡Eso me abrió los ojos! Él confirmó la advertencia de mi madre sobre los hombres abusivos, una de las razones que esgrimía para que estudiara una carrera. Ahora estaba más convencida de que necesitaba ser independiente y de que sólo podía confiar en mí misma. En ese momento decidí que terminaría el bachillerato y estudiaría la universidad para conseguir un empleo en el que yo tuviera el poder. Un trabajo que no sólo disfrutara, sino donde nadie intentara abusar de mí de ninguna manera.

Cuando terminé la preparatoria fui con una psicóloga para realizar una evaluación vocacional. Me encantó lo que ella hacía y por primera vez entré en contacto con la psicología y quedé muy intrigada. Le comenté que me atraía la ciencia y ella me alentó, afirmando que definitivamente tenía aptitudes para hacer una carrera en ese campo. De regreso a casa comencé a considerar la posibilidad de enseñar matemáticas o química. Entré a un programa de la universidad para formarme como maestra de matemáticas y física a nivel de escuela secundaria y lo seguí por un año. No obstante, no podía dejar de pensar en lo interesante que parecía el trabajo de aquella psicóloga. ¡Así sería yo algún día si elegía ese camino!

Después de un año de especializarme en ciencias, cambié de carrera y comencé a estudiar psicología. En ese momento ya era lo suficientemente madura para saber lo que quería en la vida, en lugar de pensar sólo en mis aptitudes presentes. Empezaba a adquirir más sabiduría y a enfocarme en mi misión en la vida: ayudar a las personas a resolver sus problemas y guiarlas en las diferentes etapas de sus vidas, tal como lo hiciera esa psicóloga conmigo. Un sueño y una meta habían nacido.

A mi madre le dio mucho gusto que me decidiera por la educación superior, pero se opuso por completo a que estudiara psicología. Como nunca había tratado con ningún psicólogo o psiquiatra, creía que éstos corrían el riesgo de contagiarse de los conflictos de sus pacientes y le preocupaba que, tarde o temprano, yo pudiera enfrentar problemas. Por su parte, mi padre no sabía para qué necesitaba una profesión a esas alturas, si mi novio estudiaba medicina. "¿Para qué necesitas trabajar si te vas a casar con un médico?" me preguntaba. Sin embargo, estaba muy orgulloso de que yo tuviera aspiraciones tan elevadas, aunque no confiaba mucho en que me graduara. Pero yo creía en mí, conseguí trabajo y pagué mi educación universitaria.

De hecho, el entusiasmo y la perseverancia por forjarme una profesión que me retribuyera tenía mucho que ver con las cualidades que mis padres me inculcaron. Mi padre me transmitió su gran pasión por todo lo que hacía; nos enseñó a todos nosotros, sus hijos, que no existían barreras, que podíamos lograr lo que quisiéramos y ser nuestros propios jefes. Poseía también una gran sabiduría popular y me enseñó que si no sabía algo podía aprenderlo, en lugar de depender de alguien más. Me mostró cómo correr riesgos, cómo jamás decirme "no", y algo importante por lo que le estoy inmensamente agradecida: cómo sentirme orgullosa de mis logros, aun cuando fueran pequeños; en otras palabras, me enseñó a brindarme reconocimiento a mí misma.

¿Y mi madre? Ella siempre fue muy trabajadora; nada la detenía para hacer lo necesario con el fin de mantener a la familia unida. Además de trabajar desde muy temprano por la mañana hasta tarde por la noche en los quehaceres de la casa, ayudaba a mi padre en sus negocios. Así como me decía que el matrimonio y la familia eran importantes para una mujer, también me repitió, durante mi niñez y adolescencia, que el estudio era la etapa más emocionante de la vida. De niña, asistir a la escuela fue, sin lugar a dudas, la experiencia más alegre y gratificante en su vida y, si bien anhelaba continuar con su educación, su ambición quedó frustrada. Por ello, a pesar de sus reservas respecto a mi carrera, estaba contenta de que yo continuara lo que ella apenas comenzó. Siempre me decía: "Puedes perder muchas cosas en la vida—dinero, trabajo, personas a las que amas—pero jamás perderás tu educación. Lo que aprendes te pertenece." La forma en que hablaba sobre sus propias experiencias me hizo entender que recibir una educación significa "tener poder" y su mensaje sigue siendo mi inspiración.

Si bien al principio mis padres no sabían hacia dónde me dirigía y nunca imaginaron que elegiría esa profesión, les enorgullecía que luchara por conseguir mis objetivos. Mi padre jamás vislumbró tales logros para mí y por ello nunca me motivó a ir la universidad; no lo consideraba un objetivo realista. Por aquellos días las mujeres con una profesión eran la excepción en Argentina y no creía que yo podría ser tan excepcional. Hace algunas décadas, para él, "una mujer debía ser una mujer" y permanecer en el hogar; pero cuando obtuve mi doctorado en psicología, le decía a todo el mundo: "Mira, te presento a mi hija; es doctora." También estaba muy orgulloso de mi hermano Bruno, quien también tiene un doctorado (en administración de empresas), pero el hecho de que una hija consiguiera tal título . . . ¡qué les puedo decir! Alardeaba conmigo porque para él mi éxito como mujer era inusual y, por lo mismo, maravilloso. Conforme mis logros se acrecentaban—trabajar en mi propio consultorio en Buenos Aires y convertirme en directora del Instituto Uriburu; iniciar mi práctica privada en los condados de Los Ángeles, Riverside y Orange; dirigir una organización no lucrativa y trabajar con la comunidad latina; conducir mi propio programa de radio y televisión llamado *Aquí entre nos*; escribir una columna semanal para *La Opinión* y mi primer libro; dictar numerosos talleres y conferencias—su orgullo y el de mi madre crecían también.

Una educación superior es—o fue—un concepto extraño para muchos padres latinos, por lo que algunos no pueden visualizarla para ellos o para sus hijos y no los motivan a luchar por ella. Si ése es el caso en tu familia, quiero decirte algo muy importante: no importa. No necesitas que alguien te diga: "Ve a la universidad, establece tu propio negocio o desarrolla tu creatividad." No necesitas que te señalen cuáles deben ser tus objetivos. Si bien resulta de gran ayuda que la familia te anime a alcanzar tus metas, no es indispensable, tú misma puedes motivarte, buscar modelos a seguir, elegir la dirección que deseas y trabajar para lograr la vida que te trazaste.

Al considerar tus propios sueños y las metas que quieres alcanzar, tal vez éstos resulten muy diferentes de las expectativas que la sociedad o tu familia depositaron en ti. Aun así, creo que al leer este libro descubrirás que algunas de tus mayores fortalezas provienen de quienes te criaron y estuvieron cerca. Nuestro objetivo es poner esas fortalezas a trabajar, de tal forma que te percates de cuán grande y magnífico es tu ¡poder de latina!

Las 7 fortalezas

Aunque las latinas ya poseemos los rasgos que pueden ayudarnos a lograr el éxito en la vida, no siempre conocemos nuestros dones naturales ni sabemos cómo utilizarlos. Antes de presentarte las 7 Fortalezas del Poder de las Latinas, me gustaría ubicarlas en un contexto, revisando los conceptos de arquetipo y de inconsciente colectivo de Carl Jung.

Carl Jung, viejo discípulo de Sigmund Freud, amplió el concepto de inconsciente para incluir el de "inconsciente colectivo," que contiene aquellos actos y patrones compartidos, ya sea por los miembros de una cultura o por toda la humanidad. Afirmaba que esos patrones mentales estaban organizados en arquetipos, imágenes y símbolos que aparecen en sueños o fantasías y que se repiten como temas en la mitología, la religión y las leyendas. Los arquetipos constituyen presencias profundas y permanentes en la psique humana que perduran conservando su fuerza a lo largo de nuestra vida. Incluso se considera que pueden estar codificados en la constitución del cerebro humano.

Aunque todos los seres humanos compartimos patrones arquetípicos clave, los arquetipos pueden variar según la cultura. Podemos identificar los arquetipos de nuestra cultura al observar las fortalezas que nosotras, las latinas, tenemos en común: cómo actuamos, cómo interpretamos nuestra realidad y cómo determinamos nuestra vida y la de nuestra familia. Si bien hay más fortalezas o arquetipos como éstos, seleccioné siete porque, en mi experiencia y en mis entrevistas con latinas exitosas, encontré que eran los que más destacaban y mejor pueden ayudarnos a desarrollar todo nuestro potencial.

Estas fortalezas fundamentales definen nuestra capacidad para ser lo que somos, nuestro estilo de interactuar con la familia y con otras personas, nuestras relaciones con el ambiente y la sociedad, así como las manifestaciones de nuestra espiritualidad. Al investigarlas podemos adquirir mayor conciencia de nuestras identidades esenciales y de lo que podrían ser nuestros principales potenciales. Resulta fascinante pensar que han formado parte de nuestra cultura desde hace siglos. Pero, si bien nuestras historias personales y culturales han influido nuestra estructura psicológica de esta manera, ahora podemos ejercer una influencia más directa en el papel que estas fortalezas juegan en nuestras vidas.

Cuando leas la descripción de las 7 Fortalezas del Poder de las latinas, las reconocerás de inmediato. Te serán tan conocidas como los miembros de tu familia, puesto que son aspectos de tu persona. Tal vez algunas ya las hayas desarrollado por la influencia familiar o de tu ambiente espiritual o social. No obstante, cada una de ellas necesita ser reforzada para que trabaje activamente en tu favor, hasta el punto en que te sientas auténticamente satisfecha y feliz de lo que eres. Son dos las opciones: conformarse cómodamente con las cosas como están y negarse a desarrollar al máximo estos preciados rasgos, o trabajar de manera consciente para que predominen en tu vida y, por lo tanto, te transformes en la mujer que deberías ser.

A las mujeres nos gusta hablar de potencial y tendemos a verlo en los demás, en especial en los hombres de nuestras vidas; sin embargo, con frecuencia se nos dificulta observarlo en nosotras mismas. Las latinas tendemos a ser tan modestas que no apreciamos nuestras cualidades más prometedoras e impresionantes hasta que alguien más nos las señala. Solemos creer que si admitimos nuestra fortaleza nos percibirán como pretenciosas, pero el hecho de saber quiénes somos y en qué podemos convertirnos puede ser el primer paso para expandir y enriquecer nuestras vidas. Como lo descubrirás a lo largo del libro, las fortalezas o arquetipos mencionados son aspectos de nuestro verdadero yo y pueden guiarnos hasta alcanzar nuestro mayor potencial, si invertimos nuestra energia en desarrollarlos.

Este camino de autodescubrimiento puede ser intimidante porque te obligará a reconsiderar tu identidad; pero no hay razón para temer, pues no dejarás de ser quien eres. Más bien, adquirirás mayor conocimiento acerca de ti misma, ya que considerarás nuevas posibilidades y te abrirás camino hacia ideas y experiencias inexploradas. De hecho, el viaje jamás termina; cuando realmente nos comprometemos con nuestra vida continuamos descubriendo aspectos sobre nosotras mismas que pueden ayudarnos a florecer y a progresar. Es así como el proceso se convierte en la aventura que la vida debe ser.

Examinemos entonces las poderosas fortalezas que todas hemos heredado de nuestra cultura y familia, así como la manera en que pueden impulsarnos a crecer y alcanzar el éxito.

1: Espíritu creativo

Las mujeres latinas siempre nos hemos visto forzadas a utilizar nuestra creatividad para sobrevivir. Hemos demostrado, una y otra vez, que el espíritu creativo puede sobrepasar cualquier problema o barrera, ya sea para buscar una forma de hacer rendir nuestros ingresos, mejorar nuestras circunstancias económicas mudándonos de país o de ciudad, luchar contra la persecución política, asegurar mejores oportunidades a nuestros hijos, o usar nuestro ingenio para tratar con un esposo u otro miembro de la familia abusivo o poco cooperativo.

La creatividad también está relacionada con la intuición, la cual parece ser intrínseca a todas las mujeres. Además de ayudarnos a explotar nuestro espíritu creativo, nuestra intuición nos sirve para elegir con ingenio lo que es mejor para nosotras. Se dice que las mujeres poseemos un sentido extra o un "sexto" sentido, el de la intuición. Es verdad; no es que los hombres no lo tengan, es sólo que las mujeres, al estar más entrenadas para establecer contacto con nuestras emociones y con nuestro yo interior, conocemos mejor nuestros poderes intuitivos. Considero que las latinas poseemos un sentido intuitivo especialmente activo porque gozamos de una conexión particular con la naturaleza, que es la fuerza creativa fundamental.

Además de nuestra capacidad intuitiva y nuestro uso de la creatividad para sobrevivir a los retos de la vida, la mayoría de las latinas — cerca del ochenta por ciento — tenemos la fortuna de ser una mezcla creativa de culturas europeas, indígenas y nativas americanas, lo cual significa que tenemos una perspectiva amplia de la vida. No sólo somos capaces de comprender mejor una realidad cultural, sino que, al igual que los hijos de una pareja con culturas o razas diferentes, encarnamos dos tradiciones y, en consecuencia, tendemos a hacer uso de nuestro espíritu creativo para integrar ambas. Los mestizos somos una raza única, y creo que nuestra herencia de dos culturas distintas fomenta esa inclinación a la creatividad.

La creatividad no consiste únicamente en ser artistas o escritores; ser creativo implica pensar en nuevas ideas y transformarlas en acciones. Podemos utilizar nuestro espíritu creativo para vislumbrar nuestras metas personales y para idear formas ingeniosas de hacer realidad nuestros sueños. Imagina de qué forma podría mejorar tu futuro el ser más intuitiva y creativa al analizar la variedad de opciones que se te presentan. Cuando estés más consciente de tus fortalezas y goces de un mayor conocimiento de tu yo interno, tu espíritu creativo te guiará en la búsqueda de los objetivos que mejor se ajusten a tus anhelos.

Cuando recuerdes las metas que te propusiste en el pasado, piensa si éstas reflejan tus propios sueños o los mensajes que recibiste de tus padres o de la sociedad. ¿Hasta qué punto involucraste tu espíritu creativo? No existen límites al considerar cuán lejos puede llevarte tu visión creativa, si le brindas la oportunidad.

2: La perseverancia apasionada de la aguantadora

Este rasgo proviene de las experiencias personales de varias generaciones de latinos que han tenido que sobrellevar dificultades. La tenacidad para aguantar las dificultades de la vida aparece registrada ya en los códices aztecas, los cuales contienen una descripción sistemática de los ideales y valores de esa cultura, escritos desde la perspectiva de la nobleza. En ellos se relatan las virtudes más importantes que los padres debían enseñar a sus hijas. Una actitud de aguantadora será crucial para superar los obstáculos de la vida y permanecer firme en tus aspiraciones.

Suele pensarse que si uno reúne la suficiente determinación y trabaja arduamente, podrá lograr cualquier objetivo que se proponga. Nosotras, las mujeres latinas, contamos con ventaja cuando se trata de tener determinación y de trabajar con empeño, pues fuimos educadas para ser aguantadoras, es decir, resistentes frente a los obstáculos, y para perseverar sin importar lo que suceda. La cultura latina continúa enseñándonos a resistir, a persistir y a hacerlo, además, en forma sistemática, sin quejarnos. De hecho, casi todas confiamos en nuestra tenacidad para trabajar duro y salir adelante.

Aunque en el pasado muchas latinas interpretaron la frase "Aguántate, mujer" como la necesidad de soportar las dificultades y "aceptarlas," ahora utilizamos nuestra tenacidad para alcanzar nuestros objetivos personales. A lo largo de sus vidas, nuestras abuelas y madres encarnaron la perseverancia de la aguantadora. A medida que reconozcas tu propia historia y tus fortalezas, te sentirás más resistente y apta para enfrentar las decepciones y las dificultades que encuentres en tu camino. Estarás motivada para utilizar ese empuje al avanzar en pos de las metas que te has propuesto.

3: La habilidad de la comadre para trabajar en equipo

A veces pienso que fuimos las latinas quienes inventamos el trabajo en equipo. Siempre que nuestra familia o comunidad necesita ayuda, nos juntamos, ponemos a trabajar nuestra mente y encontramos la forma más efectiva de resolver los problemas. Empleamos nuestra capacidad para trabajar en equipo cuando nos ponemos de acuerdo para cuidar a los hijos de una compañera o cuando ayudamos a los ancianos y enfermos de nuestras familias y barrios. Hemos aprendido a aprovechar nuestros vínculos con amigas o vecinas y ¡sacamos adelante las cosas!

Sin embargo, ¿hacemos lo mismo cuando se trata de lograr nuestros objetivos personales? Si bien es verdad que el trabajo en equipo es una de las habilidades fundamentales en el camino hacia el éxito, no hay excusa para que las latinas se queden atrás, pues aconsejar, ayudar, discutir y organizar actividades con nuestras comadres es algo que se nos facilita. Más adelante detallaremos cómo puedes utilizar esta habilidad para conseguir la vida que te propones. Descubrirás cómo tus parientes, amigos y conocidos pueden convertirse en una red de apoyo muy valiosa. Hablaremos de cómo puedes hacer "círculos de comadres" que brinden apoyo a sus miembros para alcanzar las metas soñadas, lograr objetivos políticos y superar acontecimientos traumáticos, entre otras cosas.

Lo anterior es igualmente válido cuando se trata de comenzar un negocio, de encontrar a alguien que nos guíe en alguna estrategia profesional beneficiosa o de identificar personas que nos asesoren sobre diferentes opciones educativas. ¿No es así? Las latinas hemos establecido relaciones toda la vida, pues nuestra cultura alienta a las mujeres a formar lazos estrechos y a apoyarnos. Nuestras abuelitas y madres siempre se han beneficiado de la fuerza y las dimensiones espirituales de sus amistades femeninas; ahora nosotras podemos emplear esos medios para relacionarnos con nuestras comadres y colaborar para alcanzar nuestras metas.

4: La discreción de la diplomática

La diplomacia es un rasgo heredado, pues las mujeres hemos tenido que conciliar los intereses de grandes familias. Entre tantas opiniones diferentes que se expresan en casi todas ellas, ¿no es cierto que comúnmente somos nosotras quienes encontramos la forma de llegar a acuerdos para mantener a las personas unidas? Aprender de nuestras madres, tías y abuelas la forma de suavizar las asperezas entre los miembros de la familia es parte de la educación de todas las latinas. La expectativa cultural es que eliminemos los obstáculos entre los miembros de la familia para que ésta se preserve.

Del mismo modo, la diplomacia juega un papel importante en cada ambiente donde los seres humanos se relacionan y conviven, ya sea con un profesor de la universidad, otros miembros de la empresa o comunidad, funcionarios públicos, compañeras diputadas y diputados o clientes que llegan al restaurante; saber cómo comunicarse de manera diplomática y eficaz con compañeros de trabajo, clientes, estudiantes o jefes —aun cuando las perspectivas sean distintas— puede significar la diferencia entre perder el apoyo de quienes trabajan contigo o propiciar relaciones estrechas que aseguren tu éxito. Hemos aprendido a ser diplomáticas en nuestra familia; ahora, podemos utilizar ese talento con discreción y tacto para beneficiarnos fuera del hogar.

5: La audacia de la atrevida

Estancarnos en lo que nos brinda mayor seguridad o elegir el camino más sencillo no es una actitud que caracterice a las latinas. Tal vez se debe a que debemos ser valientes y tomar riesgos para sobrevivir y enfrentar lo inesperado. Por generaciones nuestra gente ha tenido que emigrar hacia otros pueblos, ciudades e inclusive países para conseguir trabajo, así como adaptarse a nuevas costumbres. Nuestros padres y abuelos tuvieron el valor para construir sus vidas, aun cuando muchas cosas se interponían en su camino.

Como mujeres sabemos que para sobrevivir a veces debemos ser atrevidas. Nunca dejaríamos sufrir a nuestros hijos, y por eso hacemos lo que sea necesario para que ellos tengan una vida mejor que la que nosotras tuvimos; no titubeamos en lograr que eso suceda, incluso si ello implica correr un riesgo personal. Somos capaces de explotar ese lado atrevido, ya que, como Latinas, llevamos valentía en la sangre.

De igual forma, tenemos la experiencia de haber tenido que librar ciertas batallas personales con bravura. Con frecuencia hemos tenido que rebelarnos contra lo que nuestra familia o cultura considera "apropiado" para nosotras, con el fin de cumplir nuestra misión en la vida. Tener las agallas y el valor para decir: "Seré atrevida y tomaré una conducta alternativa" nos fortalece. Podemos utilizar esta cualidad y correr riesgos que sean productivos para nuestra profesión. Esa audacia al aprovechar las oportunidades que se nos presentan para acercarnos a nuestros sueños puede significar la diferencia entre estancarse y prosperar.

Ser atrevida no sólo significa correr riesgos; también consiste en fijarse metas y avanzar constantemente hacia ellas. Si avanzamos únicamente hacia lo seguro, lo más probable es que jamás se desarrollen nuevas habilidades ni se explote todo nuestro talento; eso equivaldría a convertirnos en niñas de madres sobreprotectoras, atentas tan sólo a una voz interior cautelosa, con lo que se perpetúa el mito de que las mujeres son el *sexo débil.*

Más adelante descubrirás cuán atrevida has sido y cuánto quieres serlo para lograr en tus sueños y metas. También hablaremos sobre la importancia de la diferencia entre arriesgarse con responsabilidad o por empulso, para que así comprendas cuándo debes aprovechar las oportunidades en tu profesión y cuándo mantenerte al margen y esperar ocasiones mejores.

6: El equilibrio de la malabarista

La habilidad para equilibrar las responsabilidades es algo natural en nosotras, puesto que, como latinas, debemos hacer malabarismos con las diversas obligaciones que tenemos con nuestra familia inmediata, demás parientes y la comunidad. Aprender a distribuir nuestro tiempo entre la familia y la profesión es un aspecto particularmente importante para nosotras, para quienes la familia es siempre una prioridad. Se nos enseña a balancear los compromisos con nuestros padres, esposo, hijos y parientes, con la comunidad y la vida espiritual. Aunque esto suele parecer abrumador, de alguna forma siempre logramos cumplir con todo lo que se espera de nosotras. Muchas latinas están incorporando un nuevo elemento a ese equilibrio: la dedicación a su propio ser, dándose el tiempo y el espacio para desarrollar sus metas personales, las cuales con frecuencia incluyen una educación superior y una profesión.

Podemos aprender a mejorar nuestro sentido de equilibrio para gozar de energía y tiempo para dedicarnos a la familia y a nuestro trabajo fuera del hogar. Este balance entre trabajo y familia es esencial, ya que si no lo conseguimos podríamos sabotear de forma inconsciente nuestro éxito para aligerar un poco la culpa por ser madres y esposas que trabajan. Asimismo, es crucial esforzarse por alcanzar y mantener un sentido de equilibrio interior, el cual sólo puede obtenerse si dedicamos tiempo suficiente a nuestra persona y a lo que nos hace sentir plenas.

7: La confianza y fortaleza de la reina

Creer en nosotras mismas como reinas proviene de la admiración y confiabilidad que se le atribuye a la mujer en nuestra cultura. Siempre se nos ha adjudicado el papel de ser competentes y firmes, de tomar decisiones familiares, además de transmitir nuestra cultura a nuestros hijos. También podemos aplicar esa confianza, sabiduría y responsabilidad de reinas en forma espiritual para enriquecer los demás aspectos de nuestra vida, incluídas nuestras capacidades profesionales o empresariales.

En la cultura latina siempre se ha enseñado a las niñas que el mayor logro de una mujer es convertirse en la reina del hogar. Aunque esto sonaba muy bien en el pasado, muchas comenzaron a preguntarse: "¿Eso es todo?" Ahora nos percatamos de que, además del hogar, hay mucho más y podemos extender nuestro reinado al exterior de la familia. Tenemos opciones por doquier y podemos crear oportunidades donde no parecía haberlas.

A pesar de que las latinas han comenzado a asumir posiciones de mando en todo el mundo, nuestra cultura aún es ambivalente respecto al valor esencial de las mujeres. Por un lado, éstas han tenido un poder limitado fuera del hogar; por el otro, todos los hombres latinos veneran a su madre, algunas veces hasta el punto de verla como la encarnación de la Virgen María o de la Virgen de Guadalupe. Los hijos e hijas de una mujer acuden a ella en busca de consejo, sabiduría y cariño. El término *reina del hogar* significa la posición femenina de mando de mayor jerarquía en el hogar, y el respeto e importancia que conlleva ese papel le otorga a la mujer fortaleza interior y confianza.

La autovaloración por parte de una latina, producto del alto valor que en nuestra cultura se le asigna a su papel en el hogar, puede aprovecharse también para desarrollar nuestro poder de reinas en todos los aspectos vitales. Conforme avances en la lectura de este libro, aprenderás cómo transferir tu posición de reina en el hogar a cualquier ámbito que desees. A fin de cuentas, para convertirte en la reina que deberías ser es importante que sientas que "lo mereces" en el sentido más amplio de la palabra. Se trata de sentir que mereces albergar y desarrollar tus sueños.

Algunas precauciones antes de comenzar esta "intensa aventura"

Aunque hablamos sobre los aspectos positivos de cada una de las fortalezas del poder de las latinas, también es necesario señalar que poner demasiado énfasis en alguna —o subestimarla— puede causar un efecto negativo al que nos referiremos como "el aspecto negativo" de cada fortaleza. Por ejemplo, si la atrevida corre demasiados riesgos, podría tomar decisiones poco acertadas o sufrir pérdidas innecesarias; o, a la inversa, pocos riesgos podrían impedir que luchara por sus sueños. Ser demasiado diplomática podría provocar que no se expresara una verdad que es necesario decir, en tanto que poca diplomacia puede distanciar a las personas con quienes tratamos. Para que puedas obtener el mayor beneficio, el equilibrio será la clave en el desarrollo de tus fortalezas. En el libro señalaré el aspecto negativo de cada una, así como los aspectos que debemos cuidar y los pasos a seguir con el fin de personificar los siete arquetipos de manera balanceada.

Asimismo, debes considerar que quizás encuentres reacciones negativas al inicio del viaje hacia tu transformación en una mujer más poderosa. Tal vez algunos desaprueben este proceso de desarrollo personal. Por lo regular la razón es que los cambios producen miedo a lo desconocido. Nos orientamos a asumir un nuevo papel y eso puede provocar gran ansiedad en los demás, lo cual podría traducirse a su vez en resistencia hacia nuestros planes. En su intento por protegernos —ya que en nuestra cultura se supone que la mujer debe ser protegida— es posible que nuestros familiares o marido intenten alejarnos de lo que creen que es riesgoso para nosotras. Es un motivo justificable, aunque, en realidad, no necesitamos que nos protejan de las decisiones que queremos hacer en la vida. La protección, en este caso, significa restricción.

Si este escenario te parece familiar, deberás elegir entre sucumbir ante los miedos de los demás o continuar en la búsqueda de tu propio sueño. Contrario a lo que siempre se nos ha dicho —que hacer

cosas por los demás es más importante que hacerlas por nosotras—
desarrollar nuestros poderosos atributos es un proceso que, sin dar
disculpas, emprendemos para nuestra mejora. No necesitas que nadie
esté de acuerdo contigo o te apoye. Éste es un viaje que requiere de un
comité de despedida formado por una sola persona: tú.

El significado de la palabra "poder"

Con el propósito de pensar en el poder como algo benéfico para nuestro crecimiento personal, así como el de nuestra comunidad, ciudad y
país, es necesario aclarar su significado. Tener poder no significa ejercer dominio "sobre" los demás o desplazar a otras personas. Los soció-
logos lo definen como la habilidad de influir en otros, lo cual puede
tomar varias formas: el poder de una mujer dedicada a la política,
una escritora, una mujer de negocios, una científica, una artista, una
madre. Aquí hablo de nuestros deseos y nuestra capacidad de satisfacer nuestro potencial humano, así como de influir y fortalecer a otras
mujeres con ejemplos aportados por nuestra experiencia, para de esa
forma mejorar la comunidad mundial a la que pertenecemos.

Las mujeres sabemos bien que nuestro género no siempre ha ejer-
cido el poder fuera del hogar; y las latinas en particular hemos lu-
chado contra la limitación que la cultura nos impone al ordenar que
nos demos por satisfechas con nuestro papel de reinas del hogar, justo
como parecen haberlo hecho nuestras madres y muchas de nuestras
tías o abuelas. Se nos dijo que nuestra obligación es ser madres y amas
de casa exclusivamente, que debemos transmitir nuestros valores y
cultura a nuestros hijos y que estos importantes papeles negaban
nuestra necesidad de involucrarnos con el mundo. Sin embargo, el
movimiento feminista ha provocado grandes cambios que habrían parecido imposibles para nuestras abuelitas. Estos cambios fundamentales en las instituciones y en la cultura han permitido que la mujer
tenga acceso a una profesión en cualquier campo que elija. En los últimos treinta años se han roto las barreras de género y se han creado

nuevas oportunidades para nosotras; muchas mujeres de todo tipo de condición social y étnica han trabajado con tenacidad para conseguirlo. En 1960, en Estados Unidos, sólo 60 por ciento de las mujeres se había graduado de la preparatoria; en 1995 la cifra había aumentado a 88 por ciento. En 1960 menos de 35 por ciento de las mujeres trabajaba; ahora, de acuerdo con las estadísticas del Departamento de Censos de Estados Unidos (U.S. Census Bureau), levantadas en el año 2000, 61 por ciento de las mujeres blancas no hispanas y 57 por ciento de las hispanas lo hacen. Hace diez años no había latinas en el Congreso estadounidense; ahora hay siete. Asimismo, más de un tercio de los propietarios de negocios latinos en Estados Unidos son mujeres.

Al participar en la toma de decisiones del gobierno, en el mundo corporativo, en la educación, etcétera, las latinas empiezan a compartir el poder en éste y otros países; y en consecuencia, las instituciones que dan forma a nuestra sociedad están incorporando una perspectiva femenina y latina.

Aun así, en Estados Unidos, supuestamente uno de los países más liberales del mundo, las mujeres ganan sólo 73 por ciento de lo que gana un hombre por el mismo trabajo. En el caso de las latinas, el porcentaje es incluso menor: 52 por ciento. Sólo 25 por ciento de los abogados, 23 por ciento de los arquitectos, 22 por ciento de los médicos, 10 por ciento de los ingenieros y 2 por ciento de los presidentes (CEOs por sus siglas en inglés) de las organizaciones más grandes de Estados Unidos son mujeres. Con base en estadísticas recientes del Departamento de Trabajo de Estados Unidos (U.S. Department of Labor), la mayoría de las latinas desarrolla labores de oficina y de servicios y sus ingresos son menores a los de cualquier otro grupo. 13 por ciento de todas las mujeres viven en la pobreza; las afroamericanas y las latinas padecen los mayores índices de miseria entre los adultos. En fechas recientes, las mujeres resultaron afectadas negativamente con la reestructuración laboral y con el desplazamiento del trabajo de principios

del siglo veintiuno. Aunado a eso, sólo 10 por ciento de las latinas en
Estados Unidos tiene cuatro años o más de educación superior, en
comparación con el 24 por ciento de las blancas no hispanas.
Por lo tanto, nuestra tarea es difícil. Convertirnos en latinas poderosas y ayudar a otras a serlo requerirá un esfuerzo enorme. Acepte-
mos el reto conscientes de que el poder que buscamos enriquecerá no
sólo nuestras vidas, sino las de todas aquellas que comparten el sueño
de convertirse en lo que están llamadas a ser.

Cómo reunir a tus comadres

El propósito de este libro es que aprendas a utilizar las siete fortalezas
para lograr una vida satisfactoria y significativa para ti, tu familia y la
comunidad. Igualmente, explica cómo crear una comunidad de comadres; durante la lectura del libro conocerás a algunas mujeres fascinantes a quienes llegarás a considerar como tus hermanas o tus mejores
amigas. Ellas han enfrentado los mismos retos que tú, desde crecer en
la pobreza o tener que escapar de un país represivo y tener que adaptarse a uno nuevo, hasta ser discriminadas o menospreciadas por quienes no creyeron que una mujer, en este caso una latina, podía alcanzar
lo que se había propuesto; sin embargo, cada una de esas mujeres echó
mano de su poder y logró el triunfo a su propia manera. Confío en que
te verás reflejada en sus luchas y que sus historias te motivarán.

Las latinas a las que conocerás trabajan en diversas áreas: biología
molecular, diseño de juguetes, entretenimiento, activismo social, periodismo, deportes, el gobierno y las artes curativas. Son de distintas regiones: México, Cuba, Puerto Rico, América Central y Sudamérica.
Lo que tienen en común entre sí y contigo son sus valores familiares, su
historia, su perspectiva cultural como latinas (aunque por supuesto
ésta varía, según el país natal de cada una) y su personificación de las
fortalezas de potenciamiento que conforman el poder de las latinas.
Estoy segura de que sentirás un vínculo con esas mujeres, como yo lo

sentí al entrevistarlas. Todas expresaron su deseo de compartir sus historias contigo como una forma de ampliar el círculo de comadres al que pertenecemos.

Test de autoevaluación de las 7 fortalezas
del poder de las latinas

A continuación te invito a realizar el "Test de Autoevaluación de las 7 Fortalezas del Poder de las Latinas," el cual te permitirá estimar la presencia de las mismas en tu estilo de vida. Al calificar tus respuestas serás capaz de identificar cuáles de estos rasgos de potenciamiento ya funcionan en tu caso y cuáles necesitas desarrollar más. Es importante que sepas cuáles son las fortalezas que has heredado de nuestra cultura; así podrás utilizarlas de manera más eficiente para superarte en los aspectos profesional y personal.

Al integrar lo que hemos aprendido en nuestras familias y comunidades—mediante nuestro espíritu creativo, nuestra perseverancia de aguantadoras, el trabajo en equipo de las comadres, nuestro talento para la diplomacia, nuestra habilidad para ser atrevidas y malabaristas con buen equilibrio y nuestra autoconfianza de reinas—podemos delinear en una forma más eficaz lo que queremos ser.

Descubre cuáles de las fortalezas mencionadas predominan en tu vida, indicando con cuánta frecuencia las siguientes afirmaciones reflejan tu conducta. Califica los enunciados empleando el siguiente criterio: Nunca: 0; Rara vez: 1; A veces: 2; Con frecuencia: 3; Siempre: 4.

Después de terminar el cuestionario suma los puntos de cada columna de fortalezas y toma un poco de tiempo para examinar los rasgos que son más activos en tu vida. Una calificación de menos de 12 puntos indica que necesitas desarrollar esa fortaleza. 12 puntos o más señalan que la misma está presente en tu vida, aunque podrías enriquecerla; 16 puntos o más indican que está muy activa; 20 puntos o más significan que . . . ¡tienes el poder!

A medida que avances en la lectura de esta obra descubrirás la manera de poner en práctica las siete fortalezas, cada una de las cuales puede facultarte para tener más éxito en la vida. Encontrarás que ya cuentas con esas cualidades en tu interior y que todo lo que necesitas hacer es reconocer que las posees y activar su poder.

1. ____ Disfruto del reto y de la libertad de hacer las cosas a mi manera.

2. ____ Pienso que el éxito no tiene género.

3. ____ Mis padres me enseñaron a ser responsable y puedo utilizar ese sentido de responsabilidad en otros aspectos de la vida, como mi trabajo o una profesión.

4. ____ Entiendo que mi éxito tal vez requiera que mi pareja haga algunos ajustes que aún no está lista para hacer. Estoy decidida a asumir el reto sin reprimirme ni comprometer mi integridad.

5. ____ Creo que tengo el poder para diseñar mi propio futuro, aunque tenga que enfrentar dificultades.

6. ____ Cuando algo no sucede como yo quisiera, persisto en ello, pues sé que a la larga alcanzaré mi objetivo.

7. ____ Me es fácil confiar en otras mujeres (las cuales merecen mi confianza).

8. ____ Cuando me enojo, sé que ésta es una reacción a algo que considero injusto. En lugar de culpar a la otra persona por mi enojo, puedo hablar con calma y comunicar lo que considero incorrecto.

9. ____ Sé cuánto estoy dispuesta a invertir en lo que quiero lograr en la vida, y esa inversión no me intimida.

10. ____ Me veo como una persona fuerte y segura que puede hacer cualquier cosa que se proponga.

11. ____ Cuando una puerta se cierra ante mi, exploro nuevos caminos para alcanzar mis metas.

12. ____ Cuando deseo algo, trabajo arduamente para conseguirlo, aunque sé que será difícil.

13. ____ Sé cómo elegir el momento, el lugar y el tono adecuados para expresar mis opiniones.

14. ____ Entiendo que lograr el equilibrio entre mi hogar, mi relación y mi profesión quizá no sea fácil; no obstante, estoy comprometida a encontrar soluciones viables.

15. ____ Creo que puedo confiar primero y principalmente en mí misma.

16. ____ Defiendo mis ideas aun cuando los demás piensen que no valen la pena.

17. ____ Cuando siento que estoy fallando, pienso en momentos en los que sentí lo mismo y logré tener éxito.

18. ____ Cuando necesito ayuda, la solicito.

19. ____ Cuando alguien me menosprecia por ser latina, sé defenderme con cortesía y firmeza a la vez.

20. ____ Cada vez que encuentro una oportunidad valiosa, estoy decidida a correr el riesgo.

21. ____ He aprendido que tengo muchas facetas y puedo equilibrar los diferentes aspectos de mi vida—la familia, una relación, el trabajo—sin tener que elegir uno en detrimento de otro.

22. ____ Puedo crear mi propio balance en la vida, aunque éste sea distinto del de los demás.

23. ____ Considero que puedo ganarme la vida por mí misma y que soy capaz de asegurar mi bienestar y el de mi familia.

24. ____ Tengo un sueño, una visión de lo que quiero en la vida, pero no me da miedo cambiarla para adaptarme a nuevas circunstancias e ideas.

25. ____ Cada vez que mi voz interior me dice: "No puedes hacerlo," lo tomo como un reto y encuentro la forma de continuar con mis planes.

26. ____ Me siento motivada y estimulada por otras latinas exitosas.

27. ____ Sé que es tan sabio guardar silencio como lo es hablar, dependiendo de la situación.

28. ____ Sé bien cómo escuchar, porque sé que así puedo conocer mejor a las personas.

29. ____ Aunque otros me digan que podría fallar, sigo concentrada y me esfuerzo más para lograr el éxito.

30. ____ Sé que debo cuidarme bien a mí misma para poder cuidar a los demás.

31. ____ Sé que tengo responsabilidad con mi familia, pero también la tengo conmigo y con mi comunidad.

32. ____ Soy dueña de mis sueños y responsable de hacerlos realidad.

33. ____ Mi intuición suele aportarme perspicacia para tomar decisiones correctas.

34. ____ Me apasiona trabajar arduamente para alcanzar una meta.

35. ____ Formo parte de un equipo positivo de personas a quienes puedo llamar para pedirles consejo y ayuda.

36. ____ Sé cómo encontrar afinidades con aquellos cuyas opiniones difieren de las mías.

37. ____ Tengo una amiga o comadre especial en quien puedo confiar y quien sé que estará disponible cuando la necesite, como yo lo estoy para ella.

38. ____ Me doy cuenta de que, para no correr riesgos absurdos, a veces debo retrasar mis planes y esperar mejores oportunidades.

39. ____ Considero que soy una persona valiosa que puede ser recompensada de acuerdo con sus habilidades.

40. ____ Creo que una vida plena consiste en sostener una relación saludable con mi pareja, dedicar tiempo de calidad a mi familia e involucrarme en tareas que considero gratificantes.

41. ____ Me doy permiso para tener éxito en todo lo que planeo.

42. ____ Cuando las cosas salen mal, me doy una segunda oportunidad.

43. ____ Estoy consciente de la forma en que mi comunidad puede ayudarme a alcanzar el éxito.

44. ____ He aprendido que los chismes pueden destruir la confianza de una persona en mí y que evitar los rumores puede ser la clave para inspirarla.

45. ____ Usualmente hago las cosas porque quiero hacerlas y no porque eso se espera de mí.

46. ____ Cuando se me presenta un dilema, soy capaz de analizar las cosas desde una perspectiva amplia.

47. ____ Creo que las latinas podemos trabajar juntas por el beneficio de nuestras familias y comunidades.

48. ____ Cuando creo en algo, persevero en ello, aun si me han dicho que no es apropiado para las mujeres en general o las latinas en particular.

49. ____ Cuando sé que estoy trabajando demasiado, puedo hablar y delegar mis responsabilidades.

[RESPUESTAS EN LA PÁGINA SIGUIENTE]

El espíritu creativo

#1 ____
#5 ____
#11 ____
#16 ____
#24 ____
#33 ____
#41 ____
Total ____

La perseverancia apasionada de la aguantadora

#6 ____
#12 ____
#17 ____
#25 ____
#34 ____
#42 ____
#49 ____
Total ____

La habilidad de la comadre para trabajar en equipo

#7 ____
#18 ____
#26 ____
#35 ____
#37 ____
#43 ____
#47 ____
Total ____

La discreción de la diplomática

#8 ____
#13 ____
#19 ____
#27 ____
#28 ____
#36 ____
#44 ____
Total ____

La audacia de la atrevida

#2 ____
#9 ____
#20 ____
#29 ____
#38 ____
#45 ____
#48 ____
Total ____

El equilibrio de la malabarista

#4 ____
#14 ____
#21 ____
#22 ____
#30 ____
#40 ____
#46 ____
Total ____

La confianza y fortaleza de la reina

#3 ____
#10 ____
#15 ____
#23 ____

#31 ____
#32 ____
#39 ____
Total ____

2

El espíritu creativo

La intuición es parte de nuestro poder interior, el cual nos permite
creer en nuestra capacidad de hacer milagros.

Siempre quise tener mi propio negocio y se lo dije a mi padre;
sin embargo, él me desalentaba y me insistía que ese mundo no era
para las mujeres. Pero desde los siete años de edad, una voz interior,
sabia y creativa—que todos tenemos—me decía: "Escúchate a ti
misma. La vida es como una película y tú eres la directora. ¡Toma el
control!"

—Leticia Herrera, Presidenta de Extra
Clean, Inc. y Presidenta Regional de la
Cámara Hispana de Comercio de
Estados Unidos

No necesitas ser artista o música para "hacer milagros" o para vivir
una vida creativa; todos nacimos con un poderoso impulso creativo.
Por una serie de razones que exploraremos más adelante, las latinas,
en particular, estamos llamadas a utilizar este espíritu creativo innato.
En este capítulo aprenderemos a utilizar esa creatividad para vislumbrar la profesión y el futuro que deseamos. Conoceremos también a
algunas latinas muy comprometidas con sus diversas actividades ocupacionales: organización política, diseño de juguetes, venta de cosméticos, caricaturización, restauración arquitectónica y artes curativas.
El común denominador en sus historias es el espíritu creativo que
desempeñó un papel fundamental al orientarlas hacia la consecución
de sus metas.

Tu herencia latina contiene las bases para que seas una mujer
creativa. Ante la adversidad, la pobreza, el racismo y otras barreras

para las oportunidades, nuestros abuelos y padres siempre encontraron formas creativas para vencer los impedimentos sociales. Y, según los estudiosos de la creatividad, esa capacidad para emplear el espíritu creativo en la solución de problemas es una de las características fundamentales de una persona creativa. En el libro *Creativity: Flow and the Psychology of Discovery and Invention*, el profesor Mihaly Csikszentmihalyi, de la Universidad de Chicago, señala que lo notable de un individuo creativo es su habilidad para adaptarse a casi cualquier situación y para lograr sus objetivos con lo que tiene al alcance. En lugar de mostrar sólo una forma de pensar o de actuar cuando enfrentan un reto, las personas creativas, apunta el mencionado científico, tienen una "personalidad más compleja" que les permite recurrir a un repertorio más amplio de ideas y acciones. Mientras que la mayoría de las personas tiende a gravitar de un tipo de comportamiento a otro, las creativas son capaces de expresar todos los matices de personalidad potencialmente presentes en todos los seres humanos.

Como los latinos hemos tenido que emplear nuestros recursos creativos para enfrentar los problemas, así como diferentes métodos para derribar las barreras colocadas en nuestro camino, esta "compleja" personalidad creativa nos describe de forma muy acertada. Las latinas solemos aplicar nuestro espíritu creativo para resolver los problemas familiares y mejorar la vida en nuestras comunidades. En este capítulo abordaremos con amplitud el uso tradicional de la creatividad; aprenderemos a explotar nuestro espíritu creativo interior para diseñar nuestro propio futuro. Tal vez jamás se te había ocurrido que puedes ser la directora de tu vida al tomar decisiones que en verdad reflejen quién eres tú y qué es lo que quieres lograr; pero, es cierto, tienes el poder para lograrlo. Sin importar tus circunstancias personales, cuando visualizas lo que quieres, cuando consigues ubicarte en esa visión y das pasos realistas para llegar allí, tu vida se enriquece. Aun cuando no llegues precisamente al lugar que en un principio tenías en mente, tu visión y tu esfuerzo te permitirán prosperar. Este proceso comienza con tu espíritu creativo. Al emplear nuestra intuición

e ingenio—y al equilibrarlos con información sensata acerca de nuestras opciones—podemos fijar, de manera creativa, metas que estén de
acuerdo con quiénes somos y con lo que queremos hacer de nuestra
vida.

Un espíritu creativo y la conexión de una latina
con la naturaleza
Elena Ávila, curandera

Un elemento que forma parte esencial del espíritu creativo de una latina es su profunda relación con la naturaleza, que es la fuente mejor y
más auténtica de creatividad; la naturaleza nos inspira y nos permite
ver el potencial de algo que surge de manera milagrosa donde no parecía haber nada, aunque de hecho es de donde provenimos todos. La
gente indígena de todo el mundo ha creído siempre en el concepto de
interconexión e interdependencia entre todo lo que existe en la naturaleza, incluyendo a los seres humanos. Dado que las raíces de la mayoría de los latinos se encuentran en las culturas indígenas, éstos tienden
a gozar de este vínculo cercano con la naturaleza; eso les permite tener
acceso a su espíritu creativo, pues se sienten parte de la verdadera
esencia de la creatividad.

Una mujer que representa a la perfección esa conexión creativa es
Elena Ávila, quien me explicó esa relación esencial que existe entre las
latinas y la naturaleza. Al terminar la carrera de enfermería con espe-
cialidad en psiquiatría, se dedicó de tiempo completo a ser curandera
profesional. Su libro, *Woman Who Glows in the Dark*, le ofrece al lector
una visión del mundo de los curanderos y cómo esta práctica puede
contribuir al bienestar físico y emocional. Durante nuestra conversación Elena describió las tradiciones latinas como "terrenales", razón
por la que tienden a fomentar una relación tan inspiradora con la naturaleza y a alimentar el impulso creativo. "Los seres humanos somos
muy creativos, es nuestro estado natural," me dijo. "Creo que nuestras
tradiciones latinas nos mantienen en contacto con la naturaleza. No sé

si proviene de nuestros antepasados españoles o indígenas, pero a las latinas se nos enseña que no sólo somos parte de la naturaleza sino que somos la naturaleza.

En su trabajo como curandera Elena formó un altar en su consultorio. El altar es importante, dice, porque actúa como centro de lo sagrado. En la pared, detrás del altar, hay una pintura que se compone de tres paneles, en cada uno de los cuales se retrata un aspecto de la energía femenina. En uno de ellos se ve a Coyolxauhqui, una diosa azteca que representa a la luna. De acuerdo con la leyenda, ella peleó junto con sus hermanos, las estrellas, contra Huitzilopochtli, el sol, con el fin de restaurar el equilibrio en el universo. Por consiguiente, Coyolxauhqui significa balance entre la luna y el sol, y la tierra y el cielo, así como la energía divina que habita en todos los seres humanos. Para Elena esta diosa representa la idea de que la naturaleza de todas las mujeres tiene más de un aspecto, y uno de ellos es la creatividad.

En su libro Elena expone la importancia de Coyolxauhqui, quien, cuando está embarazada, simboliza la creatividad.

Todas las mujeres viven la representación de la fuerza creativa y entienden la transformación de la maternidad, bien sea que den a luz a un bebé de carne y hueso o al bebé de nuestros corazones: arte, música, danza, pintura o libros. En nuestras batallas personales a veces la sentimos descoyuntada, es decir, dislocada y fatigada. No obstante, también nos enseña que cuando luchamos, cuando pasamos por el proceso de parir o de procrear, emergemos de ello transformadas.

Por medio de elementos de la naturaleza —hierbas, plantas, dietas naturistas, su energía curativa en forma de masajes, ejercicios corporales y meditación espiritual o psicológica— Elena ayuda a sus clientes a gestar su propia transformación física o emocional. Su confianza en su íntima relación con la naturaleza se hizo evidente gracias a una conmovedora experiencia creativa que cambió su vida, la cual tenía que ver con resolver una desafortunada situación con su madre. Estaba en el desierto en El Paso; era una tarde con una brillante puesta de sol y un intenso aroma proveniente de los arbustos de creosote. Elena se cubrió con arena, como lo ha hecho desde que era niña, y de repente tuvo una importante revelación espiritual: "Me di cuenta de que, aun cuando no tuve una mamá cariñosa, la Tierra era también mi madre. Por primera vez en mi vida escribí un poema y parte de éste dice: "Mamá, mamá, he regresado"; le hablaba a la Tierra."

Esta talentosa curandera se inspiró por primera vez para escribir un poema, tras revolcarse en la tierra, en la arena, y hablar directamente con la madre Tierra. La voz que surgió en Elena, y que de forma intuitiva sabía la verdad esencial sobre quién era ella, es la voz creativa que existe en todas nosotras, la cual también escuchamos cuando cultivamos y alimentamos nuestra relación con la naturaleza.

Nuestras experiencias al respecto no requieren que nos revolquemos en la arena del desierto, pueden suceder en cualquier ambiente en el que vivamos. Caminar por la playa y dejar que el mar nos regale su rítmica sabiduría, observar el desplazamiento de las nubes desde la ventana de tu departamento o desde tu terraza, mostrar a un niño el lugar donde los pájaros hicieron un nido; todas ésas son formas cotidianas de observar a la naturaleza y nos ayudan a fomentar una extraordinaria relación creativa. La naturaleza nos deslumbra constantemente con sus variadas texturas, esencias, formas, colores y transformaciones; es la expresión más pura de la creatividad, y nuestra estrecha conexión con estas fuerzas puede inspirarnos a pintar desiertos y mover montañas en nuestra vida personal.

Las muñecas "Get Real Girl" (Sé realista, chica) de Julz Chávez
Cómo dar un salto creativo

Si bien es importante apreciar el espíritu creativo heredado de nuestras culturas latinas, muchas de nosotras nos hemos sentido limitadas por las opciones que se nos ofrecen. Las profesiones de maestra, enfermera o secretaria son las tradicionalmente aceptables para una latina. A las mujeres que se han atrevido a romper con esos patrones se les acusa de abandonar sus raíces. Sin embargo, en la medida en que más latinas tracen su propio camino, será más fácil para otras hacer lo mismo.

Julz Chávez, quien ha creado una línea de muñecas liberadas para niñas, es un claro ejemplo de alguien que emplea su espíritu creativo para ir más allá de los estereotipos de género e inspirar a las nuevas generaciones. Sus muñecas "Get Real," multiétnicas y atléticas — practican el *surf,* el esquí, el *snowboarding,* la patineta y juegan básquetbol y fútbol — representan el espíritu de ser tu propio modelo al participar en forma activa en el reto y la aventura de los deportes. Estas muñecas con un mensaje tan poderoso no sólo han provocado reseñas intensas por su competencia con Barbie, sino que promueven la profunda creencia de Julz de que los deportes estimulan la confianza en las niñas.

Una de los once hijos de un granjero mexicano emigrante y prima de César Chávez, el activista de derechos humanos y organizador laboral, Julz me confió los dones singulares que recibió de su padre, su curiosidad infantil y los vínculos creativos que la llevaron a convertirse en una audaz diseñadora de muñecas. Su padre fue el último granjero emigrante de la familia y cada verano llevaba a sus hijos al campo para mostrarles su origen. Les decía que su razón para trabajar tan duro era conseguir que ellos estudiaran en la universidad y gozaran de otro nivel de vida. Cuando Julz estaba en primer grado se sintió confundida porque su maestra les enseñó que los presidentes de Estados Unidos y otros hombres famosos eran modelos a seguir; al llegar a casa le preguntó a su padre, "¿Quién es mi modelo a seguir si el presidente no es una mujer?" Él le respondió, "Si quieres ser presidenta, tú puedes ser tu propio modelo a seguir. Si no existe un modelo de lo que quieres ser, tú misma puedes convertirte en él." Nunca motivó menos a Julz o a sus hermanas que a sus hijos varones.

Como Julz creció entre cinco hermanos y cinco hermanas, muchas veces se le pidió que los entretuviera de alguna forma y, dado que no le gustaban los juguetes de moda como Barbie ("Nunca me gustó porque no se parecía a mí ni a nadie de mi familia; además, no hacía nada de lo que me gustaba hacer a mí"), Julz creaba sus propios juguetes para compartirlos con ellos. Irónicamente, muchos años después —luego de estudiar en California College of Arts and Crafts y de laborar en compañías de juguetes —trabajó en Mattel, los fabricantes de Barbie. Sin embargo, ni ellos ni las otras empresas se interesaron en desarrollar una nueva muñeca que reflejara las ideas de Julz.

Entonces decidió formar su propia compañía, con la ayuda de su socio, Michael Cookson, para producir una línea de muñecas llenas de vitalidad, muchas de las cuales están inspiradas en sus amigas, atletas profesionales. "Deseo alentar a las niñas a participar en los deportes, a desarrollar su fuerza y su confianza. Aún no es común que las mujeres practiquen deportes, en especial las latinas. Por desgracia, muchos padres no apoyan a las niñas en ese sentido y yo quiero cambiar eso," señaló.

Le mencioné que tal vez los padres latinos no alientan a sus hijas a participar en actividades deportivas porque no consideran que sean femeninas. Ella contestó: "Es verdad, pero el deporte le da una enorme confianza a las mujeres de todas las edades." Con el tiempo llegué a la conclusión de que quizá la confianza en sí mismas no se considere un rasgo femenino por parte de la mayoría de los padres latinos; después de todo, se supone que debemos depender de nuestros hombres; pero si en realidad confiáramos en nosotras mismas, no los necesitaríamos más. Por fortuna, esa creencia en limitar el potencial de las niñas al no propiciar su autoconfianza no impera en todas las familias latinas; sin duda ese no era el caso del padre de Julz, quien fue fundamental en el desarrollo de esta característica y de su espíritu creativo, las chispas que la llevaron al éxito de sus "Get Real Girl."

Cuando piensas en los planes que tenías cuando eras pequeña y los actuales, ¿consideras que éstos reflejan tus propios sueños o que representan las expectativas de tus padres, de la cultura latina o de la sociedad en general? Al utilizar el espíritu creativo para vislumbrar tus objetivos ¿por qué no dar ese salto creativo — como lo hizo Julz — y darte toda la libertad para observar las posibilidades infinitas?

Leticia Herrera
Somos los arquitectos de nuestras vidas

Quiero compartir la historia de Leticia Herrera, pues muestra a la perfección que desatar el espíritu creativo puede abrir, en forma inesperada, la puerta hacia oportunidades nuevas y espectaculares. Un aspecto de la creatividad, que sale a la luz en la historia de Leticia, es la energía y la disposición para pensar con los pies en la tierra y utilizar los medios a tu alcance para crear algo que no existía.

"El negocio que tengo ahora es mi verdadera vocación," me dijo Leticia. Sin embargo, ella lo descubrió por accidente. Le debía un favor a un amigo y tuvo que pensar en una solución creativa para pagárselo. Le prometió que encontraría personal confiable para realizar el trabajo de limpieza necesario en una reunión de recolección de fondos. Como tenía muchos contactos, Leticia pensó que sería fácil, pero justo antes de empezar la reunión, el equipo que había formado la llamó para informarle que no podrían asistir. No podía quedarle mal a su amigo, así que decidió que lo haría ella misma.

Jamás había limpiado siquiera su propio hogar y no sabía cómo hacerlo; sin embargo, en cuestión de un día abrió su negocio, el cual llamó Extra Clean, Inc. Leticia lo recuerda así: "En esa reunión me convertí en la versión mexicana de Carol Burnett. Me las arreglé para contratar personas que trabajaran conmigo, nos subimos a una camioneta e hicimos la tarea. ¡Definitivamente fue una explosión de energía creativa — parte de esa voz interior — que me decía que era capaz de lograrlo!"

Pronto, su negocio se había convertido en una empresa comercial

de limpieza. Hace ocho años Leticia ganaba dieciséis mil dólares al año
y ahora es la dueña de una compañía multimillonaria. Para distinguir
su empresa de limpieza en un mercado saturado, eligió un nicho alta-
mente especializado, la restauración de mármol y piedra, así como
otros servicios especiales de limpieza. "Veo la arquitectura como un
puente visible entre la antigüedad y el futuro y me conmueve profundamente la energía que emana de las maravillosas obras públicas. Mi
compañía se dedica a mantener la belleza de estas estructuras y nuestro
mensaje es: 'Hay arte en lo que hacemos'."

Aunque llegó de forma inesperada, el negocio de Leticia es ahora
su verdadera vocación y lo descubrió al emplear su espíritu creativo.
¿Cómo podría llevarte el tuyo a lugares jamás imaginados en tu profesión o en tu vida? ¿Cuán abierta estás a experimentar? Todas poseemos el don de la vida y una misión; está en nosotras desarrollar y
utilizar nuestros talentos, así como descubrir cuál es nuestra vocación
en la vida. Nuestro sentido de experimentación y creatividad puede
ayudarnos a descubrirla.

Aun si en este momento realizas un trabajo que no disfrutas del
todo, podría existir un aspecto importante en él que te lleve a lo que deberías hacer. Piensa en tu situación actual de forma creativa; ¿a dónde
te orientan tus pensamientos e ideas? Tal vez sólo llegues a la conclusión de que te encuentras en el lugar incorrecto, lo cual es el primer
paso para salir de un camino equivocado y dirigirte al correcto. Busca
dentro de ti misma lo que te traería alegría y satisfacción. Construye tu
sueño, conviértete en tu propio arquitecto y no olvides consultar tu intuición.

Ejercicio: cómo desarrollar la intuición

Para explotar nuestro espíritu creativo y visualizar el camino correcto
para nosotras es importante que desarrollemos y aprendamos a confiar
en nuestra intuición. ¿Qué es exactamente la intuición? En pocas palabras, es información interior que nos transmiten los pensamientos, las

emociones o las sensaciones físicas. Como es una forma de percepción no intelectual, tendemos a ignorarla, pues en nuestra sociedad se cree casi de manera exclusiva en el pensamiento racional. Pero, ¿no hemos experimentado todas cierta sensación respecto a algo o a alguien e ignorado ese sentimiento interior, para luego darnos cuenta de que la información proporcionada por nuestra intuición era correcta?

De hecho, los científicos han comenzado a distinguir la parte de nuestro cerebro que es responsable de las habilidades intuitivas. A través del estudio de imágenes por resonancia magnética (MRI, por sus siglas en inglés) el científico británico Christopher Frith probó que cuando una persona imagina lo que alguien más está pensando o sintiendo, el área frontal de la corteza responde de una forma particular. Así se demuestra, con métodos muy racionales, que existe esa guía interna "irracional" que a menudo nos aporta información acertada.

¿Cómo podemos utilizar esa guía de forma eficiente para que nos ayude a trazar el camino apropiado, lo que somos y lo que queremos hacer con nuestras vidas? Quizá queramos iniciar una práctica formal de cinco minutos al día, dedicados exclusivamente a nutrir nuestra intuición. Podría incluir los siguientes pasos:

1. Levantar un altar rodeado de objetos que representen los elementos naturales: aire, agua, fuego y tierra. Quizá desees ponerlo cerca de una ventana abierta para sentir la brisa y colocar en él un vaso de agua, una vela y algo que represente la tierra, como una piedra, una planta o una flor. También puedes elegir un lugar exterior, donde los elementos naturales se hallan de manera intrínseca. Utilízalo para realizar tu práctica intuitiva todos los días.
2. Relaja tu cuerpo y libera tu mente de todos los estímulos y presiones del día.
3. Abre la mente a tu guía interior—tu intuición—la cual es una parte íntima de tu ser. Considera la intuición como a una amiga que conoces desde hace muchos años, alguien a quien quieres mucho, pero no ves a menudo. Dale la bienvenida a esa amiga.

4. Concéntrate en lo que tu cuerpo y tus emociones te comunican al establecer contacto con tu intuición. Por ejemplo, si estás considerando tomar una decisión o un camino, visualiza tus opciones y observa tus reacciones físicas y emocionales respecto de cada posibilidad. ¿Qué opción o qué camino te hace sentir más cómoda? ¿Cuál te hace sentir más en paz contigo misma? ¿Qué te dice tu intuición?

El refrán de la madre de Anita Pérez Ferguson
"Haz algo de la nada"

Anita Pérez Ferguson, quien imparte capacitación en liderazgo y habilidades políticas a mujeres en todo el mundo, trabajó en Washington, D.C., como presidenta del Consejo Político Nacional de Mujeres y como enlace entre la Casa Blanca y el Departamento de Transporte. Cuando le pregunté a esta mujer influyente y dinámica cómo se mantiene concentrada en la difícil batalla por llevar a la mujer a la arena política, su primera respuesta fue recordar la sabiduría creativa de su madre.

"Ella siempre tuvo un dicho: 'Haz algo de la nada', lo que significa hacer algo con lo que tienes. Eso me ha ayudado inmensamente en mi trabajo con organizaciones no lucrativas, ya que los recursos casi siempre son escasos. Entonces, en lugar de frustrarme, soy creativa y pienso en la forma de hacer algo de la nada." Un ejemplo interesante de esta estrategia creativa sucedió cuando Anita trabajaba con el Consejo Político Nacional de Mujeres; llegó un momento en el que apenas podía pagar la nómina, por lo que estaba preocupada de no poder mantener el importante trabajo del grupo. Convencida de que existía una solución creativa en algún lugar, se reunió con las demás líderes de la organización y realizaron una evaluación de lo que tenían: una oficina, una lista de correos con la que podían organizar una reunión y buena reputación en Washington, D.C., de la que podían obtener algún beneficio. Su tormenta de ideas se tradujo en un baile dirigido a las mujeres con motivo de la segunda toma de posesión del presidente Clinton. Invitaron a todas las damas nombradas y electas en el gabinete, así como a funcionarias locales, a la Primera Dama y a muchas de las fundadoras del movimiento feminista. Todas las artistas eran mujeres, contaban con una banda compuesta sólo por mujeres, mujeres cantantes e incluso meseras. "¡También invitamos hombres, pero para bailar con nosotras!" recuerda Anita. Con el éxito de ese baile Anita y sus colegas reunieron fondos suficientes para mantener activa la organización.

Anita me explicó que el creativo consejo de su madre también es válido para la presencia de las mujeres latinas en la política. Hace diez años no había latinas en el Congreso de Estados Unidos. Sin embargo, de la nada —con esfuerzo compartido, vigor organizacional y espíritu creativo— surgió algo. En la actualidad hay siete latinas en la Cámara de Representantes, y con mujeres como Anita Pérez Ferguson a la cabeza del movimiento, es probable que más y más resulten elegidas en años venideros. ¿Qué tipo de cambios traerán las mujeres, particularmente las latinas, cuando tengan una mayor presencia en el gobierno estadounidense? Al formularle esa pregunta Anita respondió, "Habrá una gran diferencia cuando haya más mujeres en la política, puesto que, a diferencia de los hombres, ellas tienen que hacer malabares entre el trabajo y la familia, y tener conciencia de esto provoca un impacto en el gobierno en cualquier nivel. Cuando las mujeres se desempeñan en puestos públicos, tienden a incluir sus experiencias personales, lo que no hacen los hombres, quienes pocas veces participan en las responsabilidades familiares. En lo que respecta a las latinas, ellas traerán una perspectiva necesaria a la opinión pública. Tenemos un fuerte sentido del equilibrio entre la familia y el trabajo, además de un saludable escepticismo respecto del gobierno y las instituciones. Sabemos distinguir las propuestas ineficientes que supuestamente protegen los derechos de los desprotegidos pero no lo hacen. Es importante que las latinas estén involucradas en este proceso, ya que tenemos idea de lo que sí será efectivo."

Una amiga mía compositora comenta que su mayor estímulo es entrar al estudio de grabación y escuchar a los músicos ensayando su música. Saber que ha creado una canción que le complace a ella y a otros —y que no existía antes —le da una sensación de alegría y satisfacción incomparable. El regocijante sentimiento que surge de hacer algo de la nada, de invertir tus talentos y habilidades singulares en un proyecto en el que se cree, es el fruto de una experiencia creativa, y puedes disfrutarlo como compositora, organizadora política, maestra o mujer de negocios.

La tormenta que fortaleció a los personajes de caricatura de Martha Montoya

Puesto que la creatividad requiere que te sientas libre para expresar tu visión —por muy escandalosa que les parezca a los demás —también necesitas ser atrevida. De hecho, algunas veces tu espíritu creativo puede haber surgido de algún incidente atemorizante o peligroso que provocó que buscaras en tu interior la manera de salir adelante. Ese fue el caso de la caricaturista Martha Montoya.

Martha, quien emigró de Colombia a Estados Unidos, tuvo que dejar a un lado sus metas artísticas. Sin conocer a nadie y sin un lugar donde vivir, consiguió trabajo como ama de llaves de una familia adinerada. Su madre solía decirle: "Es mejor ser cola de león que cabeza de ratón," por lo que vivir en un ambiente agradable parecía ser algo que valía la pena. Sin embargo, el trabajo era agotador, así que lo dejó después de tres meses para emplearse como bibliotecaria. La idea de utilizar sus habilidades artísticas para educar a niños latinos sobre su cultura se convirtió en realidad con el éxito de su tira cómica *Los Kitos*, que ahora aparece en trescientos cincuenta periódicos de Estados Unidos y en diecisiete países del mundo. Al hablar con Martha sobre las principales influencias en su vida creativa me narró una historia dramática de cómo sobrevivió a una terrible tormenta.

Cuando tenía quince años y todavía vivía en Colombia, Martha viajó en bote acompañada de su padre y su tía, para pasar las vacaciones navideñas en Santa Marta. (Como el mar estaba agitado, su madre se quedó en casa con su pequeño hermano.) Poco después de haber salido, el cielo se oscureció, las olas crecieron y el bote se volcó. Martha y sus parientes tuvieron que pasar dos noches y tres días en el agua. Había tiburones cerca y todo lo que podían hacer era aferrarse al bote y rezar. "Esta experiencia me llevó a preguntarme muchas cosas," me dijo Martha. "Principalmente, me di cuenta de que debía ser positiva. Por fin logramos llegar a la playa empujando el bote. Ahí aprendí que tú controlas tu propio destino. Como no había nadie que nos ayudara, tuvimos que hacerlo nosotros."

Martha dice que su tira cómica refleja la confianza en sí misma y el espíritu positivo que adquirió tras casi morir ahogada en el mar. "Aunque no hay nada peor que enfrentarse a la muerte, descubrí que Dios me dio una segunda oportunidad y me comprometí a enfrentar cualquier miedo que se presentara en mi vida." Gracias a su espíritu creativo, Martha reflejó en una tira cómica de relevancia social la experiencia de haber vivido en dos mundos muy diferentes en Colombia: el de los estudiantes desfavorecidos de la escuela que dirigían sus padres y el de la clase media alta en la que se desenvolvía. Sus padres eran los propietarios de una escuela para los hijos de choferes, personal de mantenimiento y otras personas pertenecientes a los estratos más baja de la escala socioeconómica. Muchos de estos muchachos y muchachas iban a la escuela sin desayunar y sus madres padecían hambre para pagarles la colegiatura. Problemas como el embarazo en la adolescencia y el abuso en el hogar eran comunes en estas familias. Motivada por esas dificultades y con su iniciativa, Martha creó personajes de tira cómica basados en la lucha de esos niños y también en personaje que reflejan a los miembros de clubes elegantes que están en el lado opuesto del espectro social.

A mi pregunta de cómo se inició como caricaturista, Martha comentó que, de hecho, había comenzado *Los Kitos* cuando tenía ocho años de edad: "Había una clase en la escuela católica a la que asistía llamada *Encíclica papal,* en la cual estudiábamos la política mundial. Era una clase muy aburrida y cada semana dibujaba una caricatura basada en el tema que estudiábamos. Por ejemplo, si hablábamos de la pobreza, dibujaba un personaje triste. Así que, con un personaje por cada clase, después de un tiempo había logrado desarrollar un total de doscientos. Cuando Martha tenía unos quince años armó su primera tira cómica y la hizo circular entre sus compañeros, amigos y familia. Con el tiempo se convirtió en *Los Kitos*. Además de la tormenta que la transformó y motivó para convertir sus caricaturas en una profesión viable, Martha reconoce la ayuda de su madre. Ella fue la primera en enseñarle que un toque creativo puede hacer cada actividad más significativa y divertida. Con la filosofía de que los niños deben aprender jugando, su madre le ofrecía a sus hijos oportunidades creativas a cada momento. Por ejemplo, si Martha tenía que presentar un examen de historia, su madre le confeccionaba un sombrero de Napoleón y le decía que se lo pusiera y actuara como él, pensando en qué habría hecho en ciertas situaciones. El gran aprecio que su madre le inculcó por la creatividad influyó en gran medida en Martha.

Utilizando su habilidad artística y su espíritu creativo, Martha produjo una tira cómica que refleja sus emociones personales y retrata a la comunidad latina a la que pertenece. Por esta razón, *Los Kitos* disfruta de una posición privilegiada en el mundo de las caricaturas. La capacidad de éstas de captar la esencia de una cultura en particular es algo que Martha tiene presente desde hace mucho tiempo: "Desde que era muy joven sabía que una caricatura puede mostrarte tu cultura. Snoopy, por ejemplo, es béisbol, fútbol americano, todo muy americano tradicional. Mickey Mouse refleja la cultura anglosajona: un mundo muy disciplinado, coordinado y sistematizado. Quería llegar a las caricaturas porque jamás había visto ninguna que proyectara la cultura latinoamericana. En mis dibujos hay balompié, ritmo, frutas y sol; además, *Los Kitos* están muy orientados a la familia, son leales y pachangueros. Les gusta el baile y la amistad, pero respetan la vida íntima de la familia."

Martha opina que, en general, las mujeres de América Latina son muy creativas, es algo que forma parte de su vida emocional. Ella utiliza su espíritu creativo de forma natural. "Uso mi vida emocional en mi trabajo: si despierto feliz, hago caricaturas felices. Si despierto triste, dibujo caricaturas tristes, y como mis dibujos reflejan esa emotividad, así como la cultura colorida y rítmica de la que vengo, veo todo de manera más artística y con más sabor."

Luego de aprender la confianza en sí misma en una crisis que casi le quita la vida, y de aplicar esa lección para alimentar su creatividad, Martha hizo realidad sus metas artísticas; nunca permitió que el miedo bloqueara su camino. A veces el miedo interfiere con nuestra capacidad de ser creativas, ya sea temor a lo desconocido, o bien a que se nos critique o considere "diferentes" de los demás. Cuando el miedo paraliza nuestro espíritu creativo, nos perdemos de muchas posibilidades maravillosas. La historia de Martha nos alienta a todas a defender con tenacidad los sueños que nuestro espíritu creativo despierte en nosotras.

Una mezcla creativa de culturas

La creatividad es intrínseca a todos los seres humanos; no obstante, como estamos descubriendo, las latinas somos especialmente afortunadas, ya que tendemos a desarrollar con mayor fuerza el espíritu creativo debido a las circunstancias que hemos tenido que afrontar. "La necesidad es la madre de toda invención", nos recuerda Platón; además, en nuestra historia ha sido necesario explotar nuestra creatividad e inventar nuevas tácticas para superar toda una gama de obstáculos.

Existe también otra razón, a la cual se hace alusión en el capítulo uno, por la que los latinos, en general, poseemos una perspectiva creativa innata: la mayoría de nosotros representa la unión de culturas indígenas y europeas. Cuando los españoles conquistaron México, América Central y Sudamérica su sueño era "legitimar" a los indígenas a quienes habían vencido, no sólo convirtiéndolos al cristianismo sino inculcándoles sus valores filosóficos y su forma de vida. Los indígenas aportaron a esta unión no solicitada siglos de una cultura sofisticada que ponía énfasis en la lealtad a sus dioses y en la armonía con la naturaleza. Un buen ejemplo de esa mezcla de culturas es la Virgen de Guadalupe, de piel morena, quien en 1531 se le apareció a un indígena recién converso, justo en el lugar donde alguna vez se encontró el santuario a la diosa azteca Tonantzin (la Madre de los Dioses).

La mayoría de los latinos —80 por ciento de los cuales son mestizos— poseen esas dos venas, la europea y la indígena; por ello se inclinan a recurrir a múltiples fuentes culturales. Al provenir de una mezcla de dos culturas, disponen de una perspectiva más amplia, de más opciones y posibilidades. Lo mismo ocurre con otros inmigrantes en Estados Unidos pertenecientes a diversas culturas y con los hijos de matrimonios de diferente origen. Tener por lo menos dos perspectivas culturales acrecenta su sentido de adaptabilidad creativa; además, considerando que las latinas son las encargadas de transmitir la cultura, la moral y los valores a sus hijos, el resultado natural es un espíritu de creatividad y adaptabilidad.

No tienes que ser mestiza para poseer ese espíritu; sin embargo, todas somos influidas y aprendemos de la forma creativa en la que la mujer de nuestras comunidades se adapta a las nuevas circunstancias y retos.

Silvia Bolaños
Cómo difundir su visión creativa

Silvia Bolaños, Directora Nacional de Ventas de la Firma de Cosméticos Yves Rocher, personifica la unión de culturas de la que hemos hablado y en parte atribuye su éxito a la chispa creativa que cree resultado de esta combinación. Su madre era española y su padre mexicano; sus actitudes y preferencias eran diferentes pero complementarias y Silvia se inspiró en ambos, así como en su abuela materna. Cuando esta última llegó sola a México proveniente de España, se ganaba la vida vendiendo boletos de cine y haciendo lo necesario para alcanzar su sueño: estudiar química. Pues bien, no sólo se convirtió en la encargada del laboratorio del Departamento de Química del Hospital Militar de la Ciudad de México, sino que también acostumbraba llevar a su casa a dos o tres mujeres que necesitaban ayuda para superar sus problemas. Silvia fue testigo de todo esto. "Cuando mi abuela murió yo estaba rodeada de muchas mujeres que habían sido motivadas por ella. Yo también la veía como un modelo a seguir. Llegó a México sin un centavo y terminó haciendo mucho dinero."

La madre de Silvia se casó con un veracruzano, un hombre simpático, según ella. "La fuerza de mi madre y la simpatía de mi padre alentaron y moldearon mi personalidad. De mi padre tomé la habilidad para ser positiva y disfrutar cada momento. Él decía: 'Debemos vivir el día de hoy' y mi madre respondía: 'Sí, pero ¿qué pasa si vives *también* mañana?' Así que aprendí que debemos vivir para hoy, mañana y pasado mañana. Me di cuenta de que era importante disfrutar la vida, pero también avanzar hacia tu meta."

Al utilizar en forma imaginativa la combinación de los rasgos con los que la educaron, Silvia aprendió a ser creativa en sus metas profesionales. La mezcla de culturas de la que se había nutrido y los conceptos que sus padres le inculcaron de vivir el día de hoy, el de mañana y el futuro, le permitieron desarrollar un negocio benéfico para ella y para otras mujeres. Su visión creativa, junto con la audacia para llevarla a cabo (estrechamente relacionada con la mujer atrevida de la cual hablaremos en el siguiente capítulo), la llevaron a aceptar el reto de emigrar a otro país y de ofrecer interesantes oportunidades de trabajo a otras latinas.

"Soy una mujer muy audaz y me encanta plantearme retos," señaló Silvia. El reto más grande de su vida fue salir de México para ir a vivir a Estados Unidos. Cruzar la frontera significaba cambiar su vida y dejar su país, aunque también representaba cumplir el deseo de ayudarse no sólo a sí misma, sino también a otras mujeres. Trabajaba para Yves Rocher en México y el director general le propuso que se trasladara a Estados Unidos con el propósito de abrir una sucursal de la compañía. Silvia aceptó el reto con el fin de trabajar con otras latinas en Estados Unidos; si bien, desde su punto de vista, a menudo ellas tienen miedo de salir a vender, "Yo les digo que desde el instante en que una nace se vende de diferentes maneras. Desde niña, cuando quieres un dulce miras a tus padres con una sonrisa. Así te vendes, pides lo que quieres. Les enseño a llegar tan lejos como quieran tomando como base esta premisa: 'Lo quiero, lo puedo hacer y voy a lograrlo'."

Silvia ha abierto el mercado de Yves Rocher en varias localidades de Estados Unidos, anunciándose en los periódicos e invitando a las mujeres a tomar café para discutir las oportunidades de participar en la compañía de cosméticos en la que ella cree. También ha logrado gran éxito en Puerto Rico, que ahora ocupa el primer lugar en ventas, y ha sido invitada por el presidente de Santo Domingo para abrir el negocio allí. Silvia ha ayudado a más de cuarenta mil mujeres a liberarse al ofrecerles un trabajo que les proporciona seguridad económica. "La parte más importante de mi carrera es pelear por las mujeres para que tengan un lugar en el mundo; porque cuando naces eres 'la hija de,' cuando te casas eres 'la esposa de' y cuando tienes hijos eres 'la madre de.' Pero las mujeres deben tener su propio lugar para ser ellas mismas. Agradezco la oportunidad de ofrecer a otras mujeres la dirección para que puedan ser ellas mismas."

Como descubriremos a lo largo del libro, el poder en las historias de las latinas exitosas radica en su capacidad para motivar y despertar confianza en otras. En el caso de Silvia, su espíritu creativo le ayuda a buscar en forma activa a mujeres que ella sabe que necesitan el "empujón" económico y psicológico que les ofrece una compañía como la suya. Está audazmente comprometida en difundir el sentimiento de orgullo y satisfacción que se desarrolla cuando una mujer es ella misma y deja su huella en el mundo exterior.

¿Demasiado creativa o no lo suficiente?

No se puede ser demasiado creativa cuando emprendes el proceso de visualizar tu futuro. Aunque tus sueños no se materialicen exactamente como esperabas, imaginarlo le dará un sentido global a lo que anhelas lograr en la vida. Sin embargo, a pesar de que la creatividad es valiosa e importante, también lo es la acción. Cuando recibimos nuestra "ráfaga creativa" y estamos en la etapa de planeación, debemos recordar que es importante pedir la opinión y el consejo de aquellos que tienen la experiencia apropiada, así como delinear los pasos prácticos que necesitaremos dar para llegar a donde queremos. Si deseamos transformar nuestro sueño en realidad, debemos guardar un buen equilibrio entre la creatividad y el sentido común.

Por otro lado, cuando estás alejada del espíritu creativo, es fácil caer en rutinas y no imaginar nuevas posibilidades. Quienes se autocritican con severidad—rechazando una idea antes de que ésta tenga por lo menos la oportunidad de nacer—o quienes no se permiten salir de lo programado o del perfeccionismo, son las personas a quienes les es difícil dar rienda suelta a su espíritu creativo. Necesitarás estar relajada y abierta—incluso cómoda—para que fluyan las ideas y los sueños. Si eres rígida en tu forma de ser o tiendes a dejar que tu vida siga igual que siempre, necesitas estar consciente de ello. Para que tu espíritu creativo te inspire debes estar dispuesta a agitar un poco las cosas, a romper la rutina, a dejar que tus ideas fluyan sin censurarlas, por más extrañas o alocadas que parezcan. Llegará el momento para afinar tus ideas creativas, pero si no les permites la entrada en absoluto, corres el riesgo de limitar seriamente tus poderes de latina.

Ejercicio: poner a prueba tu curiosidad infantil

La creatividad es una condición humana natural con la que tendemos a perder contacto cuando crecemos. Nuestra capacidad de jugar, la curiosidad y la libertad espiritual con frecuencia disminuyen cuando debemos atender los problemas prácticos de la vida adulta. Asimismo, como latinas, nuestra curiosidad puede estar limitada por restricciones impuestas por nosotras, la sociedad o la familia. Una forma de ponerse en contacto con nuestro espíritu creativo consiste en liberarse de esas restricciones y reconectarse con la niña que solíamos ser; ¡o con la que jamás tuvimos oportunidad de ser!

Este ejercicio está inspirado en el trabajo de María Montessori, educadora italiana del siglo diecinueve que creó una teoría educativa basada en la curiosidad del niño. Montessori creía que los niños deben ser libres para explorar lo que les interese y descubrir las cosas por sí mismos. Pensaba que ellos aprenden en un ambiente que les ofrece actividades interesantes y estimulantes en las que son libres de elegir.

Podemos crear este inspirador ambiente para nosotras mismas y así explotar nuestra curiosidad, la cual, a su vez, activará nuestro espíritu creativo y nos ayudará a planear una vida que se ajuste a nuestra personalidad. A continuación encontrarás los pasos para realizar este ejercicio:

1. *Prométete que encontrarás algo nuevo cada día.*
   ¿Recuerdas la primera vez que viste una víbora? ¿Un arco iris? ¿Un tren? ¿La nieve? La infancia está llena de "primeras veces" y no deberíamos abandonar nuestra búsqueda de nuevas experiencias. ¡Sacúdete la rutina y descubre cosas que jamás has visto!
2. *Permite que la emoción y la alegría sean tu motivación.*
   ¿Recuerdas la gratificante sensación de cruzar el pasamanos en el parque o de pintar con las manos utilizando tus colores favoritos? Presta atención a lo que te provoca alguna emoción, a lo que te motiva espiritual, emocional o intelectualmente. Déjate llevar por ese sentimiento e investiga más sobre ese tema, actividad o cosa que te fascina.
3. *Obsérvate en este ambiente de libertad.*
   ¿Te acuerdas cómo te observabas en el espejo del carrusel: la emoción de tu rostro de cinco años mientras galopabas mágicamente sobre un enorme caballo pintado? Escribe lo que has descubierto, lo que te ha inspirado y emocionado. Léelo al día siguiente y a la semana siguiente para reconsiderar tus sentimientos.

¿Recuerdas lo curiosas que éramos de niñas? Podemos regresar a ese espíritu de apertura, observación y aprendizaje de todo lo que nos rodea. Cuando lo hagamos, comenzaremos a alcanzar una comprensión más profunda de quiénes somos y qué nuevo camino queremos tomar. No existe un "camino correcto", hay muchos, y podemos descubrir los que en verdad son nuestros al desarrollar la curiosidad e intuición que siempre hemos tenido.

3

La perseverancia apasionada de la aguantadora

Exilio y soledad; no le deseo eso a nadie . . . Pienso que mi fe en los
seres humanos y en la dignidad humana fue lo que me dio fuerza.
¡Eso y mi pasión por cantar!

—Mercedes Sosa, cantante

La determinación y el trabajo arduo, aun en circunstancias extremas,
no son exclusivos de la cultura latina; no obstante, a lo largo de nuestra historia, esos valores fundamentales se han sometido a pruebas ri-
gurosas y siempre han respondido con fortaleza. Las latinas hemos
tenido que salir adelante enfrentando diversas dificultades, entre
ellas la conquista española, la inestabilidad política y económica, la
pérdida de nuestras raíces, el racismo, el sexismo, la discriminación y
la pobreza. Muchas latinas hemos debido tolerar el machismo en
nuestras comunidades o familias, así como la cultura patriarcal que
con frecuencia nos impide lograr nuestras metas y vivir la vida que
elegimos.

También, existen entre nosotras mujeres que han sufrido la tragedia del abuso doméstico. De acuerdo con el Informe Nacional de Violencia contra la Mujer del Departamento de Justicia de Estados
Unidos, publicado en 1998, en Estados Unidos cerca de un millón y
medio de mujeres son violadas y/o atacadas físicamente cada año por
su pareja. En América Latina entre el 10 y 30 por ciento de las mujeres
adultas con pareja sufren del abuso físico de ésta, según un estudio publicado por el Banco Interamericano de Desarrollo y el Johns Hop-

kins University Press. Algunos estudios mencionan porcentajes aún más altos en ciertas comunidades. El Instituto Mexicano de Investigación de la Familia y la Población y la Universidad Nacional Autónoma de México concluyeron que el 57 por ciento de las mujeres de Jalisco y el 61 por ciento de las de San Miguel de Allende son víctimas del abuso doméstico. Es triste que muchas víctimas de ese abuso han aprendido a aceptar la violencia por haber padecido lo mismo con sus padres. No obstante, muchas de las que han vivido ese horror familiar se han mantenido fuertes, aun después de haber tenido que vivir el trauma que significa terminar una relación de ese tipo. Lo han hecho con el fin de proteger a sus hijos y de salir adelante en la vida.

Es así como, con todas o algunas de estas experiencias como antecedente, hemos tenido que refinar nuestras habilidades de aguantadoras para sobrevivir.

El concepto de la aguantadora es tan latino que no existe forma de traducirlo a otros idiomas. Es una combinación de resistencia y perseverancia. Somos resistentes desde el punto de vista de que nos recuperamos después de soportar las dificultades. Y somos persistentes en el sentido de que no permitimos que esas adversidades nos impidan hacer lo que nos hemos propuesto. Una aguantadora es aquella que "soporta" lo que la vida le manda —sea lo que sea— y sigue adelante. Soporta y soporta, pero no se deja derrotar; se mantiene en su camino. Sin importar lo que suceda, continúa y no pregunta por qué las cosas no salen como quisiera, no se queja ni se da por vencida, sólo tolera las dificultades y sale adelante; sobrevive.

Hoy, en nuestro intento por hacer más que sólo sobrevivir — descubrir y disfrutar una vida satisfactoria, incluyendo una posible profesión fuera de casa—las latinas agregamos algo incalculable a nuestra resistencia y compromiso: ¡pasión! En este capítulo le daremos un nuevo significado a la conocida frase: "Aguántate, mujer." No equivaldrá a decir que una mujer debe sobrevivir estoicamente la parte negativa que le toque vivir; asumirá un significado radicalmente nuevo: como latinas en pos de nuestras metas podemos emplear nuestra tenacidad natural y nuestra pasión irrefrenable para ¡obtener lo que queremos!

A través de las motivadoras historias de resistencia, persistencia y determinación presentadas en este capítulo, seremos testigos de cómo las mujeres en nuestra cultura aprenden el valor del trabajo arduo y la determinación de sus familias o su comunidad para después convertirse en aguantadoras en busca del éxito en el campo de su elección.

La herencia de la aguantadora
Raíces aztecas, incas, mestizas y españolas

Como mencionamos en el primer capítulo, las raíces de la capacidad de la aguantadora para sobrellevar las adversidades se retrata en los códices aztecas, los cuales reflejan la visión de los aztecas de su sociedad ideal e incluyen consejos para los padres sobre cómo educar a sus hijas. Además de honestidad, piedad, diligencia, castidad, obediencia, modestia y dominio de las tareas femeninas, la tenacidad para aguantar las dificultades de la vida se menciona en ellos como una de las virtudes fundamentales que los padres deben inculcar en las niñas. Por supuesto, nuestra perspectiva de las virtudes femeninas ha cambiado en los últimos quinientos años; sin embargo, perseverar ante los problemas de la vida ciertamente es aún un atributo poderoso e importante.

La historia de la mujer inca en el Perú colonial revela otro aspecto del origen de la aguantadora: un empeñoso afán de preservar sus tradiciones y creencias. En su libro *Moon, Sun and Witches* (Princeton University Press, 1987), la antropóloga Irene Silverblatt muestra con cuánto valor esas mujeres indígenas se resistieron a los españoles, quienes intentaron obligar a los incas a renunciar a sus costumbres religiosas y a sus valores para imponer la cultura española y su opresiva política económica. En lugar de rendirse a los españoles y convertirse en yanaconas (pseudoesclavas), como muchos hombres nativos lo hicieron, las mujeres escaparon a regiones remotas donde podían practicar su religión nativa y reanudar las relaciones sociales inherentes a su cultura. Desobedecieron a los administradores españoles, al clero y a sus propios líderes comunitarios para asegurar que su cultura perdurara.

La palabra *aguantar* también tiene sus raíces en la cultura española, como lo señala Earl Shorris en su libro *Latinos: Biography of the People* (Latinos: una biografía del pueblo): "En el léxico de la fiesta brava, aguantar significa mantenerse firme . . . 'Aguantar la vara como venga' equivale a soportar cualquier cosa que suceda, como lo hace el toro con la vara utilizada por el picador." Shorris añade que el significado mestizomexicano de aguantar combina el concepto español de enfrentar el peligro y el sufrimiento con el indígena de fatalismo y resignación frente a la naturaleza, lo que da como resultado esta definición: "enfrentar nuestro destino con valentía y con cierto estilo."

Vamos a aguantar con valentía y estilo; pero en armonía con nuestra naturaleza y respetándonos, forjaremos nuestro propio destino.

La fortaleza de una artista
Esperanza Martínez

Tal vez no haya historia que represente mejor a la apasionada aguantadora como la de Esperanza Martínez. Ella se negó a ser vencida por la mano dura de la vida; en lugar de hacerlo luchó durante sus sesenta y cuatro años para respetar y nutrir su talento y su inquebrantable amor por el arte. Sobrellevó una vida de grandes dificultades, abusos y sexismo para convertirse en una de las pocas estudiantes particulares de Diego Rivera y, más tarde, en una artista muy respetada. Su trabajo se ha expuesto en prestigiosos museos en todo el mundo y se ha vendido por encima de los diez mil dólares a personajes tan prominentes como Jacqueline Onassis. Las pinturas vibrantes y emotivas de Esperanza son un homenaje a la historia mexicana y a la belleza sencilla de la vida en Chiapas y Oaxaca, al sur de México. Esperanza murió en 1998 y aprecio infinitamente los momentos íntimos de conversación y risas que compartimos.

Fue casi un milagro que Esperanza sobreviviera su infancia. Nacida en la pobreza extrema en México, creció en el seno de una familia en la que nunca había suficiente para comer y siempre se alimentaba primero a los hombres. Cuando tenía ocho años su abuela murió, dejando a Esperanza su papel en la familia: realizar muchas de las tareas domésticas y ayudar a su madre a criar los niños. Cuando cumplió doce, cuatro de sus hermanas y hermanos menores habían muerto de desnutrición, debido en gran parte a la depresión económica que existía en México en ese tiempo.

Pero no fue sólo la pobreza lo que Esperanza tuvo que enfrentar de niña, también la falta de apoyo y el abuso de sus padres. Aun así, desde chica descubrió su deseo de ser artista, y este deseo la condujo hacia las personas que podían ayudarla en su compromiso permanente con el arte. Me contó que su abuelo fue quien la inició en el dibujo cuando tenía tan sólo tres años, y que desde su primer trazo en el papel disfrutó la experiencia. "Mi abuelo me llevaba a su cuarto y me enseñaba dibujo. Aunque me daba su aprobación, no era muy expresivo. No obstante, le dijo a mi padre que tenía talento."

Cuando creció y quiso aprender a pintar, Esperanza empleó su determinación de aguantadora. Sin dinero para comprar los materiales, tuvo que tomar pelo de los perros callejeros que merodeaban su casa, pegarlo en palos y así hacer sus propios pinceles. Para las tintas molía piedras de diferentes colores para obtener polvo. Más adelante, sin que sus padres se enteraran, encontró a alguien que le enseñó a pintar. Esperanza me comentó: "Mis padres me sabotearon, no me alentaron en lo absoluto. Pese a que eran abusivos, yo encontré la forma de aprender. A los siete años tuve un maestro y me encantaba ir a su estudio; con sólo oler la pintura me inspiraba."

A la edad de doce años Esperanza vendió su primer cuadro. Continuó estudiando, aprendiendo y pintando. Incapaz de obtener apoyo o reconocimiento de su familia, buscó con fervor maestros y mentores que le mostraran el camino hacia adelante. Ella hablaba con agradecimiento de estas personas y les daba crédito por fortalecer su fe en que podría vivir como artista: "Un profesor muy importante ni siquiera me cobró por enseñarme. Me dio los materiales para las clases e hizo el contacto con mi primer agente. Era como mi abuelo, quien comprendía mis problemas de entonces. Tuve otro amigo, un artista y pionero reconocido en el mundo, quien influyó en mi elección de temas pictóricos. Admiraba a muchos otros pintores, pero ese hombre tuvo un gran peso en mi vida personal y artística."

Con todas las dificultades económicas y el abuso familiar que padeció, Esperanza jamás permitió que los problemas la devastaran y la apartaran de su eterna misión: expresar la belleza y la verdad de las personas, sus costumbres, su forma de vida y la historia que representaban. Aunque casi todas las mujeres que se dedicaban al arte eran ignoradas en México durante los años treinta y cuarenta, cuando ella crecía y comenzaba su carrera, Esperanza tampoco dejó que eso la detuviera. Cuando sus padres opinaron que la exitosa artista Frida Kahlo no era más que una "perdida", se rehusó a permitir que esa negatividad sexista arruinara su sueño de convertirse en una pintora profesional. Para pagar sus clases en la Academia de San Carlos en la Ciudad de México tenía dos trabajos y vendía sus pinturas. En la academia conoció al mundialmente reconocido y famoso artista Diego Rivera, quien la tomó bajo sus alas como una de sus pocas alumnas particulares.

Esperanza nunca cedió en su compromiso de crecer como artista. Incluso, poco después de cumplir sesenta años, a mi pregunta de cómo había cambiado su producción artística con el paso del tiempo, contestó: "Los cambios están sucediendo ahora. Todavía estoy dedicada completamente y por entero a mi amor: la pintura." Esperanza creó sus pinturas con una pasión implacable, usando todo lo que tenía, así como todo lo que se le había arrebatado. Su arte no fue sólo una contribución para el pueblo mexicano, al cual amaba, sino su más profundo deseo.

Esta talentosa persona, cuyos dinámicos e inquietantes cuadros cuelgan en las paredes de mi casa y en museos de todo el mundo, nos brinda un mensaje significativo y profundo por la forma como logró sobreponerse a las difíciles circunstancias de su vida: "aguántate, mujer." Resiste las dificultades trazando tu propio camino colmado de satisfacciones y alegría. Vive bien, a pesar de tus sufrimientos pasados. Permítete tener otro tipo de vida, distinto del que te vio nacer. Inventa la existencia que deseas para ti.

Aun si no hay modelos a seguir en nuestras familias, tenemos que ser capaces de dejar de culpar a los demás y de encontrar faltas en los otros y en la sociedad. No podemos aferrarnos a la idea de "Así me educaron y por eso no puedo alcanzar esto o lograr aquello." No podemos seguir culpando a otras personas, a la sociedad, a la iglesia o a otra circunstancia de nuestro pasado. En nuestro interior está el poder de cambiar.

Las obras de Esperanza son la prueba de que, cuando eres una verdadera aguantadora, incluso las situaciones más adversas no extinguen la chispa de pasión con la que todas nacemos. Nuestra dedicación y determinación pueden prevalecer y ayudarnos a conseguir el éxito. Y mantenerse así, ante problemas incluso más abrumadores, nos dará el respeto por nosotras mismas y el orgullo que se desarrollan cuando se nos ha puesto a prueba de esa forma. Tal vez dudemos de que poseemos la fortaleza requerida para soportarlo; sin embargo, la fortaleza llega cuando actuamos. No podemos saber cuán fuertes somos antes de aceptar el reto de cambiar nuestra vida; debemos realizar los cambios haciéndolos, y en el proceso nos fortaleceremos.

De cualquier forma, es importante percatarnos de que no todas las mujeres se fortalecen por sí solas. Por lo regular existe una abuela o una madre fuerte—o, como en el caso de Esperanza, un abuelo y un maestro interesados en ayudar—que nos inspiran y alientan, como lo revelan las historias de este libro. Pero si no tenemos la fortuna de encontrar tales guías en nuestra vida, podemos crear una fuerza inspiradora dentro de nosotras mismas. A veces nos sentiremos vulnerables y podremos creer aun que no somos capaces de continuar. Esa sensación de inseguridad es una respuesta común y en nuestro camino por la vida nos preguntaremos una y otra vez si vamos a fallar. Enfrentar esos sentimientos y seguir adelante a pesar de ello es lo que nos dará la fuerza de la aguantadora.

Ser aguantadora significa tener la decisión para ser lo que se debe ser y para sobresalir de forma realista. Cualesquiera que sean nuestras metas, podemos aprender a cuestionarnos y a darnos respuestas honestas. Esperanza sabía que había nacido para ser artista; no obstante, eso no significaba que no necesitara encontrar un maestro, muchos maestros, y aprender a través de los errores que se cometen en el camino. Es muy importante que en esta etapa de las aguantadoras seamos honestas y realistas sobre nuestras habilidades y metas, para que nuestra pasión y determinación estén cimentadas en lo que es verdaderamente posible.

Cómo superarse en un ambiente de pobreza y violencia
Dra. Estela Martínez

Estela Martínez creció en West Fresno, California, una comunidad afroamericana y latina muy pobre, así que para realizar sus sueños se vio en la necesidad de convertirse en aguantadora. Igual que la suya, la mayoría de las familias del barrio vivían en casas otorgadas por el gobierno y recibían subsidios esporádicos de éste. No había maestros latinos o afroamericanos en su escuela primaria.

¿Cómo fue que Estela decidió estudiar medicina y obtener la educación que necesitaba, cuando aquellos que la rodeaban caían, víctimas de los peligros inherentes a un vecindario pobre? Su primera gran influencia fue su madre, quien valoraba la educación aun cuando ella no la tenía. Nunca perdió oportunidad para decirle a sus siete hijos y cinco hijas que ellos progresarían en la vida si estaban bien educados:

"Mientras otras niñas latinas crecían aprendiendo a cocinar, a limpiar y a cuidar niños, mi madre trabajaba muy duro para que yo no tuviera que realizar ninguna labor doméstica. Lo que se me exigía era esmerarme en la escuela y hacer mi tarea a conciencia. Mi madre solía decirme: 'Yo atenderé a tu padre, cocinaré, limpiaré y plancharé sus camisas; haré todo por él. Pero tú no harás eso. No vas a crecer simplemente para servir a tu marido.' Yo le hice caso y creí en ella."

Hoy Estela admite que no hay nada malo en hacer las tareas domésticas ("si son hechas por amor, pero no exclusivamente"), y que incluso entonces éstas no le habrían impedido estudiar. Disfrutaba la aventura del aprendizaje y nada habría evitado que fuera tras él. De lo que no siempre estuvo consciente fue de qué tan brillante era: "Me di cuenta de que era inteligente cuando iba en cuarto año. Antes no lo sabía. Ese año recibí un reconocimiento académico por ser la mejor estudiante de mi grupo. Fue una sorpresa para mí y también para mi familia cuando lo llevé a casa. Mi madre le preguntó a mi padre: '¿No te habías dado cuenta de que sólo obtenía diez de calificación?' Aparentemente, no lo había notado. Pero cuando alguien reconoce tu excelencia, te motiva a continuar haciéndolo bien. Siempre competía con dos chicos chinos que eran muy buenos alumnos y que tenían las mejores calificaciones. Cuando gané el reconocimiento me dije: '¡Caramba, soy aún mejor que esos dos chicos!' y eso despertó la competitividad en mí."

El temprano triunfo académico de Estela no garantizaba su éxito futuro. De hecho, cuando llegó a la secundaria, su camino se vio amenazado por un consejero sexista y un ambiente escolar violento. Su espíritu de aguantadora ya enfrentaba retos. En el primer año quería tomar la clase de música como materia electiva, pero su consejero le dijo: "No, no, no. Las niñas deben tomar economía doméstica, porque cuando crezcas serás mamá." A pesar de que le molestó que el consejero no respetara sus decisiones, Estela se inscribió en economía doméstica; jamás estudió música. "En ese entonces era retraída y me intimidaban con facilidad. Mi madre se ofendió un poco por el consejo de aquel hombre; sin embargo, también se sintió intimidada."

Aunque con temor, Estela continuó tomando clases en aquella secundaria peculiar. En ella privaba una atmósfera hostil, con una buena dosis de violencia y crimen. Los chicos que más la atemorizaban eran muy conocidos en su vecindario, pero algunos de ellos no siempre habían estado relacionados con problemas, y su transformación de jóvenes decentes en buscapleitos provocó una gran impresión en Estela. "Había una familia en mi colonia que me causó gran impacto porque me hizo ver cuánto puede cambiarte el ambiente en el que vives. Era una familia afroamericana, una madre soltera con dos niños. En un principio la señora inscribió a los muchachos en una escuela católica y en ese tiempo se les veía limpios, listos y buenos. Pero después se cambiaron a la escuela pública y se transformaron por completo —fumaban en los baños, tomaban y perseguían a las chicas —siempre se metían en problemas. Su madre no sabía qué hacer con ellos."

Para no ofender a estos vecinos Estela aceptó una invitación para ir a una fiesta en su casa, pero le asustó sobremanera lo que pasó allí: "En nuestro vecindario los afroamericanos no estaban orgullosos de serlo y los latinos tampoco. Los chicos afroamericanos estaban confundidos respecto a mí, ya que soy muy morena, aunque tengo el pelo lacio. Parezco negra, pero no lo soy. Así que en la fiesta querían agredirme por mi apariencia; no negra, pero tampoco blanca. Me amenazaron sólo por esa razón."

Por fin, de regreso de la escuela un día, Estela le dijo a su madre: "Si no me dejas cambiarme de escuela, moriré." En ese entonces tenía trece años y una semana antes un muchacho le había puesto un cuchillo en el estómago y la había amenazado sexualmente. Ella logró escapar y correr a casa, pero estaba tan traumatizada por la experiencia que cuando le rogó a su madre que la cambiaran de escuela, ya había hecho planes: "Lo tenía todo calculado. Tomaría el autobús hacia el centro de la ciudad y después otro que me llevara a la otra escuela secundaria. Eso quería decir que tendría que viajar cuarenta y cinco minutos para llegar, pero tenía que escapar. Le supliqué a mi madre, le expliqué mi plan y estuvo de acuerdo."

Decidida y capaz como buena aguantadora, a los trece años Estela logró ingresar a una escuela más segura del otro lado de la ciudad, la cual contaba con excelentes maestras, quienes le sirvieron como modelos en esa importante etapa de su vida. Eran jóvenes, inteligentes y cálidas; sentía que si ellas habían podido hacer algo de su vida, ella podría hacerlo también. En especial, quedó impresionada con su maestra de geometría, quien esperaba a su cuarto hijo. "Era muy inteligente, un ejemplo de cómo puedes ser una maestra maravillosa y al mismo tiempo estar embarazada, ser madre y esposa. Ella fue una gran inspiración para mí."

En la preparatoria, Estela se dio cuenta de que tenía talento para las ciencias y las matemáticas, por lo que comenzó a hacer planes para ir a la universidad. Como muchas latinas, quería involucrarse en una carrera orientada al servicio, pero, al mismo tiempo, deseaba ser creativa y asumir el liderazgo. Tuvo que elegir el campo de la ciencia que estudiaría. Resolvió estudiar medicina y no enfermería porque, de acuerdo con la investigación que realizó en el centro de orientación vocacional de su preparatoria, supo que los médicos y las enfermeras estudiaban lo mismo, excepto que los primeros permanecían en la escuela más años, lo cual no representaba un problema para ella.

En ese momento de su vida Estela conoció a una persona que la ayudaría a seguir el camino que seleccionó gracias a su personalidad aguantadora. Su madre le transmitió la creencia en educarse y aferrarse a sus metas, sus maestras la inspiraron, y ahora una nueva influencia le daría la guía y la fortaleza, tan vitales para las latinas con antecedentes similares a los de Estela. Me habló de un hombre importante en su vida llamado Roberto Ruvalcaba: "Entró a mi vida esa persona maravillosa. Era el director del Programa de Igualdad de Oportunidades (EOP por sus siglas en inglés) de la Universidad de California, en Santa Cruz, y vino a nuestra preparatoria a reclutar alumnos. Quería ver las calificaciones de los estudiantes latinos sobresalientes. Nos llamó, uno por uno, nos habló del programa de estudios en Santa Cruz, para después preguntarnos cuáles eran nuestros planes. Algunos decían cosas como: 'Pues, quiero ser secretaria especializada en derecho . . . , ' pero después de cinco minutos de charlar con el señor Ruvalcaba querían ser abogados. Si un chico decía que quería ser técnico dental, cinco minutos después, habiendo escuchado al señor Ruvalcaba, ese chico quería ser dentista. Cuando llegó mi turno, dije: 'Quiero ser doctora,' y el señor Ruvalcaba sonrió y contestó: '¡Maravilloso!' "

Gracias al señor Ruvalcaba, Estela ingresó a un intenso programa propedéutico de siete semanas en la universidad, diseñado para estudiantes en desventaja, el cual los ayudaba con las clases más difíciles que necesitarían para ingresar a la universidad. Estela aprendió trigonometría, cálculo y fue presentada a los asesores que más tarde le ayudarían a ser aceptada en la facultad de medicina. "Éramos ocho en el programa y los profesores reafirmaron mis metas y mi determinación diciéndome: 'Lo estás haciendo muy bien y lo lograrás,' aun cuando apenas me estaba graduando del bachillerato."

Estela—ahora la doctora Estela Martínez, anestesióloga, esposa y madre de unos gemelos de tres años y medio—tuvo que superar muchos obstáculos: provenir de un ambiente en el que muy pocas personas valoraban la educación, tener que lidiar con un clima escolar violento y luchar contra actitudes racistas y sexistas. "Sin embargo, lo que me ayudó fue el mensaje de mi madre, quien no cesaba de decirme: 'Eres diferente. Puedes hacerlo. Eres capaz de tener una educación y una buena carrera.' "

Su madre también puso su mano firme—quizá de forma un poco severa según los estándares actuales pero efectiva—cuando se trataba de la vida social de Estela. Le advertía: "¡Nada de novios! Si tienes novio, antes de que te des cuenta ya estarás embarazada y tus mayores aspiraciones serán comprarte un auto, y después tendrás que aceptar un empleo mal pagado sólo para pagarlo." Por eso, Estela no tenía una vida social muy activa, pues sentía que eso le demandaría gran parte del tiempo y la energía que empleaba para la escuela: "Me puse por encima de las otras chicas y encontré otro grupo de colegas: los muchachos, porque eran quienes se esforzaban más para conseguir la excelencia académica. Cuando te rodeas de personas que tienen las mismas metas que tú, eso te moldea. Podía llamar a estos amigos a medianoche y preguntarles algo sobre trigonometría y siempre estaban dispuestos a ayudarme."

Gracias a la experiencia positiva de Estela en su lejana escuela secundaria y preparatoria, sus hermanos más pequeños también asistieron a ellas, aunque eso implicaba viajar largas distancias desde su casa. De esos hermanos, uno se convirtió en ingeniero ambiental, otro en escritor (galardonado con el National Book Award de 1998 por su novela *A Parrot in the Oven*), otro trabaja en un bufete de abogados, otro es psicólogo y trabaja con niños discapacitados y otro es artista. En lo que concierne a sus hermanas, una estudió para maestra y la otra, en un "accidente propio de una latina," dice Estela, se embarazó cuando era adolescente y se convirtió en ama de casa. Aunque esta hermana no se siente lo suficientemente segura para continuar su educación, crió con éxito a dos hijos que ahora asisten a la universidad. Los hermanos mayores de Estela, quienes no asistieron a una secundaria y preparatoria mejores, viven bien, pero son empleados, no profesionales, ya que no tuvieron acceso a una educación superior.

Al resumir su perseverancia de aguantadora, Estela señaló: "Se requiere mucha fortaleza para seguir adelante cuando enfrentas el tipo de problemas comunes en una comunidad como la mía. No estoy segura de dónde me salió. Es probable que de mi abuelo, quien mostró gran tenacidad para aprender inglés. Cuando yo asistía a la primaria, él también iba a la escuela para adultos. ¡Y yo pensaba que eso era fantástico! Asistiríamos a la escuela juntos. Pasaba mucho tiempo en su casa, y cuando me despertaba en la noche veía que aún seguía estudiando. Me hacía preguntas sobre lo que estudiaba, y aunque yo todavía no lo hubiera aprendido, trataba de entenderlo y explicárselo. Observaba su paciencia al luchar para ser más educado a su edad y pensaba: 'Oye, si él puede hacerlo, yo también.' "

Estela fue lo suficientemente juiciosa para mirar a su alrededor y comprender lo que sucedía en su comunidad, así como para asegurarse de que evitaria cometer los errores de otros muchachos con desventajas. Si bien reconocía éstas, desarrolló un plan para romper con el círculo de la pobreza y lo siguió (¡aguántate, mujer!) incluso cuando las circunstancias parecían conspirar en su contra.

Como Estela, podemos mantener los ojos abiertos y tomar las decisiones que mejorarán nuestro futuro. Aunque te encuentres en el peor de los ambientes, puedes ser fiel a ti misma y a tus objetivos, para así sobresalir. Puedes repetirte, como lo hizo tantas veces la madre de Estela: "Eres diferente, lo puedes lograr."

Cómo obtener la fortaleza para hacer lo que disfrutas
Mercedes Sosa, cantante

Mercedes Sosa, nacida en Tucumán, al norte de Argentina, es muy conocida en América Latina y en el mundo por su voz profunda y expresiva, la cual puede transformar una canción en un mensaje personal inolvidable y cautivante. Su voz maravillosa parece emerger directamente de la tierra, como un volcán. Ella fue una de las creadoras del "canto nuevo" latinoamericano, el movimiento de los sesenta; además, ha utilizado su cálido contralto para defender la reforma política y la democracia, llamando a su canto "canciones de barricadas." A finales de los años setenta el represivo régimen militar argentino prohibió sus conciertos y grabaciones, y en 1979 Mercedes se vio forzada al exilio debido a que sus canciones se consideraron subversivas. La cantante aún se estremece al recordar lo que tuvo que pasar; estar imposibilitada para hacer lo que más quería y ser expulsada de su país, alejada de su familia y sus amigos. "Los militares me observaban. Me prohibieron cantar porque creyeron que era una guerrillera. ¡No me dejaban cantar! Esas canciones sólo eran folclóricas, muchas provenían de Chile porque cantaba las de la compositora chilena Violeta Parra. Exilio y soledad son cosas que no le deseo a nadie. Fue un exilio de cuatro años muy difícil." El esposo de Mercedes ya había fallecido, pero Fabián, su hijo, viajó con ella a París, donde rentaron un departamento. Después su hijo tuvo que regresar a Argentina. "¿Puedes imaginar cómo me sentía cuando Fabián se fue? Estaba desolada, completamente sola."

Cuando una aguantadora enfrenta una crisis, no es que no sienta el dolor o la decepción de esa experiencia; lo que la define como alguien a quien admiramos y de quien aprendemos es su capacidad de resistir: permanecer concentrada en su vocación y comprometida con su misión. Mercedes Sosa sabía entonces, como lo sabe ahora, que había nacido para cantar. Su propósito en la vida es inspirar a las personas con su emotiva voz y sus canciones llenas de significado. Además, obtiene gran satisfacción al hacerlo, como todos disfrutamos al realizar aquello que representa la parte más profunda de nuestro ser. Cuando le pregunté de dónde consiguió la fortaleza para sobrevivir en el exilio, replicó: "¡Cantando! Siempre obtengo fuerzas cuando canto, cantar me hace sentir bien. Ganaba muy poco dinero en Europa, pero trabajé mucho y el amor y el afecto de las personas fueron maravillosos. Tuve la oportunidad de conocer a mucha gente, de hacer amigos y nunca me sentí abandonada porque el público estaba allí."

Una experiencia peor a la del exilio fue la pérdida de su querido marido, Pancho, quien murió de un tumor cerebral un año antes de que Mercedes dejara Argentina. Perderlo y aprender a vivir sin el hombre al que amaba, señala, fue "lo más difícil que me ha pasado en la vida." No obstante, también en esos momentos mostró la resistencia de la aguantadora. Sufrió mucho, pero al mismo tiempo fue capaz de sentir que su vida había sido bendecida por su matrimonio con Pancho. "Mi esposo era un magnífico compañero, un hombre maravilloso; es muy difícil encontrar a alguien así, por eso para mí fue una bendición tener un marido como él. Aún ahora me pregunto: "¿Por qué tenemos que perder a la persona que amamos?" Sin embargo, no siempre podemos tener a nuestros seres queridos toda la vida."

Lo que Mercedes sigue disfrutando es su amor por el canto. Cuando se siente una auténtica pasión por lo que se hace, eso ayuda a soportar las experiencias dolorosas de la vida, porque tu corazón está activamente involucrado en ello, sin importar de lo que se trate. Además, con una buena conexión con tu corazón, obtienes resistencia y esperanza. Para Mercedes esa forma de conectarse está en sus canciones. Ella transmite amor a quienes la escuchan, y muchas más personas de las que imagina le corresponden. Cuando compartimos nuestros talentos y nuestra pasión con los demás se genera amor, algo que siempre nos ayuda a aguantar.

Cuando el sueño de una aguantadora entra en conflicto con su familia
Dra. Mary López

Al igual que Estela Martinez, Mary López estaba decidida a obtener una educación universitaria, sin importar los enormes obstáculos que se interpusieran, para así convertirse en una profesional y alcanzar las metas que se había propuesto. Sin embargo, en su caso, su amor y lealtad por la familia—algo que compartimos todas las latinas—se interponían con su compromiso de aguantadora y con sus metas.

Los padres de Mary sólo querían lo mejor para sus hijos. Su padre se había mudado de México a Oakland, California, con la esperanza de vivir mejor. Cuando vio los peligros a los que estaban expuestas las familias pobres en esa ciudad, temió por sus hijos. Las drogas, el crimen y la falta de esperanza o dirección eran cosas que no quería para su familia. Así que, mientras él permanecía en Oakland para ganar dinero, su esposa y sus seis hijos regresaron a México.

En su país, siendo una jovencita, Mary tuvo la fortuna de que su madre creyera en ella y la alentara a planear una profesión que valiera la pena. Su madre le decía a todos sus hijos que lograrían algo en la vida. "Todos los días nos preguntaba qué queríamos ser de grandes. Aun cuando cambiábamos de idea de un día a otro, siempre tuvimos metas, gracias a mi madre. Siempre supe que asistiría a la universidad."

Por desgracia, cuando llegó el momento de que lo hiciera, no tuvo la oportunidad de ingresar a ninguna en México debido a que había nacido en Estados Unidos y, por lo tanto, era ciudadana estadounidense. Sin embargo, por la misma razón, calificaba para asistir a una universidad en Estados Unidos. Pero había otro obstáculo enorme: su madre no le permitiría ir allá. Debido a las experiencias negativas que vivieron en Oakland, temía que su hija regresara al país donde existían tantos riesgos potenciales. Deseaba que se quedara en México y, dado que no podía ingresar a la universidad, podría convertirse en secretaria.

Mary no lo aceptó. Se había fijado como meta una carrera en el campo de las ciencias y necesitaba un título universitario. Para poder cumplir su compromiso consigo misma y con sus sueños tenía que mudarse a Estados Unidos. "Nadie de mi familia quería que me fuera para allá, pero yo estaba decidida. Creían que podía volverme drogadicta, prostituta o que terminaría siendo madre soltera. No obstante, yo sabía que no me sucederían esas cosas." Ella iba a ese país con un objetivo en mente, uno que tenía desde que era pequeña: asistir a la universidad. Sabía que llegaría allí, sin importar cómo lo hiciera. "Ni siquiera pensé cómo; estaba concentrada en la meta en sí. Sabía que terminaría mi carrera universitaria, sin importar lo que pasara."

La palabra que más utilizó Mary mientras me platicaba acerca de sus años en la universidad fue "resistencia." Hubo muchas noches en las que no tuvo tiempo para dormir, ocasiones en las que debía trabajar veinte horas consecutivas en el laboratorio y meses en los que contaba con muy poco dinero para vivir. A pesar de eso, su determinación jamás se debilitó: sería una científica. Ese tipo de decisión es la esencia de la aguantadora, aunque Mary admite que en su caso estaba mezclada con remordimiento. No quería dejar a su familia ni decepcionar o preocupar a su madre.

"Si hubiera escuchado a mi madre, me habría quedado en México. Me sentía —y me siento— culpable por no estar con ella. Ayer mi hija cumplió cuatro años y ella, mi esposo y yo no pudimos celebrarlo con mi familia. Ellos me recriminan: 'Ya lo ves, si te hubieras quedado podríamos haber festejado juntos.' Sin embargo, sé que venir a Estados Unidos y alejarme fue el precio que tuve que pagar para satisfacer mi compromiso conmigo misma: convertirme en lo que estaba llamada a ser.

Mudarse lejos de una familia tan querida no fue fácil, y hubo momentos en los que Mary dudó de su fortaleza de aguantadora. Me confió que ha sido capaz de soportar todo lo que le ha sucedido gracias a su fe en Dios. Su perseverancia —fundada en el amor y en el estímulo de sus padres— la ha mantenido firme en sus metas. De cualquier forma, es humano cuestionarnos si hemos hecho la elección correcta, en especial cuando ésta significa dejar a nuestro núcleo familiar. Cuando ella siente que la fortaleza que necesita para continuar su camino se está debilitando, Mary la encuentra de nuevo en Dios.

¿Y a dónde la llevó ese camino? Después de graduarse en la Universidad de California, en San Diego, se le otorgó el reconocimiento Ford Foundation Fellowship e hizo un doctorado en endocrinología. En la actualidad es profesora de esa materia en la Universidad de Harvard. Tal como lo hizo su madre con ella, ahora la doctora López le pregunta todos los días a su hijita: "¿Qué quieres ser cuando seas grande?" La pequeña le contesta: "Una científica, una maestra, una artista y una mamá." Entonces, Mary le dice que está segura de que podrá hacer todas esas cosas.

Sólo las relaciones alentadoras pueden ayudar a una aguantadora

Una relación madura y alentadora—ya sea con un compañero, con una persona importante para ti o un amigo—será invaluable para llegar a ser una aguantadora exitosa e ir en pos de tus objetivos. Ese tipo de relación debe ser gratificadora y enriquecedora para ambas partes. Al aprender a utilizar tu fuerza interior para soportar las adversidades y seguir concentrada en lo que quieres hacer, necesitarás confiar en ti misma y en tus habilidades. Si cuentas con alguien a tu lado que reconozca también tu fortaleza, te ofrezca consejo cuando sea útil y esté contigo en las buenas y en las malas, tienes oro en las manos. Si no cuentas con alguien así, busca modelos positivos a seguir y crea a ese amigo en tu interior. Si te conoces, no habrá mejor aliado para ti. No obstante, una relación constructiva con otra persona que aprecie tu dedicación y tu pasión por el trabajo puede brindarte el apoyo para enfocarte en tus metas, sobre todo en los momentos de crisis.

Las latinas necesitamos estar conscientes de nuestra tendencia a invertir mucho en las relaciones amorosas y de que a menudo se nos pide que renunciemos a nuestros sueños y esperanzas en ese sentido. Cuando accedemos nos anulamos con tal de complacer a nuestro hombre, pero a la vez suprimimos nuestra capacidad de amar auténticamente a otra persona. No puedes ser sincera y amorosa con alguien si no lo eres contigo misma. Si el miedo por perder a alguien te impide convertirte en una aguantadora exitosa, piensa si la perdida de tu individualidad es un precio que estás dispuesta a pagar para conservar dicha relación. ¿Cuáles son las características de un compañero alentador? Los siguientes son los factores clave:

• Te apoya emocionalmente en las buenas o en las malas. (Y esto significa *tus* buenos y malos momentos y los de *él*.)

- No se interpone en tu camino para conseguir las cosas que te dan satisfacción.
- Te alienta a ser lo mejor que puedes ser y te anima cuando te acercas a tus objetivos.
- Comprende quién eres y qué quieres de la vida.
- Disfruta de tus logros contigo.

Aguantar demasiado y muy poco

Cuando adoptamos la actitud de aguantar hasta un extremo que no es saludable, podemos volvernos demasiado tolerantes. Desde luego que deseamos adquirir la resistencia y fuerza suficientes para soportar los obstáculos y retos de la vida; sin embargo, existe gran diferencia entre soportar una dificultad estoica e interminablemente o sólo aguantarla con valentía hasta que encontremos la forma de superarla. Lo importante es abatir las barreras que se nos presentan y convertirlas en trampolines para alcanzar nuestras metas.

Hay personas que toleran demasiado y después se culpan por no ser capaces de soportar más dificultades. Ese lado oscuro de la aguantadora suele decirle: "Aguántate como mujer" y no le es posible percatarse de cuándo se rebasa el límite de lo sano. ¿Por qué las latinas tenemos propensión a ese tipo de pensamiento?

Un aspecto positivo de nuestra cultura es que valora a aquellos que, sin quejarse, resisten y superan las adversidades si el fin vale la pena. Ahora bien, el lado negativo de ese valor es la admiración hacia quienes en forma incesante sufren y realizan sacrificios olvidando sus anhelos. Si te encuentras en esta categoría, ten cuidado. Si estás aguantando sólo porque crees que al final se te reconocerá por todos los sacrificios que has hecho, te llevarás una gran decepción; nadie lo hará. Las personas "serviles" que se sacrifican de esa forma por lo general son víctimas de abusos, no se les aprecia y acaban por ser menospreciadas y por deprimirse.

De igual manera, las mujeres que se resignan a la pérdida de sus sueños y de sus vidas y dicen, "Yo no pido nada; doy porque me gusta dar," de hecho lastiman a aquellos a quienes dan tanto. Los hacen dependientes de ellas y eso no es saludable para ninguno de los dos. Cuando aguantamos tanto que nos enfocamos por completo en la vida de otra persona e ignoramos nuestras metas, en realidad no le ayudamos, sino que interferimos y nos perdemos en el proceso.

Por otro lado, si no somos capaces de enfrentar prácticamente ningún obstáculo en nuestro camino al éxito, quizá se deba a que provenimos de un entorno familiar en el que se hacía todo por nosotras. Si ese es el caso, se nos ha privado de experiencias necesarias para desarrollar la resistencia de la aguantadora. Si nuestros padres o hermanos mayores siempre nos protegen de los peligros potenciales, no tenemos oportunidad de ser derribadas para luego levantarnos de nuevo. (¡Por algo se dice que con golpes se aprende!) Así que debemos darnos cuenta de esa falta de experiencia y tomar medidas para fortalecernos, por ejemplo a través de algo tan simple como una plática automotivadora para continuar un cierto proyecto que se nos dificulta o de algo estimulante como tratar de hacer lo que queremos hacer pero que hemos evitado porque no será sencillo.

Ejercicio: cómo fortalecer a la aguantadora que llevamos dentro

A veces olvidamos darnos crédito por enfrentar circunstancias difíciles. Como aguantadoras, es fundamental que lo hagamos, de manera que la próxima vez que nos topemos con un obstáculo sepamos que podemos contar con nuestra experiencia anterior. Una buena forma de despertar tu apasionada perseverancia consiste en inspirarte en tus triunfos pasados. Al recordar que fuiste capaz de superar una situación complicada te convencerás de que puedes lograrlo de nuevo. Cuando las circunstancias nos ponen a prueba descubrimos quiénes somos, cuáles son nuestras fortalezas y cuán capaces somos de hacer

70

70 ¡LATINA ES PODER!

cosas que jamás pensamos que podríamos hacer. Con frecuencia olvidamos cuántas veces hemos salido adelante de tales pruebas. Una vez que hayas adquirido conciencia de cuánto has superado en el pasado, que realmente sientas esos triunfos y reconozcas cómo te han fortalecido, sabrás que existen muy pocos límites para lo que eres capaz de hacer.

El ejercicio siguiente consta de siete pasos que te ayudarán a entrar en contacto con tu historial de aguantadora. Observa que recordar logros anteriores puede inspirarte para superar cualquier reto que estés enfrentando.

1. Haz una lista de retos específicos que hayas enfrentado con éxito. Por ejemplo, un nuevo empleo, un examen, un problema financiero, una enfermedad, hablar en público o mudarte a un nuevo ambiente. Después de hacer la lista, circula el reto más significativo.

2. Enlista las preocupaciones específicas que tuviste al enfrentar el reto en un principio sin saber aún que lo superarías. Por ejemplo, no tener en quién confiar, no contar con suficiente experiencia o no saber dónde conseguir la información o asesoría necesarias.

3. Describe cuáles fueron tus miedos más profundos al encarar ese reto. Por ejemplo, miedo al abandono, a la vergüenza, al fracaso, al rechazo o al daño físico.

4. Describe si esos miedos estaban fundados o no en ideas falsas y cómo te diste cuenta de ello.

5. Anota qué fue lo que hiciste para superar el reto. Por ejemplo, tomar clases o entrenamiento; seguir el consejo de un experto o de una comadre y/o recibir su apoyo moral; consultar tu intuición; actuar como si fueras fuerte (aun sin creerlo del todo) y simplemente hacerlo; creer en tu capacidad.

6. Describe cuál fue tu deseo más importante mientras intentabas solucionar con éxito el reto mencionado. Por ejemplo, ser valorada, escuchada, probarte que podías lograrlo, sentirte inteligente, ser independiente, ser amada o tener estabilidad económico.

7. Describe lo que aprendiste al enfrentar con éxito ese reto. Por ejemplo, que podías confiar en ti; que debes poner atención a tu sabiduría; que conoces las respuestas si te escuchas; que puedes pedir ayuda si la necesitas, que puedes aceptar nuevas responsabilidades; ¡que puedes confiar en tu perseverancia aguantadora!

Al andar un nuevo camino, uno que tú has escogido pero que despierta ciertos temores o pensamientos negativos, piensa en lo que has aprendido con este ejercicio. Recuerda que en el pasado has superado miedos similares y permite que ese conocimiento te fortalezca. Has experimentado lo que es utilizar tus recursos y conseguir el éxito, por lo que puedes hacerlo de nuevo. Si te conectas de nuevo con tu fortaleza podrás reclamar tu poder de aguantadora.

Enfrentar una nueva misión

Por ser mujeres siempre se nos ha enseñado a aguantar, ya que siempre debemos dar lo que sea necesario a los demás: al padre, a los hermanos, a los niños, al marido. Muchas aún anticipamos que la nuestra será una vida de sacrificios en la cual tendremos que aguantar en forma continua. Ahora cambiaremos esa ecuación para prestarnos atención a nosotras mismas. Ya no seremos las mártires, las sacrificadas o abnegadas y todas esas cosas de las que nos enseñaron a estar orgullosas. Hay mucho de qué enorgullecernos en nuestra cultura, pero debemos aprovechar nuestra capacidad de aguantar para propósitos más importantes, como hemos descrito en este capítulo. Nuestra meta es ser resistentes, enfrentar las contrariedades y las barreras, así como convertirnos en aguantadoras en el sentido positivo y activo de la palabra; de esa forma no sólo sobreviviremos, nos transformaremos en algo más.

Cuando eres una verdadera aguantadora puedes resistir todo lo que la vida te envía, pues lo aceptas como un reto para lograr una existencia enriquecedora y satisfactoria. De tal manera, aguántate, mujer, y cuando pienses en el dolor, la frustración y los problemas que se nos presentan a lo largo de la vida, utiliza esa experiencia. Ésas son las herramientas, no para estancarte, sino para avanzar en una nueva misión en la vida: ser tú misma.

4

La habilidad de la comadre para trabajar en equipo

He trabajado con y para mujeres toda mi vida y sé cuán abnegadas somos. Yo sobreviví el abandono de mi padre, el exilio político, la pobreza y la muerte de mi hija; fui capaz de superar todo eso gracias a mi unión con miles de mujeres.

—Isabel Allende, escritora

El poder de la unión, el trabajo en equipo y el intercambio de ideas de las mujeres arroja como resultado no sólo el crecimiento personal, sino cambios sociales profundos. Cada una de nosotras, lo advirtamos o no, obtiene fuerza de nuestros contactos entre comadres. ¿Cómo pueden traducirse esos estrechos lazos entre latinas y otras mujeres en una fuerza poderosa que nos impulse hacia las metas que elegimos? La palabra "comadre" es muy clara para las latinas, pero al intentar explicarle el significado a una amiga anglosajona descubrí que no existe una palabra similar en inglés. *Close friend* (amiga cercana) o *best friend* (mejor amiga) son expresiones que se aproximan en ese idioma, aunque mi colega contribuyó con una idea interesante: "Tal vez significa algo parecido a como se escucha, ¿podría ser comaternidad?"

De hecho, la comadre es una persona con la que se disfruta una relación en la que existe retroalimentación, alguien a quien tal vez se le considera miembro de la familia, ya sea en forma espiritual o en asuntos de honor. Cuando tú y otra mujer son comadres, en la forma que definiremos a continuación, aceptan el papel de una "comadre," quien ayuda a alimentar y desarrollar los proyectos y sueños de la otra. Las comadres también desempeñan los papeles de hermana, aliada, tía, consejera, prima, maestra, defensora, confidente y otros más. Son personas en quienes puedes confiar siempre de manera incondicional.

¿Cuáles son las cualidades fundamentales para construir esa relación tan intrínseca a nuestro estilo latino de vida? El respeto, la apertura, la confianza, la generosidad, el afecto, el humor, el apoyo y más. Una relación de ese tipo puede alentarte, motivarte, ayudarte a superar obstáculos e incluso inspirarte para considerarte desde una perspectiva más amplia. Si disfrutas un vínculo como ése con otra u otras mujeres, darás y recibirás lo que se te ofrece, de manera abierta y sin egoísmo.

En este capítulo nos concentraremos en un don que apreciamos en nuestras amistades, pero que con frecuencia descuidamos en otros aspectos de la vida, como el trabajo o la profesión: me refiero a nuestra habilidad innata para ser comadres generosas y comprensivas, rasgo heredado que podemos utilizar para realizar nuestros planes y aspiraciones, así como para desarrollarnos en el aspecto espiritual. Muchas de nosotras no damos mayor importancia a la capacidad de ayudar a los demás cuando, de hecho, es uno de los atributos más preciados en casi todos los aspectos de nuestro desarrollo, como lo son los negocios, la política y el arte.

Como mencioné en el primer capítulo, pienso que fuimos las latinas las que inventamos el trabajo en equipo, porque estamos acostumbradas a conectarnos con nuestras comadres para ayudar a nuestras respectivas familias, ofrecer ayuda a vecinos y amistades y trabajar por la mejora de nuestras comunidades. Cuando enfrentamos un reto, aportamos ideas, echamos mano de nuestras diversas aptitudes y actuamos para superarlo. No dudamos en solicitarnos ayuda. Nuestros contactos femeninos nos resultan esenciales y de nuestra cultura hemos aprendido a valorar estas importantes relaciones. Pero, ¿consideramos también a nuestras comadres como recursos potenciales que

pueden utilizarse para alcanzar nuestras metas personales respectivas? ¿Alimentamos nuestras relaciones femeninas de manera que nos
conectemos más con nuestro aspecto espiritual y seamos más capaces
de ayudarnos a nosotras y a otras mujeres a crecer? Los expertos en
desarrollo profesional advierten que el trabajo en equipo es uno de
los elementos clave para lograr el éxito. Y, puesto que las latinas sabemos cómo dar y recibir de nuestras comadres al establecer vínculos estrechos mutuos, ya contamos con ese elemento.

A continuación veremos cómo varias mujeres aplicaron sus habilidades de comadres en la búsqueda de sus sueños y cómo puedes hacer
tú lo mismo.

Linda Gutiérrez
Cómo dos mujeres se convirtieron en dos mil

Linda Gutiérrez es presidenta de la mesa directiva del Instituto Nacional de Líderes Hispanas, NHLI presidenta de la Corporación de Mujeres Hispanas y miembro del Comité de la Comisión de Salud
Arizona–México, del Comité de Asesoría de la Alianza de Acción por
los Niños de Arizona, del Consejo de Asesoría Clínica para Escuelas de
Salud Inc., del Consejo Nacional de La Raza, así como de Consejo de
Asesoría de Chicanos por la Causa. Es una mujer dinámica. Durante
nuestra charla me comentó: "Hacemos que las cosas se vuelvan realidad porque confiamos en nuestra energía y en nuestra pasión." Linda
está dedicada a construir una organización para fortalecer a la mujer.
El Instituto Nacional de Líderes Hispanas logra ese cometido al ayudar a las mujeres a establecer contacto entre ellas. Con cada vínculo,
con cada mujer, se ofrece asistencia y se desarrollan fortalezas. La misión del NHLI es "motivar a las hispanas para que se conviertan en líderes éticas mediante la preparación, el desarrollo profesional, la
construcción de relaciones y el activismo comunitario y mundial."

Linda no nació siendo presidenta del instituto, pero siempre fue
una intuitiva organizadora y creadora de vínculos. Agradece a su

abuela haberle mostrado cómo se entablan las relaciones auténticas y cómo se crea un verdadero sentido de comunidad. "Aprendí a ser una buena comadre observando a mi abuelita. Ella logró unir a la gente para construir la iglesia de St. Anthony en Phoenix, lugar donde se sentía como en casa después de mudarse de Guadalajara. Al principio no tenía amigos ni familia cercana y, ya que la iglesia es un lugar de reunión para los latinos, ella se sentía cómoda allí. Durante los siguientes sesenta años ayudó a ampliar la iglesia, organizando las fiestas, que siempre tenían éxito, y tamaladas ¡fenomenales! Al observar cómo lograba todo eso con sus comadres y con la participación de sus hijos y sus nietos aprendí a fijar los cimientos de la planeación, la organización y la promoción eficientes."

Linda también desarrolló sus habilidades de organización y relaciones interpersonales trabajando en la pequeña tienda de sus padres. Aprendió a comunicarse fácilmente con los clientes mientras atendía la caja, y ser responsable de los inventarios constituyó un curso intensivo sobre los elementos fundamentales de los negocios. Si bien al llegar a la pubertad ella se preguntaba por qué no jugaba con otros niños, reconoce que, "En verdad aprendí a trabajar con clientes, a dar servicio y acercarme a la gente."

Como muchas latinas con quienes he conversado, Linda se inspiró en la fortaleza de su madre para vencer los innumerables obstáculos que los inmigrantes deben enfrentar. Al llegar a Estados Unidos de Guadalajara, siendo una niña, su madre tuvo que batallar porque no conocía el idioma. Pero eso no la detuvo; solía decir que sus hijos "conquistarían el mundo." Siempre le aconsejó a Linda que fuera atrevida y no se atemorizara, que practicara deportes, que intentara abrirse camino en la política, que hiciera lo que tuviera que hacer . . . y pidiera ayuda si la necesitaba. "Crecí con seguridad y confianza en mí misma, pues mi madre me contagió su fortaleza de espíritu," dice Linda.

No sólo su madre le transmitió ese mensaje que la motivó para identificar y lograr sus objetivos. En 1981, Nancy Jordan, originaria de Sinaloa, México, le pidió a Linda que entrara a una organización para mujeres latinas. Nancy visualizaba la organización como un foro donde las latinas pudieran aprender unas de otras y desarrollaran sus capacidades profesionales y de liderazgo. Ella había iniciado la organización acudiendo a un pequeño grupo de mujeres que sabía se interesarían en formar una red de comadres; éstas, a su vez, llamaron a otras a quienes también les entusiasmó la idea. Para sorpresa de Nancy, trescientas mujeres asistieron a la primera reunión y se dio cuenta de que ese inesperado resultado demostraba una necesidad real en la comunidad de Phoenix. Nancy solicitó la ayuda de Linda para hacer crecer la organización.

"Nancy me pidió ayuda," recuerda Linda. "Yo esperaba a mi cuarto hijo en ese momento y ella me dijo, 'No te preocupes, encontrarás el tiempo para hacerlo.' Creía que no lo lograría, pero ella me animó; me cedió la presidencia y me dijo, 'Sueña todo lo que quieras.' Quería convertirla en una organización nacional y eso fue lo que hice." La red de comadres de Linda ha aumentado a dos mil mujeres en los pasados cuatro años, algo que jamás habría sucedido si alguien no se le hubiera acercado y si ella no hubiera acudido a otras mujeres.

Linda señaló que, sea cual sea la etapa de la vida en que nos encontremos, la fortaleza y el apoyo de otras mujeres —que refuercen tu confianza y compartan tu visión— no sólo ayuda, sino que consigue maravillas. Si eres estudiante, secretaria, empresaria o ejecutiva, tu poder se multiplica cuando otra u otras mujeres te brindan su dedicación y lealtad.

El proyecto "Latina Feminist Testimonios" (Testimonios de feministas latinas) y el libro *Miriam's Daughters* (Las hijas de Miriam)

Abundan los ejemplos motivadores de cómo el trabajo en equipo de las comadres hace que las cosas que valen la pena se realicen de una forma en la que ninguna mujer por sí sola lo lograría. El proyecto Testimonios de Feministas Latinas es uno de ellos. Tal vez algunas de ustedes hayan vivido la experiencia de desenvolverse en un ambiente académico donde la competitividad y el aislamiento prevalecen tanto entre los estudiantes como entre los académicos. Hay tan pocos lugares disponibles en los niveles superiores de la academia, que esto no es sorprendente. Así que el hecho de que un grupo de profesoras y estudiantes latinas se unan para compartir sus ideas y pensamientos más reveladores sobre la experiencia de pertenecer a esta cultura—y además decidan publicar sus descubrimientos—es notable. Estas mujeres se reunieron por un periodo de siete años para compartir sus testimonios, los cuales incluían narraciones autobiográficas, cuentos cortos, poemas y diálogos. Muchas de las involucradas en el proyecto son profesionales en el campo de dar testimonios: historiadoras, profesoras de literatura, etnógrafas, escritoras y psicólogas; sin embargo, nunca habían hecho de sus trayectorias una fuente de investigación. Aunque todas eran feministas universitarias latinas, sus perspectivas abarcaban un amplio rango de intereses. A pesar de los diferencias de nacionalidad, religión, tendencia política, orientación sexual, clase social y campo académico, ellas emplearon sus lazos innatos de comadres para escribir un libro de historias personales de gran diversidad y honestidad. La obra *Telling to Live: Latina Feminist Testimonios* (Contar para vivir: testimonios de feministas latinas) (Duke University Press, Durham and London, 2001), del Grupo Feminista Latino, se desarrolló sobre los cimientos de la "comadreria."

En la introducción las autoras señalan que al compartir sus historias rompieron barreras académicas y de otro tipo; además, crearon un sentido de comunidad y fortaleza. Están perfectamente conscientes de que, al hacerlo, personificaban "la tradición latinoamericana/latina de la familia, la reciprocidad y el compromiso."

> . . . creamos una práctica sustentable de comunidad donde nos mantenemos comprometidas con un diálogo, una colaboración y un con-

tacto continuos como un todo y en grupos pequeños. Reafirmamos una relación ética de cuidado y apoyo para cada una y para el grupo. Según nuestra experiencia, éste es el feminismo latino más rico y creativo.

Existen muchas maneras en que las latinas nos relacionamos y trabajamos con otras para enriquecer nuestras vidas y lograr nuestras metas. Los testimonios de latinas feministas incluidos en el libro mencionado generaron una nueva forma de compartir nuestras historias y dejar que otras personas conocieran nuestras vidas. Y hay otras colecciones de escritos de latinas, reunidos con el mismo espíritu de comadrería. Por ejemplo, *Miriam's Daughters: Jewish Latin American Women Poets (Las hijas de Miriam: poetas judías latinoamericanas)* (Sherman Asher Publishing, 2001), editado por Marjorie Agosin, compila veintiocho voces de mujeres que exploran su doble identidad cultural, la judía y la latina, a través de peculiares ópticas poéticas. Esa antología bilingüe permite a las lectoras convertirse en comadres de un grupo distinguido de poetas latinas, quienes exploran el legado compartido del Holocausto y el exilio, así como una redefinición del sentido de pertenencia. Puesto que las latinas hemos estado oprimidas tanto tiempo, es importante que ilustremos a otras, narrando nuestras experiencias y permitiendo que nuestras historias personales cobren vida a través de la riqueza de la narrativa y la poesía. Cuando, en grupo, recopilamos y mostramos al mundo nuestras batallas, sueños, experiencias e ideas, les damos un nuevo significado.

Las latinas tenemos la responsabilidad de transmitir la cultura a nuestras familias e hijos; los dos libros comentados realizan una función similar al exponer al mundo exterior las historias de la vida de mujeres latinas. Al ofrecer el regalo de sus testimonios y poesía, las mujeres que aportaron su contribución a estos libros se convirtieron en comadres, no sólo de sus colegas, sino de sus miles de lectoras, y agrandaron así el círculo al que pertenecemos todas.

Isabel Allende y el poder de los círculos de comadres

Isabel Allende nació en Perú en 1942 y se mudó a Chile a los tres años de edad. En 1973 fue obligada a salir del país con su marido y sus dos hijos, después de un golpe de Estado que depuso y asesinó a su tío, el presidente chileno Salvador Allende. Vivió en Caracas, Venezuela, durante los trece años siguientes y más tarde emigró a Estados Unidos, donde reside ahora. Isabel es autora de *La casa de los espíritus, Paula, Afrodita, La hija de la fortuna* y *Retrato en sepia,* entre otros libros. Sus obras han sido traducidas a más de veintisiete idiomas. También ha escrito libros para niños, obras de teatro y artículos para revistas y periódicos. Fue editora de una revista feminista en Chile; ha sido periodista para televisión y documentales; ha impartido conferencias en América y Europa y enseñado literatura en la Universidad de Virginia, en el Montclair College de Nueva Jersey y en la Universidad de California en Berkeley. Si bien afirma que, "Los reconocimientos más significativos que he recibido son las emotivas cartas de mis lectores," le han otorgado numerosos premios literarios en todo el mundo, entre los cuales se cuentan Mejor Novela del Año (Chile, 1983); Libro del Año (Alemania, 1984); Premio Literario Colima (México, 1986); XLI Premio Literario Bancarella (Italia, 1993); Premio de la Crítica (Estados Unidos, 1996); Premio de la Fundación Sara Lee (Estados Unidos, 1988) y Premio Literario WILLA 2000 (Estados Unidos, 2000).

Al conversar con Isabel sobre la importancia de las comadres, me habló de su necesidad, en una etapa temprana de su vida, de establecer este tipo de vínculos. Si no hubiera sido por sus amigas, no hubiera podido ir más allá de las limitadas opciones que la cultura chilena tradicional le ofrecía a las mujeres. "He sido feminista desde bebé," dijo ella. "A muy temprana edad me enfureció darme cuenta de que mi madre había sido una víctima de la sociedad, de la Iglesia y de la cultura patriarcal. Mi padre la abandonó y, sin dinero ni educación, tuvo que ser mantenida por su padre y su hermano. Entonces, como cualquier persona que depende de alguien más, carecía de derechos. Sin embargo, yo observaba que los hombres de su familia gozaban de todas las libertades y los derechos que ella no tenía."

Isabel fue criada en una familia muy tradicional, católica y conservadora. "Mi destino era ser como mi madre: sólo la esposa y la madre de alguien. No era lo que quería, pero nací en una sociedad donde eso era lo único posible." Sin embargo, entre los veinticinco y los treinta años de edad —durante los sesenta— Isabel se unió en Chile a otras seis o siete mujeres con la misión de emular la toma de conciencia que proponían las mujeres en Estados Unidos e Inglaterra. En Chile, tal conciencia feminista era una novedad: "Comenzamos a enteramos del movimiento feminista; salimos a las calles, solicitamos reportajes en revistas y en televisión y empezamos a comunicar a las mujeres lo que otras estaban haciendo en diversos lugares del mundo. Las chilenas comenzaron a pensar: '¡Oye, no me había dado cuenta de que soy la sirvienta de mi marido!' Entonces, nuestra furia se transformó en acción."

Hoy, por supuesto, Isabel no es la sirvienta de nadie. Practica su arte literario para beneficio y placer de millones de lectores y reconoce a sus amigas por haberla ayudado a superar los traumas y las desventuras que ella, como muchas de nosotras, superó. Me contó de la importancia de la compañía de otras mujeres a lo largo de su vida: "Necesitas la compañía de otras mujeres para sobrevivir, para superar cosas como el embarazo, la enfermedad y la muerte. Es una necesidad visceral muy terrestre. En mi caso, siempre he estado rodeada por otras mujeres. Vengo de una familia grande y, además de haber sido criada por mi madre, tuve muchas otras madres postizas y amigas que fueron mis hermanas sustitutas. De esa forma, creé una extensión de mi familia y siempre me rodeé de mujeres. Pude confiar en ellas y por ellas fui capaz de seguir adelante, incluso en los peores momentos, momentos de mucho dolor y tristeza."

Durante los últimos diez años, Isabel Allende se ha reunido una vez a la semana con un grupo de seis mujeres. El intercambio honesto e íntimo de ideas y emociones, así como la aceptación sin censura con la que se escuchan, han creado un lazo indestructible entre ellas. Isabel señala: "Todo consiste en crear vínculos con las mujeres de este círculo, lo cual es el aspecto fundamental de la democracia. En un círculo, donde nadie dirige el grupo, nadie da consejos o recomendaciones y cada persona es partícipe de lo que sucede en la vida de las demás, todas somos testigos que escuchan con atención y compasión. Y eso es lo que genera el cambio. Sólo al estar juntas somos capaces de desarrollar una energía espiritual, muy humana, que nos permite superar situaciones como una muerte en la familia, la infidelidad, la quiebra y el cáncer; todos éstos son problemas que podríamos enfrentar en el curso de nuestra vida. Con el apoyo de un grupo como el de estas seis personas, pueden superarse circunstancias como esas."

La filosofía en la que se fundamenta el círculo de Isabel está contenida en el libro *The Millionth Circle: How to Change Ourselves and the World* (El círculo del millón: cómo cambiarnos a nosotras mismas y al mundo), escrito por la analista jungiana Jean Shinoda Bolen, quien forma parte del grupo de mujeres mencionado. La doctora Bolen destaca la necesidad de que la sabiduría y la compasión femeninas impregnen nuestra sociedad patriarcal y cómo puede ese proceso efectuarse abriendo un "círculo" a la vez. Estos círculos pueden generar más y más hasta llegar al "millón" de círculos y cambiar las cosas en profundidad. Esto no es tan utópico como podría parecer; Bolen señala que la idea se basa en la Hipótesis de Resonancia Mórfica del biólogo Rupert Sheldrake. La versión simplificada de esta teoría se ejemplifica con el cuento alegórico "The Hundredth Monkey" (El mono número cien), en el cual un grupo de monos isleños aprenden a lavar su comida antes de ingerirla y de alguna forma transmiten esta conducta recién adquirida a otros primates con los que nunca interactúan. Un mono descubre primero que si lava la comida ésta sabe mejor y enseña a otros a hacerlo; éstos, a su vez, se lo enseñan a otros. El aspecto milagroso de esta teoría es que, una vez que todos los monos de la isla han sido "educados" de esta manera, los monos de otra isla —que nunca tuvieron contacto con el primer grupo de monos —comienzan también a lavar su comida. En esencia, la teoría consiste en que, una vez que un número significativo de animales ha aprendido un comportamiento particular, en forma automática éste se convierte en parte de lo que hacen otros grupos de animales similares.

Sea verídica o no la teoría de Sheldrake, Jean Bolen, al igual que Isabel Allende y muchas personas más, creen que si las mujeres de un círculo pequeño practican la compasión y el apoyo y si se forman otros círculos, acabarán por introducirse en la sociedad formas de interacción más vitales y comprensivas y, en consecuencia, viviremos en un mundo más humano. "Necesitamos que un número importante de individuos se abran a la creación de un nuevo cambio planetario espiritual y ecológico," dice Isabel. "Además, debemos darnos cuenta de que la humanidad es una sola familia. Si eso sucede, podemos eliminar todas las fronteras y los conflictos entre las razas. Las guerras y otras formas de violencia podrán reemplazarse con nuevas maneras de diálogo. Si formamos suficientes círculos podremos lograrlo."

El concepto de conformar un círculo de mujeres que después se convierta en un millón de círculos de mujeres propositivas, encaja a la perfección con el compromiso de utilizar nuestras redes de comadres para mejorar nuestra vida y aumentar el bienestar de nuestra comunidad. Cuando nos comprometemos a dar y recibir nuestra compasión y sabiduría femeninas, contribuimos no sólo a nuestro crecimiento personal y a la expansión del poder de las latinas, sino al bienestar de hombres y mujeres en todo el mundo, quienes se beneficiarán de nuestro ejemplo y buenas obras. Cuando trabajamos junto con nuestras comadres, nuestro poder se incrementa, nuestra fuerza se amplifica y no hay forma de que nos detengan, sin importar que nos enfrentamos a problemas como el Sida, la violencia doméstica, la depresión o el fortalecimiento de las latinas.

Isabel Allende todavía obtiene fortaleza del grupo de mujeres al que pertenece. "Aun cuando viajo y no puedo asistir al grupo, sé que cuento con su ayuda; las recuerdo, pienso en ellas y siento su energía; están conmigo y yo con ellas. Eso me contagia un vigor extraordinario y sólido."

Ese tipo de vigor interno del que habla Isabel puede acompañarte toda tu vida si llevas contigo la sabiduría y el apoyo de las comadres, que siempre estarán dispuestas a ayudarte.

Cómo formar un círculo de comadres

Ya sea que tu objetivo actual consista en mudarte de ciudad, comenzar una familia, obtener un título universitario, dejar un empleo en el que te has estancado para encontrar uno más satisfactorio, abrir tu propio negocio o, sencillamente, reunir la confianza suficiente para ir en pos de una meta aún indefinida, rodearte de comadres que te alienten puede proveerte el soporte espiritual y emocional que necesitas para llegar a donde deseas. Cuando un grupo de comadres se reúne para compartir su energía, sabiduría, comprensión y espiritualidad, cada miembro se fortalece, pues obtiene poder no sólo de lo que le dicen las demás sino también porque es escuchada con atención y compasión.

Te invito a formar tu propio círculo de comadres e integrarte así "al millón de círculos." Ya sea que te propongas trabajar en aspectos profesionales o en una agenda política, como grupo de curación o de concientización general, los siguientes lineamientos te ayudarán a comenzarlo.

1. *Determina el propósito de tu círculo de comadres.*

    ¿Es para brindarse apoyo emocional mutuo con el fin de conseguir tus metas? ¿Para compartir información de utilidad para sus profesiones? ¿Para lograr objetivos políticos especificos? ¿Para ayudar a superar circunstancias traumáticas como el abuso doméstico, el divorcio o la enfermedad? Los grupos de apoyo para mujeres golpeadas han ayudado a provocar cambios personales y sociales de gran beneficio. Estudios han demostrado que los pacientes con cáncer que se integran a grupos de ayuda viven casi el doble de los que no lo hacen. Tal vez el propósito de tu círculo sea más general: apoyarse en cualquier cosa que suceda en sus vidas, ya sea en relación con su profesión, su familia, la política o algún aspecto personal.

2. *Elige a las personas que pertenecerán a tu círculo de comadres.*

Selecciona comadres confiables, estables en lo emocional y comprometidas con los fines del grupo. Asegúrate de que estén dispuestas a compartir tanto tiempo, interés y energía como tú. El número apropiado de integrantes es de entre cinco y quince; si deseas que sea más íntimo o espiritual, te recomiendo un grupo más pequeño; los más grandes son apropiados para fines de negocios o de redes de trabajo en equipo.

3. *Establece la logística en la primera reunión.*

Decidan dónde se reunirán (incluyendo si el lugar variará o no), cuándo y la frecuencia. Elijan si, además de reunirse, comerán juntas y, si es el caso, quién proveerá los alimentos y en qué momento se servirán. También determinen si cada reunión del círculo se concentrará en un tema particular o si existirá libertad de hablar de cualquier tópico que surja, dependiendo de las necesidades y circunstancias de los miembros.

4. *En la primera reunión, procura que cada comadre exprese lo que espera obtener de las reuniones.*

Si las integrantes no se conocen entre sí, haz que comuniquen quiénes son, a qué se dedican y proporcionen algunos otros datos importantes, según el propósito del grupo.

5. *Aclara desde un principio que cuando una integrante del grupo habla, todas las demás escuchan.*

Cada miembro deberá ser respetada cuando hable y no debe haber conversaciones secundarias. Tal vez desees adoptar una práctica de las culturas indígenas: se coloca en el centro del círculo una "vara para hablar" y la persona que tiene el turno la toma hasta que termina de exponer su comentario, para después regresarla al centro. Nadie habla a menos que tenga la vara en la mano.

6. *Acuerden evitar los "monólogos", es decir, cuando una persona utiliza todo el tiempo para hablar y no deja tiempo para las demás.*

Eso demuestra falta de respeto hacia las otras comadres del círculo y después de un tiempo se desconectarán.

7. *Asegúrate de que todas entiendan que el principio de equidad rige al círculo de comadres.*

   Todas las mujeres son igualmente importantes; ninguna se erige sobre las demás. Este sentido de compartir respetuosa y democráticamente—junto con la apertura y la confiabilidad de cada comadre—contribuirá a la energía, sabiduría y espiritualidad del círculo.

8. *Si tu círculo de comadres está orientado a la espiritualidad, tal vez quieras comenzar cada sesión con unos momentos de silencio colectivo.*

   Todas se desprenden de los sucesos del día y de los problemas personales, meditan durante unos minutos y regresan más centradas y dispuestas a compartir. Quizá desees encender velas, reproducir una pieza de música suave o formar un altar sencillo en el centro del círculo, el cual podría incluir un objeto que sea representativo del grupo o del tema en discusión. Después del silencio podrían continuar con una buena lectura.

9. *Si estás formando un círculo orientado a la profesión, invita a sus miembros a decir qué esperan del grupo, qué desean ofrecer y cómo podrían ayudarse mutuamente con sus negocios o carreras.*

   Algunas mujeres pueden escoger entre ofrecer o intercambiar servicios mutuamente o compartir contactos potenciales de negocios. Es importante que todas las integrantes sean honestas respecto de lo que quieren y no se avergüencen de decir que esperan mejorar sus negocios o profesiones de alguna manera al pertenecer al grupo. Por otro lado, si no logras de inmediato los resultados que esperas, es esencial mantenerse comprometida con el grupo de cualquier forma. Tarde o temprano, la ayuda que brindes a otras mediante tus conexiones con comadres regresará a ti. Toda carrera se relaciona de algún modo con conectarse con las personas apropiadas y en tu grupo de ocho, diez o quince personas habrá alguien que conoce a otra que podría contactarte con lo que deseas. Recuerda que el hecho de que obtengas lo que deseas del grupo no es razón para abandonarlo y regresar a él sólo cuando necesites algo más. Debe ser un círculo de mujeres en el que todas se comprometan a mantenerse unidas y a ayudarse. Quizá todas pertenezcan al mismo campo profesional, pero si no es así, no importa si una es corredora de bolsa, maestra, abogada o psicóloga; cada una puede proveer una perspectiva diferente sobre cómo mejorar su carrera, resolver un conflicto u opinar sobre lo que funciona o no. Todas pueden aportar algo valioso si en el grupo hay unidad y honestidad. Tu meta debe consistir en apoyar a las otras, pues, en su momento, esto volverá a ti de forma positiva, como si fuera un regalo inesperado del grupo para ti.

10. *Establece contacto con mujeres ajenas a la comunidad latina.*

Si bien algunos círculos de comadres podrían estar enfocados a temas que sólo se relacionan con latinas, no necesariamente debemos confinarnos a ser comadres en nuestra cultura. Siempre nos enriqueceremos al conocer a mujeres de otras culturas, aprender de ellas e intercambiar ideas y experiencias; unirnos así enriquecerá nuestras vidas, como lo hará la idea de conexión de un millón de grupos de mujeres. Podemos tener compromiso y lealtad hacia nosotras y, al mismo tiempo, hacia la sociedad.

11. *Aprende a escuchar en forma adecuada.*

En un círculo de comadres, como en cualquier relación de este tipo, escuchar atenta y constructivamente es esencial para asegurar el apoyo en esa relación. Si adoptas una actitud vulnerable al compartir tu incertidumbre sobre tu carrera o revelar un aspecto íntimo de tu vida, no deseas que te critiquen, lo que quieres es que te escuchen; no quieres que te interrumpan y no necesitas la opinión de alguien más, sólo deseas expresarte y que alguien escuche con atención y compasión. Al compartir con nuestras comadres, por lo regular sólo buscamos que conozcan y valoren nuestros sentimientos; no buscamos soluciones. De hecho, es posible que encontremos las respuestas dentro de nosotras por medio del sencillo proceso de ser escuchadas.

Cuando escuches no es necesario que estés o no de acuerdo. Tu papel no es aportar nuevas ideas o consejos, a menos que te lo soliciten. Estás allí para hacerle sentir a esa mujer que eres su comadre, que recibe la comprensión de alguien que respeta sus sentimientos, le da el tiempo y la atención que necesita y entiende lo que está expresando. Una orientación como esa implica la ausencia absoluta de una actitud autoritaria o paternalista.

12. *Expresa tus sentimientos en forma honesta y sin hacer juicios.*

Ser una buena escucha y no expresar aprobación o desacuerdo no significa que debas mentir. Cuando percibimos que una comadre no es sincera con nosotras, no podemos confiar en ella y la confianza es crucial. Si todas expresamos nuestros sentimientos de manera honesta, se establece una mejor relación. ¿Cómo conseguirlo sin imponer nuestra opinión a las demás? Evita comentarios que comiencen con palabras como "Deberías"; más bien, incluye frases como: "Siento que. . . ." Por ejemplo: "Al escuchar lo que me dices sobre la severidad de tu jefe contigo, *siento que* si alguien me tratara así, yo haría. . . ." De esa forma, te refieres a tu percepción de las cosas y evitas juzgar a la otra persona.

Si deseas mayor información acerca de los círculos de mujeres, tal vez quieras leer *Sacred Circles: A Guide to Creating Your Own Women's Spiritual Group* (Círculos sagrados: una guía para formar tu propio grupo espiritual femenino), de Robin Deen Carnes y Sally Craig.

Las comadres como mentoras

Una mentora o guía puede ser un tipo especial de comadre, ya que la enseñanza es como un aspecto de la maternidad; implica ayudar a alguien con menos experiencia, conocimiento o sabiduría que tú, con el fin de que esa persona cumpla su plan de vida. Transmitir las lecciones que hemos aprendido en la vida es gratificante en lo personal y lo espiritual, y recibir dichas lecciones no sólo nos motiva a obtener un beneficio de ellas, sino a compartir nuestras impresiones cuando llegue nuestro turno de enseñar.

Puesto que es común que las mujeres tengan mentores masculinos, cuando esa relación se presenta con una comadre, el vínculo puede resultar especialmente enriquecedor y benéfico. La importancia de alguien que te guíe y te muestre el camino en el campo que te interesa no debe subestimarse. Las latinas exitosas en todo tipo de áreas —desde la política, los negocios y las profesiones, hasta los deportes, la ciencia y las artes— suelen hablar del papel determinante que desempeñaron sus maestros para que lograran creer en sí mismas y luchar por sus metas.

La palabra mentor se originó en la antigua Grecia y proviene del poema épico *La Odisea*, de Homero. En el poema, Mentor es sabio consejero y el amigo en quien más confía Odiseo (o Ulises); además, es el guardián y maestro de su hijo, Telémaco. Consejero, amigo, guardián, maestro; todos esos papeles los representamos cuando compartimos nuestras experiencias con miras a guiar a otra persona. Una comadre que es una mentora generosa alienta a su "discípula" a desarrollar sus intereses y aptitudes, así como a perseguir aquellos objetivos que la hagan sentir más idealista y entusiasmada. Asesora a su discípula sobre los pasos concretos que deberá tomar para hacer realidad su sueño, le ayuda a reconocer las oportunidades de mejorar su profesión y la impulsa a aceptarlas. Quizá lo más importante es que una mentora sincera debe hablar en forma honesta con su discípula acerca de sus propias experiencias y sobre el camino que la llevó al éxito, incluyendo los inevitables contratiempos que padeció.

Es muy común que las mujeres de más de cincuenta años quieran enseñar a las jóvenes. En la madurez ya no somos tan competitivas como antes ni nos sentimos amenazadas por el éxito de otra, por lo que podemos enorgullecernos de que una joven a la que hemos ayudado se supere. Todas podemos dar a luz de diferentes formas y enseñar puede compararse a un parto físico, pues estamos ayudando a otra persona a iniciar una nueva vida. Así, al enseñar —brindando tu experiencia, percepciones y descubrimientos sobre cómo funciona el mundo— le das vida —tu vida— a otra mujer, y ella, a su vez, la hará parte de la suya. ¿Qué regalo podría ser más valioso? La relación con una comadre mentora es vital y energética, dado que el intercambio entre las dos las beneficia mutuamente: una recibe satisfacción al ofrecer su sabiduría, mientras que la otra emplea ese regalo para conseguir una vida satisfactoria.

En nosotras es natural acercarnos a aquellos que necesitan ayuda y mostrarles el camino. La enseñanza es una manera en que las latinas pueden fortalecerse entre sí, ayudando a que otras con menos experiencia se preparen en el camino que han elegido, eviten tropezar con los obstáculos que encuentren y construyan la confianza que resulta de hacer bien lo que a una le gusta hacer.

Las mentoras de María Hinojosa

María Hinojosa, corresponsal de CNN, colaboradora de la publicación *Latino USA* y considerada como uno de los cien personajes latinos más importantes de Estados Unidos por la revista *Hispanic Business*, afirma con orgullo que su primera mentora fue su mamá. No sólo le demostró que era posible trabajar fuera del hogar y a la vez criar una familia, sino que era posible disfrutar la experiencia: "Mi madre fue un gran ejemplo," me dijo María. "Cada vez que se le negaba algo, seguía adelante y lo hacía de cualquier forma. Cuando dejó de ser ama de casa de tiempo completo y comenzó a trabajar en un hospital, se mantuvo firme en su decisión. Quería tener una profesión y una familia, por lo que se convirtió en mi modelo a seguir."

Que una mujer trabaje fuera del hogar tal vez no parezca una gran hazaña hoy día, pero las mujeres en la familia de la madre de María, como en muchas otras familias latinas de su generación, estaban obligadas a seguir las órdenes de sus maridos de quedarse en casa y ser sólo madres y esposas. En consecuencia, aunque María califica a sus tías como vigorosas y competitivas, ellas nunca terminaron una carrera profesional, pues renunciaron a hacerlo para criar una familia. "Ésa fue la gran diferencia entre nosotras," dice María. "Yo era muy progresista y no seguiría jugando ese juego, es decir, abandonar una carrera para ser únicamente esposa y madre. Tenía mi realidad mexicana muy presente; sin embargo, mi familia de Estados Unidos —y las amigas de mi madre— me mostraron la otra cara de la moneda. Comprendí los sueños de mi madre y ella se sentía muy orgullosa de haber ayudado a sus hijos a vivir una vida plena. Nunca pasó por mi mente abandonar todo eso por un hombre. Mi madre fue mi inspiración; ella ama a su familia y ésta siempre ha estado primero, pero tenía voz y quería utilizarla, así que luchó por ello."

María nació en la Ciudad de México y se mudó con su familia a Chicago cuando apenas tenía un año y medio de edad. A los dieciocho años se trasladó a Nueva York para asistir a la universidad. Ya que provenía de una familia que alentaba a las chicas a realizar una educación superior, como en el caso de sus primas en México, estudiar en la universidad siempre formó parte de sus planes. Aunque asistia al prestigioso Barnard College, María dudaba sobre sus futuras ambiciones. Al intentar identificar de forma realista sus posibles opciones profesionales, en principio pensó en trabajar para las Naciones Unidas o ser antropóloga. También soñaba con convertirse en actriz de teatro, pero al entrar en contacto con la radio en Barnard, se despertó su interés y sus sueños cambiaron del teatro al periodismo. Quería ser reportera de televisión, pero en ese momento no contaba con modelos a seguir: "No había otras latinas haciendo reportajes televisivos. Era como arrojarse a las profundidades del océano."

Muchas personas la inspiraron y alentaron conforme ascendía hacia los peldaños más altos en la labor periodística, aunque considera que dos amigas en particular fueron sus mentoras. Una es Sandy, vicepresidenta de National Public Radio. Entre otras muchas cosas, Sandy le enseñó la importancia de aceptar su inexperiencia y de buscar el apoyo de alguien con más conocimientos en su campo; alguien que supiera cómo manejar a esos jefes malhumorados con los que nos enfrentamos. "Tienes que ser lo suficientemente humilde para darte cuenta del momento en que necesitas ayuda y dirección," comenta María. "Cuando era más joven pensaba que debía saberlo todo y hacerlo todo por mí misma, pero el consejo de Sandy ha sido muy importante en diferentes momentos de mi carrera. Como ejecutiva de una cadena de medios, ella es muy experimentada, y una de las cosas que me enseñó es cómo enfrentar a los jefes cuando hay algún conflicto. Me dijo que antes de hablar con un jefe malhumorado, 'Debes poner una gota de 'miel' en tu boca.' "

Si bien hacer todo por tu cuenta puede parecer heroico, sin el beneficio de una sabia mentora que te guíe hacia la meta que te has fijado puedes perder la oportunidad de llegar de manera segura o, simplemente, de llegar. La otra mentora de María es alguien a quien ella considera la "entrenadora de su vida." De forma interesante, una de las

primeras lecciones que aprendió de esta astuta comadre llamada Andaye fue que no se tiene que ser perfecta para guiar a alguien. "Andaye
ha pasado por momentos muy difíciles y sé que no es perfecta," dice
María. "Pero así aprendí que las personas no necesitan ser perfectas,
como alguna vez lo creí. De manera que la bajé del pedestal donde la
había puesto, aunque siempre me ha dado sabios consejos. Hace años
le conté sobre un sueño que tuve, en el que volaba y después caía. Era
un reflejo del miedo que sentía en ese entonces." Andaye le preguntó a
María, "¿Qué pasaría si te dejaras caer en el sueño o en la vida real?" y
María contestó, "No lo sé." Andaye le dijo entonces, "Bueno, lo peor
que te puede suceder es que caigas al piso; ¿y qué? Después podrás le-
vantarte." Era una respuesta muy sencilla, pero hizo que María abriera
los ojos a los temores que habían controlado su vida. "Andaye me mostró que los miedos no desaparecen después de cumplir treinta o cuarenta años, sólo cambian, y al aprender a manejarlos te fortaleces."

El sueño de María es muy interesante porque a veces estamos tan
preocupadas por no caer —es decir, no lograr lo que queremos— que
nos paralizamos. En cada vida hay algún fracaso, pero eso no significa
necesariamente que debamos desmoronarnos. Puede significar que caemos para comenzar de nuevo, no desde cero, sino desde un lugar
donde adquirimos experiencia que nos facilitará seguir adelante. Y con
la ayuda de una comadre que comparta su sabiduría y nos regale un
mapa mejor del lugar al que nos dirigimos, el camino se vuelve aún más
transitable. Su guía no garantizará que no caeremos o que no sentiremos miedo de caer; sin embargo, podrá amortiguar la caída con sus sabios consejos. Entonces, el objetivo es buscar ayuda; hay una comadre
mentora para ti, allá afuera, quien ya ha caído y quien se las ha inge-
niado para volar de nuevo.

Depender demasiado o muy poco de tu círculo de comadres

Cuando entablamos relaciones con comadres, queremos asegurarnos
de que no dependeremos demasiado o muy poco de ellas. Los siguien-

tes consejos te ayudarán a determinar si te estás inclinando hacia uno u otro lado.

Si sientes que estás perdiendo contacto con tus metas, valores o creencias por favorecer a alguien más o si pides a una comadre que tome decisiones por ti, es probable que confíes demasiado en estos consejos. Quizá no estés segura de seguir con tus objetivos y necesites sentirte apoyada por una persona o grupo. No obstante, cuando esa necesidad eclipsa tus metas e ideales, corres el riesgo de actuar en tu contra. No podemos depender de que alguien trace el camino de nuestra vida, aun cuando confiemos en su experiencia y sabiduría. Una cosa es aceptar el apoyo de nuestra comadre al emprender un nuevo camino y otra esperar que ella nos diga qué hacer o resuelva nuestros problemas. Para evitar esta dependencia exagerada de las comadres necesitamos tener en mente que cada una es responsable de sus propias decisiones. Es de esperar que haya inseguridad y que se cometan errores, pero podemos aprender a manejar las consecuencias para que actúen en nuestro favor. Compartir las ideas y las experiencias con tus comadres no significa que alguna deba asumir el papel de dirigir tu vida. Tú eres la directora.

Por otro lado, cuando no sacas el provecho suficiente que te ofrecen tus vínculos con las comadres debido a que sientes que deberías o que puedes hacer las cosas por ti misma, te aíslas de forma innecesaria. Cualquiera que sea el objetivo, se dificulta mucho más cuando se insiste en perseguirlo por cuenta propia. A menudo quienes se desconectan de otras mujeres terminan sintiéndose inadecuadas o anormales, cuando en realidad hay muchas mujeres como ellas que pasan por lo mismo. Con el apoyo de cada una la lucha se vuelve menos ardua.

Un ejemplo interesante de lo que puede ocurrir cuando las mujeres rompen ese aislamiento y buscan el apoyo de aquellas que viven o han vivido una experiencia similar, es el de quienes han superado la violencia doméstica. Una de cada tres mujeres ha sobrevivido al abuso doméstico, y aunque es difícil romper este tipo de círculo de la violencia individualmente, un grupo de ayuda proporciona el apoyo emocional y el consejo práctico indispensables para conseguirlo. De la misma forma, si buscas financiamiento para obtener una educación superior que te permita abrirte paso en una profesión cuyas puertas parecen cerradas para ti y entrar de lleno al mundo empresarial o incluso profundizar en tu conciencia espiritual, nunca olvides acudir a tus comadres para recibir ayuda. Quienes lo han experimentado y están dispuestas a compartirlo pueden marcar la diferencia entre quedarse atrás o dar un salto hacia adelante.

Otro aspecto a cuidar para ser una buena comadre es evitar competir de forma negativa. Ser competitiva es positivo cuando se reconocen los logros de otra persona y se usa su ejemplo como inspiración, pero cuando no confiamos lo suficiente en nuestra propia capacidad de crecer y mejorar, podemos sentirnos tentadas a minimizar o criticar lo que la otra persona hace con tal de sentirnos mejor. Ese tipo de conducta no corresponde a una verdadera comadre ni ayuda a mejorar nuestras habilidades.

Juntas podemos

A las latinas se nos enseña que podemos ayudarnos, sin importar lo que suceda, porque estamos acostumbradas a desempeñar el papel de comadre en nuestras familias y comunidades. Ahora estamos aprendiendo a extender nuestras redes para conseguir aquello que puede hacer nuestras vidas más satisfactorias y completas. A lo largo de este capítulo leímos sobre los pequeños milagros que las comadres pueden realizar; desde escuchar comprensivamente en un círculo de apoyo de comadres, hasta dar un buen consejo para manejar al jefe con una frase dulce.

Otro buen ejemplo de nuestros lazos entre latinas se encuentra en los grupos de mujeres consagradas a protestar por los horrores de la opresión política. Si pensamos en los problemas profundos que han dado origen a estos círculos de comadres, de inmediato pensamos en los latinoamericanos. Mujeres valientes se han reunido para protestar por la sanguinaria injusticia perpetrada contra "los desaparecidos," arrancados de sus hogares como castigo por sus tendencias políticas o las de sus familias.

Por ejemplo, en Argentina, las "Madres de Plaza de Mayo" y las "Abuelas de Plaza de Mayo" canalizaron su angustia y su ira para organizarse contra un régimen gubernamental obstinado en la violación brutal de los derechos humanos más fundamentales. Los hijos y los nietos de estas mujeres estaban entre las treinta mil personas que "desaparecieron" por ser sospechosas de albergar ideas antigubernamentales. La primera acción de las "Madres" y las "Abuelas" fue marchar hombro con hombro, día tras día, en el centro de la Plaza de Mayo en Buenos Aires. Cuando la policía le pidió a una de las líderes que le mostrara sus documentos de identificación, ella respondió entregándole los de las trescientas mujeres presentes. Una de las participantes recuerda: "Fue muy importante para nosotras demostrar nuestra unión. Éramos todas o ninguna." Los grupos de madres y abuelas han trabajado en cuatro frentes: denuncias ante los gobiernos nacionales e internacionales, requerimientos al sistema judicial, denuncias en la prensa e investigaciones personales. Después de años de búsqueda, han sido capaces de localizar a muchos desaparecidos y de proveer servicios jurídicos, médicos y psicológicos a las familias afectadas y participantes en la lucha.

Las comadres se han reunido también en Chile, El Salvador y Guatemala para protestar por la brutalidad de sus respectivos regímenes militares. En su libro *Feminism on the Border* (Feminismo en la frontera), Sonia Saldívar-Hull afirma que estas valientes mujeres y aquellas argentinas, "transforman el significado y la resonancia política de la palabra 'madre.' "

Durante las crisis económicas de Perú, Chile y Argentina, las mujeres se unieron para satisfacer las necesidades de sus familias; formaron comedores populares; compraban alimentos y cocinaban para grupos de entre quince y cincuenta familias. Así se convirtieron en otro ejemplo de comadres que unieron sus recursos humanos en tiempos de necesidad.

Este tipo de trabajo en equipo puede ayudar en causas de vida o muerte, como intentar liberar a víctimas de la violencia política; también, a enriquecer las vidas de quienes tenemos la fortuna de vivir en un entorno político más estable y pacífico. Cuando nos unimos como comadres para luchar en pro de la justicia, la paz, la libertad y el otorgamiento de poder a la mujer, nuestras voces no pueden ser ignoradas. Como dijo Margaret Mead: "Nunca dudes de que un pequeño grupo de ciudadanos comprometidos puede cambiar el mundo; de hecho, es lo único que lo ha conseguido."

5

La discreción de la diplomática

Aprendí a ser diplomática al crecer en una familia grande con siete hijos. Un día cualquiera, tu hermano podía convertirse en tu peor enemigo y al día siguiente te aliabas con él contra alguien más. Asimismo, en mi familia, al igual que en la mayoría de las familias latinas, se da por hecho que los mayores saben más que uno, por lo que los respetas y prestas atención a lo que te dicen. Sabes cuándo debes hablar y con quién, qué temas es adecuado discutir y cuáles debes evitar. En mi familia aprendí a distinguir por cuáles asuntos vale la pena pelear y por cuáles no; además, a no armar alborotos constantes. Se me enseñó también a no hablar de forma negativa o inapropiada.

¿Y saben qué? Ese tipo de formalidad y cortesía—esa manera especial de ser diplomática—es esencial en la política. Como congresista, lo más importante que he descubierto de ser diplomática es que cuando eres paciente y de verdad escuchas a los demás, puedes aprender mucho sobre su punto de vista. Y ese conocimiento puede ayudarte a alcanzar tus metas.

— Loretta Sánchez, Congresista de
Estados Unidos

Escuchar con respeto a personas con quienes no compartimos la misma opinión, evitar temas controversiales cuando el momento no es el adecuado y ser cortés con familiares y extraños, forman parte de un código de conducta tan innato en casi todas las mujeres latinas, que casi no valdría la pena mencionarlo. Aun así, todas sabemos lo estresante y molesta que puede resultar la vida cuando no utilizamos nuestra cualidad diplomática natural. Aprender de nuestras parientas a mediar en los conflictos entre los miembros de nuestras grandes familias es parte de la experiencia de todas las latinas. En nuestra cultura no sólo se espera que las mujeres mantengan la paz en el hogar, sino que salven las brechas entre los miembros de la familia que podrían estar en conflicto, de manera que se preserve el círculo familiar. Tal vez nos parezca muy natural esta capacidad de negociar y mantener la paz; sin embargo, está estrechamente relacionada con las habilidades que los políticos y los diplomáticos experimentados han tenido que aprender a cultivar.

La diplomacia es un elemento esencial no sólo en la política y en las relaciones internacionales, sino en cualquier área de desarrollo en la que el ser humano tiene que establecer vínculos. Sin ella no se podrían tomar decisiones corporativas acertadas, no se podría razonar con los niños estudiantes, se complicarían las relaciones entre médicos y pacientes y no habría confianza entre los compañeros de los equipos deportivos. En este capítulo descubriremos cómo ciertas latinas exitosas han heredado de sus familias esta valiosa aptitud y la han empleado a su favor. Tener tacto, ser discreta y comunicarse en forma eficiente con compañeros de trabajo, clientes y jefes puede marcar la diferencia entre perder la confianza de tus compañeros de trabajo y forjar relaciones profesionales firmes que aseguren tu éxito. Las mujeres que comparten sus historias en este capítulo nos revelarán de qué manera la diplomacia las ha beneficiado en el trabajo con el que tanto se han comprometido.

De extraña a partícipe
María Pérez Brown, productora de televisión

María Pérez Brown—creadora y productora ejecutiva de *Taina*, la aclamada serie para niños de Nickelodeon acerca de una niña de quince años que equilibra el mundo de su familia puertorriqueña tradicional y el moderno de su escuela y amigos—descubrió desde muy temprana edad la importancia de ser diplomática. Cuando me relató su asombroso camino de Puerto Rico a Brooklyn y a Yale, y de allí a la facultad de derecho de la Universidad de Nueva York (NYU), para después comenzar una profesión creativa en la televisión, me quedó claro que, para ella, ser diplomática empezó con el aprendizaje de cómo seguir las reglas.

María nació en Puerto Rico en una familia pobre; sus abuelos laboraban en los campos de caña y su madre comenzó a trabajar desde pequeña para ayudar a la familia a sobrevivir. Su madre se casó a los catorce años y tuvo su primer hijo a los quince, el segundo a los dieciséis y a los dieciocho ya sumaban cuatro; María es la segunda. "Fue una vida muy difícil para mi madre," dice María. "Tuvo que luchar mucho para mantenernos vivos. Siempre había comida, aunque durante días sólo fuera arroz blanco. Mis padres se separaron y mi madre decidió que no criaría a sus hijos en Puerto Rico entre toda esa pobreza, pues no quería que repitiéramos su historia. Quería cambiar nuestra vida, por lo que se mudó a Nueva York y consiguió empleo como costurera en una fábrica; mientras, mis abuelos y mis tíos nos cuidaban en casa. En menos de un año regresó y nos llevó con ella. Yo tenía seis años."

Una de las primeras cosas que María aprendió en la escuela primaria en Brooklyn fue la importancia de las reglas. Esa lección —indispensable para convertirse en una diplomática inteligente—le sirvió mucho al continuar su educación y al ingresar más tarde a la profesión que ahora ejerce. Todo comenzó en segundo año. "A los seis años era una completa extraña," dice ella. "En Brooklyn, sin saber inglés y cursando el segundo año de primaria, debí aprender a comunicarme con mi maestra. Era necesario aprender un idioma nuevo y también traducir para mi madre. Todos los ambientes eran novedosos para mí y había que descubrir cuáles eran las reglas y cómo se hacían las cosas. De alguna forma debía seguirlas."

Cuando María llegó al séptimo grado, su familia se mudó a Connecticut. Continuó sus estudios con éxito y en la preparatoria recibió cuatro becas universitarias. De nuevo, la importancia de las reglas y de ser diplomática formó parte de su adaptación a los nuevos retos: "En la primaria en Brooklyn, en la secundaria y la preparatoria en Connecticut, en Yale y en la facultad de derecho de NYU, tuve que partir de cero. Iba averiguando las reglas en cada caso y aprendí a trabajar en forma diplomática para aprender a hacer lo necesario para triunfar. No tenía idea de lo que era la universidad y lo primero que advertí fue que la gente era muy decidida y ambiciosa."

Después de recibir su título en NYU, donde disfrutó estudiar leyes internacionales, en especial la historia, la política y todo lo que se asociara con la cultura de América Latina, María obtuvo su primer trabajo; pero como éste se relacionaba con derecho fiscal, le aburría. Se dio cuenta que estaba dejando a un lado su interés en el mundo del entretenimiento y la escritura, por lo que evaluó la posibilidad de combinarlos. Comenzó a asesorar en forma gratuita a escritores y productores que no podían pagar a un abogado. Aprendió mucho sobre el negocio del cine y la televisión al elaborar contratos y representar a esas personas en varios proyectos, como la manera de convertir un libro en película. De pronto, su clientela aumentó tanto que decidió comenzar su propio negocio. "La mesa de mi cocina se convirtió en un bufete," recuerda.

Aunque no sabía mucho sobre producción, María poseía talento para la escritura, así como para el aspecto comercial de la industria; entonces, escribió el primer guión de *Gullah Gullah Island,* un programa para niños acerca de una gran rana amarilla y su familia, quienes viven en una isla frente a la costa sur de Estados Unidos. María se asoció con un productor y juntos vendieron la idea a Nickelodeon. En la primera temporada hicieron veinte episodios. El programa permaneció al aire durante cuatro años y ahora se transmiten ochenta y cinco episodios por Noggin (una estación digital de televisión por cable). Después del éxito de *Gullah Gullah Island,* Nickelodeon le pidió nuevas ideas y María desarrolló el programa *Taina,* el cual fue premiado como la mejor serie para niños del año 2002 por Imagen Foundation y American Latino Media Arts Awards.

¿De qué forma aplica María sus habilidades diplomáticas en su carrera? Al adaptarse con éxito a ambientes "extraños" en su vida—un país extranjero cuyo idioma no conocía, el campus universitario donde la cultura académica le era ajena y el negocio del entretenimiento que aún es poco familiar para los latinos—María ha entendido que aprender las reglas es la clave para convertirse en partícipe de todo. Sólo al familiarizarte con la manera en que funcionan las cosas y con lo que es apropiado puedes planear estrategias para satisfacer en forma diplomática tus objetivos. A mi pregunta de cómo una latina exitosa en uno de los campos más competitivos del mundo trabaja con las reglas—y después logra cambiarlas—María respondió: "En Yale, compañeros de cursos más avanzados me mostraron el camino. Me enseñaron las reglas, cómo debía comportarme y después era asunto mío el cambiarlas de manera que resultaran razonables o convincentes para las personas que detentaban el poder. Hoy día, soy la única latina en este ambiente [laboral]. Cuando asisto a las reuniones a veces hay dos o tres latinos presentes, pero yo soy la única mujer. Necesitas ser diplomática en todos los ámbitos, en especial si tú eres la extraña. Si alguien me ofende, he aprendido que a mí me corresponde responder con diplomacia. Si me limito a contestar. 'Eres un racista,' no siempre estaré haciendo lo correcto, porque quizá se me juzgue como resentida. Si eres productora y te están considerando para cierto programa, no te darán la oportunidad de trabajar si te perciben como una persona conflictiva. Por eso he aprendido a ceder sin renunciar a mi integridad y mis valores. He aprendido a respetar las reglas, a integrarme y hacer cambios desde adentro. Observo cuáles son las circunstancias y cuál es el momento indicado para tomar cierta postura política. En realidad, el solo hecho de ser latina y pertenecer a este ambiente ya es una postura política."

Luego de aprender a emplear la diplomacia para convertirse en un miembro dinámico y creativo del medio que adora, María cree que no existe lugar en la Tierra al que no pueda dirigirse. "Primero tengo que aprender las reglas; una vez que sabes cómo sobrevivir en un ambiente en particular, aun cuando sea extraño o diferente, no hay nada que no puedas lograr."

Cómo encontrar puntos en común con tu oponente
Dra. Antonia Pantoja, activista política

Tal vez el elemento más importante de la diplomacia consista en saber tratar con las personas que te presentan retos o con quienes no estás de acuerdo. Ya sea que necesites llevarte bien con tu marido o llegar a un acuerdo que satisfaga tanto tu posición como la de un cliente hostil, saber cómo aproximarse a adversarios potenciales de forma diplomática es una habilidad invaluable.

La doctora Antonia Pantoja, fundadora del Puerto Rican Forum, la organización comunitaria ASPIRA y la organización de jóvenes latinos PRODUCIR de Puerto Rico, maestra y activista que participó en la construcción de comunidades minoritarias y puertorriqueñas fortalecidas, y recipiente de la Medalla de Honor Presidencial durante el gobierno del presidente Clinton, fue una diplomática que perfeccionó sus habilidades humanas a lo largo de los años, al punto de negociar de manera brillante con los poderosos en favor de la causa de los trabajadores y los pobres.

Al hacer una retrospectiva de la primera parte de su vida, en Puerto Rico, parecería que Antonia ya era una negociadora a los seis años. Fue entonces cuando logró enfrentarse a su abuela en el delicado tema de ir a la iglesia. En nuestra charla sobre la diplomacia me habló de ésta y otras experiencias de su vida. Por desgracia, nuestra conversación fue una de las últimas entrevistas, o quizá la última, que concedió en su vida. "Fui criada por mis abuelos. Mi abuela me mandaba a la iglesia todos los domingos con una vecina amiga mía; me daba dinero como diezmo para el catecismo," recordaba. "Pero a veces, en lugar de ir a la iglesia, mi amiga y yo ibamos al otro lado de la ciudad a tomar un helado, a un lugar que todavía existe llamado 'La Bombonera.' Un día, el obispo nos interrogó para ver si sabíamos el catecismo lo suficientemente bien como para realizar nuestra primera comunión y no pude responder. Le dijeron a mi abuela que no estaba asistiendo a las clases y ella me regañó, se enojó mucho y me preguntó por qué no iba. En ese momento intenté negociar con ella señalándole lo que teníamos en común. 'Abuela,' le pregunté, '¿por qué quieres que *yo* vaya a la iglesia, si *tú* misma no vas?' "

Aunque su abuela siguió insistiendo para que terminara sus clases de catecismo, aun a esa temprana edad Antonia ya tenía la noción de encontrar puntos en común. A ella no le gustaba ir a la iglesia, ¡pero tampoco a su abuela! Al señalarle aquello a su "adversaria," puso en práctica las habilidades de la negociadora diplomática en la que más tarde se convertiría.

También le sirvieron como ejemplo las angustiosas experiencias de su abuelo, un trabajador tabacalero y organizador laboral. Antonia estaba agradecida con su abuelo por mostrarle el significado del valor, ya que desde muy pequeña aprendió que uno debe luchar para poder proveer a su familia de lo más esencial. Cuando vivían en los barrios bajos de San Juan, su abuelo formó una organización de trabajadores tabacaleros, inexistente en Puerto Rico hasta entonces: "Esos hombres venían a la casa a hablar de los salarios y mi abuelo era un verdadero líder. Atraía a otras personas y éstas lo seguían. Comenzaron un sindicato laboral y en algún momento se fueron a huelga. Se reunieron frente a un restaurante, pero fueron atacados con aceite caliente por los dueños. Mi abuelo regresó con las piernas quemadas; me impresionó sobremanera ver cómo se trataba a la gente pobre cuando lo único que pedían era un mejor salario. Fui testigo del abuso y más adelante eso me dio el coraje para ser fuerte. Si no lo eres, la vida te consume. De allí en adelante me convertí en una persona que no acepta las cosas como son."

Antonia tuvo que persuadir a sus abuelos para que le dieran permiso de asistir a la preparatoria, ya que se daba por hecho que debía renunciar a tal privilegio para ayudar en el campo. Su tío habló a su favor y le dijo a su abuela que la joven no sería una buena trabajadora, puesto que era muy pequeña. (Otra lección en la diplomacia: una forma de conseguir lo que quieres es señalar a tu adversario cómo se beneficiará con lo que tú le propones; en este caso el beneficio era no tener a una trabajadora demasiado pequeña para realizar las tareas.) Antonia logró ir a la escuela, y al cabo de dos años en la Universidad de Puerto Rico, se graduó como maestra de primaria. Como había leído novelas que idealizaban la vida campestre, pidió que se le ubicara en una escuela en el campo. Dio clases durante seis meses en un pueblo pequeño al que viajaba en camioneta y a caballo. Esa experiencia le abrió los ojos hacia retos que iban más allá de los que entrañaba la enseñanza. "Los habitantes de ese pequeño pueblo trabajaban de sol a sol y a mí me fascinaba su forma de vida," me dijo Antonia. "Era una experiencia liberadora para mí. Sólo cocinaban con leña, por lo que todo sabía a ahumado; casi nunca tenía apetito y con frecuencia no podía comer. Enseñaba en una habitación grande donde juntaba a los grados primero, segundo y tercero; tuve que encontrar la manera de enseñar a los tres grupos al mismo tiempo, y lo disfruté mucho. Aunque sólo tenía dieciocho años, incluso los padres acudían a pedirme consejo, ya que era la maestra para todo el pueblo y se me veía como figura de autoridad. Ahí comencé a aprender sobre la gente, cómo relacionarme con ella y cómo enseñarle. Tuve que crearme una nueva visión de las cosas."

Antonia desarrolló otra perspectiva para sí misma algún tiempo después, cuando ella y una amiga —molestas por la burocracia inherente al sistema educativo de Puerto Rico de aquella época— decidieron mudarse a Nueva York. Su nuevo destino representaba un sueño glorioso para Antonia, pero mudarse a Estados Unidos la enfrentó con las oscuras realidades del racismo y las prácticas del capitalismo, así como con la diversidad fascinante de un país multiétnico. Había leído los poemas de Pedro Salinas, que crearon una imagen mental de su viaje a Nueva York como un sendero hacia sus sueños: "Soñaba con la Estatua de la Libertad, la cual había visto en muchas películas y de la que mi madre me platicaba, pues ella viajó alguna vez a Nueva York. Para mí, ir a esa ciudad era como un maravilloso cuento de hadas."

Sin embargo, llegar a Estados Unidos durante la Segunda Guerra Mundial significó para Antonia enfrentarse a su primera desilusión: "Llegamos a Nueva Orleáns y, por supuesto, en ese entonces prevalecía mucha discriminación en el sur. Como soy negra, me di cuenta de eso de inmediato. Mi amiga y yo fuimos a almorzar con dos muchachos de nuestra preparatoria a quienes conocimos en el barco, y en el restaurante nadie vino a tomar nuestra orden, por lo que tuvimos que comprar comida en una tienda. Más tarde fuimos al cine, y después de comprar los boletos el acomodador nos dijo que debíamos subir al segundo piso, aunque queríamos sentarnos en el primero. Cuando la película terminó vimos que en el segundo piso sólo había negros y en el primero sólo blancos. Luego, en la estación de ferrocarril, mientras abordábamos para dirigirnos a Nueva York, escuchamos gritar a un empleado negro: '¡Negros a la parte trasera! ¡Negros a la parte trasera!'"

Durante los tres días que duró el viaje en tren, Antonia soñó con la Estatua de la Libertad. Su anhelo era llegar a Nueva York en barco y pasar al lado de la encantadora estatua: "En lugar de eso llegamos en tren al estómago del monstruo, la estación de la calle 34 . . . Sin embargo, miré hacia el domo de la estación, vi todas las constelaciones y ¡me enamoré de la astronomía! Éramos las clásicas provincianas recién llegadas, de la cabeza a los pies, con nuestras pequeñas bolsas de viaje atadas con cuerda." Antonia y su amiga tomaron un taxi de la estación al edificio de departamentos del Bronx donde vivirían con otra amiga. La anciana que abrió la puerta les dijo: "Ah, ustedes deben ser las chicas filipinas. Su amiga las está esperando." No tenía idea de la diferencia entre puertorriqueños y filipinos. Una vez adentro, vieron que no había electricidad, sólo velas. La mujer les ofreció una ducha y comida y ellas se lo agradecieron, pero se preguntaron por qué estaba tan oscura la habitación. Después se enteraron de que la mujer era judía y era *shabbat*, el sabbath, razón por la que sólo había velas encendidas, en lugar de luz eléctrica. "Ése fue mi primer contacto con una familia judía," recordó Antonia. "Y entonces comencé a aprender sobre las otras culturas que hay en Nueva York."

Después de trabajar en una fábrica de radios y una de lámparas para niños, le pidieron a Antonia que diseñara lámparas en otra fábrica. Se le reconoció como una persona con talento y estudios universitarios; su respuesta a la oferta fue diplomáticamente franca: "Dije que por supuesto sería la diseñadora, si me pagaban más." En su nuevo puesto Antonia mantenía relación con los trabajadores, en su mayoría puertorriqueños. Advirtió que necesitaban ropa para trabajar, así como un sofá en el baño, en caso de que alguien se sintiera mal. Se entrevistó con el dueño y le expuso el problema, a lo que él respondió que esos beneficios no eran necesarios. En ese momento Antonia tuvo que poner a prueba sus ideales y sus habilidades diplomáticas y descubrió que seguía los pasos de su abuelo:

"El propietario era muy amable y gentil respecto de ciertas cosas, pero no en otras," me dijo. "Así que le llamé a un amigo que pertenecía a un sindicato de electricistas y él me ayudó a organizar a los trabajadores para que se afiliaran a su sindicato." Cuando Antonia fue a hablar con el propietario, éste se enojó. Al averiguar que ella había iniciado la acción de unión sindical, le preguntó, "¿Cómo puedes hacer esto cuando yo he sido como un padre para ti?" A lo que ella respondió: "No necesito un padre, muchas gracias." Antonia supo entonces que estaba comprometida en la misma lucha que su abuelo: organizar a los trabajadores para mejorar su situación. "También me di cuenta de que debía seguir asumiendo esa función, incluso si el propietario continuaba molesto conmigo."

Al aprender a negociar con su jefe, Antonia se las arregló para mantener su posición y, al mismo tiempo, conservar abiertas y amistosas las líneas de comunicación. Me confió que a lo largo de su vida profesional en Nueva York, aprendió mucho sobre la comunidad judía, de la que este propietario era miembro. Muchos habían estado alguna vez en la misma situación que los trabajadores puertorriqueños, quienes buscaban mejorar sus condiciones y, de hecho, fueron fundamentales en la construcción del movimiento laboral en Nueva York. Si bien el diálogo inicial con el propietario de la fábrica representó una confrontación de posiciones distintas, Antonia continuó buscando los puntos en común entre los judíos y los puertorriqueños de la ciudad de Nueva York. "Los judíos habían estado alguna vez en el último peldaño, pero ahora ascendían la escalera y a los puertorriqueños les quedaba mucho por subir; sin embargo, nos entendíamos porque los judíos tampoco pertenecían a ese lugar. Compartíamos el papel de extraños ante los ojos de las mayorías estadounidenses. Podíamos tener diferencias, pero al analizar las cosas llegábamos a un acuerdo. Por mi parte, aprendí a llevarme con personas que eran diferentes, ya que nos necesitábamos mutuamente. Creo que es importante observar el panorama completo y no sólo una realidad, pues somos como pequeñas tuercas de un gran engranaje y debemos percibir el todo, sin perder de vista el hecho de que somos esa pequeña tuerca."

En esa experiencia inicial como organizadora laboral, Antonia pudo mantener una buena relación con el dueño de la fábrica y negociar un contrato decente para los trabajadores. ¿Cómo lo logró? Cuando descubrimos que tenemos mucho más en común con otras personas de lo que en principio pensamos, nuestro mundo se abre y la diplomacia se nos facilita. Cuando estamos dispuestas a aprender de otras personas y al mismo tiempo permanecemos concentradas en lo que deseamos lograr, nos convertimos en diplomáticas expertas.

El legado de Antonia en lo que se refiere a programas para líderes jóvenes, educación, desarrollo de negocios y capacitación en la comunidad puertorriqueña es un testamento de su audaz, pero diplomático, activismo.

Cómo escuchar con respeto

Loretta Sánchez, congresista de Estados Unidos

Existe una característica esencial en nuestra educación latina, de la que quizá no nos percatemos, pero que contribuye a que seamos buenas diplomáticas: el respeto que mostramos hacia nuestros mayores. Con todo el énfasis de la sociedad estadounidense en una cultura de la juventud, es bueno saber que, en nuestra cultura, prestamos mucha atención a las opiniones y sabiduría de los miembros más viejos. Tal vez pienses que esta costumbre no necesariamente beneficia a un político, pero en mi conversación con la congresista Loretta Sánchez, ella me explicó la razón de que sea así. Como se menciona en la cita que abre este capítulo, cuando aprendemos desde niños a respetar a nuestros mayores, a escucharlos cortésmente y a valorar lo que tienen que decir, desarrollamos no sólo buenas habilidades para escuchar, sino un sentido de respeto, los cuales son indispensables para ser un político eficiente.

"Una característica esencial de la diplomacia es su estructura formal," me dijo Loretta. "Las costumbres estadounidenses son distintas de las de muchas otras culturas en el mundo, pues en este caso se hace hincapié en ser independiente y pensar por uno mismo: los estadounidenses lo aprenden porque desde niños su opinión es importante. Sin embargo, al igual que en la mayoría de las familias latinas, en la mía se da por hecho que los mayores saben más que tú, por lo que los respetas y escuchas lo que tienen que decir. Aprendes a ser diplomático desde niño porque tomas en cuenta la opinión de los adultos, no los retas. Sabes cuándo debes hablar y con quién, de qué temas es correcto hablar y cuáles evitar. Hay ciertos tópicos que nunca discutes: en nuestro caso eran el sexo, el dinero y la violencia."

Un tema que si se analizaba en casa de Loretta mientras crecía era la política, y en su familia inmediata había gran variedad de opiniones. Tal vez escuchar con atención esas acaloradas discusiones y unirse a ellas fue el antecedente de su futura carrera política. "Como hombre de negocios, la forma de pensar de mi padre era más bien republicana; mi madre, ama de casa, era más compasiva y pensaba como demócrata," me explicó Loretta. "En la mesa siempre hablábamos de política y mi padre era muy firme en sus convicciones. Explicaba por qué debían bajar los impuestos y mi madre respondía: 'Sí, pero necesitamos dinero para educar a los niños y para que los enfermos mentales puedan permanecer en los hospitales.' Respecto de los políticos, mi padre nos decía: 'Nunca se dediquen a la política, porque los buenos siempre son asesinados, como Kennedy, y los malos son corruptos y malvados.' Cuando decidí lanzarme como candidata, él no podía entenderlo. Ahora ve las buenas obras que estoy haciendo y siempre se preocupa por mí."

Parece que Loretta heredó la sensibilidad de ambos padres. Al principio se orientó por los negocios, como su padre y, al igual que su madre, siempre pensaba en cómo mejorar la vida de los que necesitaban ayuda en su comunidad. Su motivación para involucrarse en la política fue su interés en obtener ayuda educativa para los niños. Sin embargo, antes de tomar la decisión de iniciarse en la política siguió el consejo de su madre sobre la dirección que debía tomar su vida. "Antes de entrar en la política trabajaba en la banca de inversiones y tenía mi propio negocio; no obstante, me quedaba tiempo extra, por lo que fui con mi mamá y le pregunté qué podía hacer. Ella me dijo: '¿Por qué no ayudas a mejorar la educación?' "

Entonces Loretta comenzó a trabajar en un programa veraniego de regularización en matemáticas y ciencias en Anaheim, en el cual se preparaba a los alumnos de secundaria que ingresarían a la preparatoria. Ella se percató de que sólo veinte niños se habían inscrito en el programa y quería aumentar el número. Habló con la mesa directiva y con el alcalde para intentar atraer estudiantes, pero no logró su objetivo. Debido a su frustración y su enojo ante la Proposición 187, un referéndum estatal mediante el cual se pretendía sacar de la escuela a los niños indocumentados, Loretta decidió cambiar en forma drástica el rumbo de su carrera. Se comprometió a poner toda su energía en el mejoramiento de la educación, de su comunidad y de otros lugares y se convirtió en política.

En la actualidad, Loretta es miembro del Comité para la Educación y la Fuerza de Trabajo de la Cámara de Diputados; trabaja en la mejora de las oportunidades para niños con discapacidad y está al frente de todas las iniciativas educativas que se llevan al Congreso. Comenzó un programa en conjunto con varias universidades llamado "Gear Up," en Santa Ana, California, en el cual se preparan alumnos de educación media en matemáticas y ciencias, con el propósito de que cuando se gradúen de la preparatoria, califiquen para obtener una beca universitaria. Este programa ahora se está llevando a cabo en todo el país.

Todos sabemos que para que una ley sea aprobada por el Congreso de Estados Unidos, es necesario convencer a aquellos que en un principio podrían no estar de acuerdo en apoyar tu posición o tu visión. Una estrategia importante es escuchar con respeto las otras opiniones sobre el tema, con el fin de que puedas defender con efectividad la tuya. Ésta es una habilidad diplomática que todos podemos utilizar, ya sea que deseemos proponer una ley educativa al Congreso, como lo hizo Loretta Sánchez; obtener beneficios para nuestros compañeros de trabajo, como lo hizo Antonia Pantoja; llegar a un acuerdo equitativo con un cliente potencial o, incluso, orientar a nuestra hija adolescente que intenta convencernos de los beneficios de ponerse aretes en el cuerpo.

Como latina, Loretta Sánchez fue educada en el arte de la diplomacia, el mismo que continúa cultivando al relacionarse con las personas, dirigir sus negocios y defender los programas sociales que considera valiosos. Debido a que creció en un hogar latino, sabe cuándo no debe hablar, cómo debe tratar con respeto a los demás y cómo puede sintetizar diferentes puntos de vista para luchar por sus metas. Ella sostiene que escuchar es la clave: "Como congresista, la lección más grande que he aprendido sobre la diplomacia es escuchar a la otra persona y ser paciente. Al escuchar —con apertura— lo que alguien te dice, puedes aprender mucho de esa persona, además de "entenderla" realmente.

Cómo ser una mejor oyente

Como es evidente en la historia de Loretta Sánchez, ser una buena oyente puede ser la clave para distinguir a una diplomática inteligente de una manipuladora egocéntrica. ¿Alguna vez has estado en una fiesta o reunión de negocios y vivido la experiencia desconcertante de advertir que la persona con la que hablas no está escuchando una palabra de lo que dices? Tal vez sus ojos vean hacia todas las direcciones de la habitación, fijándose si ha llegado alguien más; o quizá te esté observando, pero tiene esa mirada perdida que revela que su atención definitivamente está en otro lugar. Esforzarse por ser una oyente atenta y respetuosa es vital si deseas comprender por qué tu punto de vista difiere del de los demás y cómo puedes salvar la brecha.

A continuación encontrarás algunas sugerencias para mejorar tus habilidades como oyente. Creo que te ayudarán a transformar tus conversaciones —con amigos, familiares o compañeros— de monólogos estáticos a diálogos dinámicos, a través de los cuales ambas partes podrán aprender más sobre la otra.

1. Mira a los ojos de la persona con quien hablas. Eso te ayudará a mantener contacto y evita dar la impresión de que tu atención está en otro lugar.
2. Concéntrate por completo en lo que la otra persona está diciendo y no en lo que tú responderás. El objetivo es aprender más sobre ella.
3. Dale a la otra persona el tiempo necesario para que articule sus pensamientos. No la interrumpas ni intentes terminar sus frases.
4. Después de escuchar con atención a la persona, resume brevemente lo que ha dicho, para que sepa que entiendes lo que trata de comunicarte. Por ejemplo: "Por lo que escucho, lo que te gustaría es tener más responsabilidades creativas en el trabajo."
5. Luego de reconocer lo que dijo la persona, puedes dar tu opinión o sugerencia, si se te solicita; pero hazlo sin cambiar el tema de conversación.

Cuando hacemos esto pueden pensar que somos malas oyentes y egocéntricas. Para empezar, si alguien te habla sobre una experiencia dolorosa, a veces lo peor que puedes decir es algo como: "Ah, sí, a mí también me sucedió y lo superé haciendo . . ." es mejor escuchar y ser solidarias que proporcionar información que no se nos ha pedido.

El poder de hermanas congresistas y la fuerza que las sustenta

Linda Sánchez, congresista, y María Macías, su madre

Cuando comencé a planear este libro nunca anticipé que entrevistaria a *dos* congresistas de Estados Unidos, ambas de la familia Sánchez. Tras hacer historia como las primeras hermanas que forman parte del Congreso de Estados Unidos, estas dos latinas dedicadas y dinámicas del sur de California son una fuente de inspiración para todas nosotras. Al hablar con Linda Sánchez de la diplomacia, al igual que su hermana Loretta, mencionó los beneficios de crecer en una gran familia latina. Me comentó que tener que llevarse con tantos hermanos con distintos puntos de vista contribuyó al desarrollo de ciertas habilidades que son esenciales para su trabajo como abogada y congresista.

"En nuestra familia cada miembro tenía su propia perspectiva de las cosas," me dijo Linda. "Por lo que necesitábamos aprender a escuchar a todos, procesar la información y procurar llegar a un consenso. En ocasiones, cuando éramos niños y alguno se metía en problemas, nos juntábamos y buscábamos la mejor manera de enfrentar a nuestro padre, quien era muy estricto. Sosteníamos intensas sesiones de negociación antes de ir con mi papá y confesarle lo que habíamos hecho."

Más tarde, Linda utilizó su capacidad de negociación como abogada para trabajar en favor del movimiento laboral. Según me explicó, abogar por una causa justa, tener la voluntad para comprometerse con la otra parte y demostrar un espíritu auténtico de cooperación son elementos básicos de la estrategia de una diplomática. "Tienes que trabajar con partes que podrían estar muy alejadas en cuanto a lo que cada una desea; poco a poco tratas de llegar a un consenso o a un lugar común en el cual estén de acuerdo. Lo que he observado al negociar para que dos partes se unan es que debes hacer ver a las personas que lo que ceden es menos importante que lo que ganan."

Durante los años que separaron la infancia mediadora de Linda y su carrera como negociadora del movimiento laboral, obtuvo el apoyo de una mujer asombrosamente enérgica y determinada: María Macías, su madre. Nacida en México, María trabajó como secretaria en el Banco Nacional de México en Mexicali, antes de mudarse a Estados Unidos; se casó a los diecinueve años de edad y tuvo siete hijos. Muy activa en la asociación de padres y maestros y en la recaudación de fondos para la escuela de sus hijos, también era líder de las niñas exploradoras, organizadora de un club para muchachos y maestra de costura. Ella fomentó el deseo de una educación universitaria en todos sus hijos e hijas, no sólo al decirles que obtuvieran un título universitario, sino mostrándoles cómo hacerlo. Después de veinte años de ser una madre activista y participativa, María entró a la universidad a los cuarenta, en una época en la que no era común ver alumnos mayores. Se graduó en la universidad y le otorgaron su licencia de maestra. ¿Cómo se sintió María cuando comenzó su carrera académica?

"Tenía siete hijos en casa y sólo podía estudiar por la noche, así que a veces sentía que era una montaña que no podría escalar," me dijo María. "En ocasiones consideré abandonarla, pero después de padecer en cada examen, regresaba al día siguiente y continuaba. Aprendí que era capaz de superar los peores obstáculos. Mis hijos me veían pasar por todo ello y eso en definitiva tuvo un efecto." En cuanto al esposo de María, al principio se resistió mucho: "No me apoyaba porque ya sabes cómo son los latinos, quieren que la mujer esté siempre frente a la estufa. Aunque le dejaba la comida hecha—y lo único que tenía que hacer era calentarla—no era suficiente para él. Pero no interfirió con mis planes, pues le dije: 'Si me amas como soy, tendrás que aceptarme como soy y voy a ir a la escuela.' Él es doce años mayor que yo y si algo le sucediera, ¿qué haría yo para mantenerme?"

Linda Sánchez recuerda que estudiaba la primaria cuando su madre ingresó a la universidad y la forma en que ese compromiso motivó a todos sus hijos: "Solía regresar a casa a hacer su tarea y nos decía: 'Escuchen, todos deben hacer su tarea, su mamá también. Todos la haremos juntos.' Nos sentábamos a la mesa del comedor y la hacíamos. Mi madre era el ejemplo." Cuando María pretendió obtener su licencia de maestra y presentó un examen en el que se simulaba una clase, no lo pasó en la primera oportunidad. Estaba decepcionada, pero también muy decidida a conseguirlo. Estudió más que nunca y lo aprobó la segunda vez. "Al observar su lucha aprendí que no debemos darnos por vencidos sólo porque las cosas no salgan bien la primera vez," comentó Linda.

Así como Maria motivó a sus hijos, ellos a su vez le ayudaron. Dice que sus hijas la auxiliaban en matemáticas y en los ensayos que debía escribir, corrigiendo su inglés. (Ella les ayudaba con el español, insistiendo en que no perdieran su dominio del idioma.) Cuando algo no marchaba de acuerdo con sus planes, María representaba su papel de aguantadora, decidida a lograrlo. Al recordar su empeño por conseguir su título, le viene a la mente la graciosa canción sobre la cucaracha, pues parecía que cada vez que debía presentar un examen, ¡uno de sus hijos se enfermaba! "Debes seguir adelante como la cucaracha, ya sabes: 'La cucaracha, la cucaracha, ya no puede caminar, porque no tiene, porque le faltan, las patitas de atrás.' No podía caminar sin las patas de atrás, pero uno debe hacerlo como ella y seguir adelante de cualquier forma."

En la actualidad, María disfruta su carrera como maestra bilingüe, pero no se duerme en sus laureles. La mujer de Mexicali que alentó a sus siete hijos a luchar por ser lo que quisieran ser —incluyendo a dos que se convirtieron en las primeras hermanas congresistas de Estados Unidos— me platicó, entusiasta, acerca de sus planes. "Cuando comienzas la escuela tomas una clase y quieres más. Ahora que voy a jubilarme tomaré dos clases más que necesito para completar mi maestría en educación. También asistiré a clases de arte. No me quedaré en casa, ¡regresaré a la escuela!"

La congresista Linda Sánchez sigue el ejemplo de la apasionada dedicación de su madre para conseguir una vida satisfactoria. Va en pos de su propio anhelo, la lucha por la justicia social y la igualdad. En un mundo de leyes, gobierno y política predominantemente masculino, le debe a María su inteligencia constructora de consensos, propia de la diplomática, y su apasionada perseverancia de aguantadora.

Una actitud diplomática
Lisa Fernández, lanzadora de *softball*,
ganadora de dos medallas olímpicas de oro

Lisa Fernández es una estrella: se le considera una de las mejores jugadoras de *softball* en la historia; estableció un récord al lanzar cinco juegos perfectos consecutivos durante la gira preolímpica de *softball* de Estados Unidos (¡incluyendo uno en el que ponchó a las veintiún bateadoras!) y ha ganado dos medallas olímpicas de oro (en 1996 y en 2000). No obstante, también es parte de un equipo y en nuestra conversación acerca del valor de la diplomacia me comentó que para que un equipo funcione como una unidad, cada miembro debe incorporar cierto elemento de diplomacia en su comunicación con los demás. Lisa habla con autoridad y experiencia, pues es psicóloga y entrenadora asistente del equipo de *softball* Bruin (Osos Pardos) de UCLA (Universidad de California en Los Ángeles).

"Cuando practicas un deporte en equipo la actitud es importante," asegura Lisa. "Por ejemplo, cuando cometes un error ¿cómo lo vas a afrontar? ¿Cómo lo va a manejar el equipo? Si una jugadora no está haciendo las cosas bien, ¿cómo te comunicas con ella para que eleve su nivel de juego y el equipo no sufra las consecuencias? Eso es lo que aprendes jugando en equipo; aprendes a sentarte con esa jugadora y a explicarle que es muy importante para el equipo y que sus acciones afectan a todos de una forma positiva o negativa."

Lisa señala una virtud de enorme valor de la sabia diplomática: la capacidad de ser positiva y al mismo tiempo brindar crítica constructiva. Cuando una se enfrenta a la poco envidiable tarea de decirle a alguien que no está haciendo las cosas del todo bien—sea una jugadora, una colega, una empleada o un hijo—es esencial recalcar lo positivo junto con lo negativo. A ninguna de nosotras nos gusta que nos critiquen, pero si alguien señala primero nuestros puntos fuertes antes de confrontarnos con lo que debemos mejorar, ¿no es más fácil aceptar la crítica?

Lisa fue muy afortunada al tener unos padres que la apoyaron para desarrollar no sólo sus aptitudes físicas, sino sus habilidades interpersonales, necesarias para su trabajo como entrenadora y como jugadora. Su padre, jugador semiprofesional de béisbol, originario de Cuba, y su madre, puertorriqueña que creció en Nueva York jugando *stickball*, enseñaron a Lisa a disfrutar los retos de los deportes. A diferencia de otros padres de la época, incluyendo a los latinos, quienes sentían que estas actividades eran sólo para hombres, los padres de Lisa la alentaron a ser físicamente activa y fuerte. "Desde que tenía nueve o diez años mi padre siempre estuvo orgulloso de mi fuerza," señaló. "Me decía: 'Muéstrame cuán fuerte eres,' y me pedía que le dejara ver los músculos de mi brazo. Cuando lo hacía, me alentaba: '¡Bien, tienes que ser fuerte para lanzar la pelota fuera del campo!' " Ese reconocimiento fue importante para Lisa, puesto que ella y sus padres sabían que tendría un cuerpo atlético y fuerte y que podía desarrollar las habilidades que lo acompañan; siempre la apoyaron para que fuera tan activa como quisiera. "Nunca tuve que preocuparme por mi apariencia física o cualquier cosa parecida," recuerda Lisa con agradecimiento.

Tampoco tuvo que preocuparse porque su padre estuviera de acuerdo con las insinuaciones de algunos amigos que le preguntaban por qué su hija seguía jugando *softball* después de terminar la preparatoria y la universidad. ¿Por qué no se casaba y tenía hijos, como tantas otras chicas de su comunidad? El padre de Lisa demostraba a su manera a sus inquisitivos amigos la razón por la que ella seguía su camino. "Él tomaba el bate y el guante con mi nombre inscrito—tengo un contrato de comercialización, por lo que se venden a los niños en tiendas—y después mis medallas olímpicas; se los mostraba a sus amigos y decía: '¡Ésta es la razón por la que mi hija sigue jugando *softball!*' Ni de él ni de mi madre escuché nunca eso de que: 'No deberías hacer eso porque no es lo que hacen las señoritas.' "

A pesar de que eran pocos los modelos femeninos o latinos para ser atleta mientras Lisa crecía ("Nancy López fue, de hecho, la única mujer hispana de cuyos éxitos en los deportes me enteré"), logró convertirse en una atleta triunfadora y ahora ella es un modelo a seguir. Aunque tal vez no pueda practicar su diplomacia en la base de lanzamiento, es una diplomática modelo fuera del campo de juego, donde la comunicación positiva con sus compañeras y sus oponentes es tan importante para el triunfo como su capacidad atlética. Cuando le pregunté si alguna vez había sido tratada de forma poco diplomática por otra jugadora de *softball,* me contó de un incidente desafortunado y cómo sacó provecho del mismo. "Durante los Juegos Olímpicos, perdimos un juego frente al equipo australiano. Una chica bateó un jonrón y perdimos el juego dos a uno. Tres meses después recibí una postal con una foto de esa muchacha sobre los hombros de sus compañeras, celebrando la victoria. En la parte de atrás sólo decía: 'Nos vemos en Japón.' Eso no me pareció muy amable." Lisa me dijo que odiaba perder y que haría cualquier cosa por ganar; sin embargo, "Nunca se lo restriegas a tu oponente ni la humillas, ¿verdad? Pero la postal me motivó; me impulsó para ser mejor; de hecho, me inspiró. Sigo compitiendo a los treinta y cuatro años de edad ¡y planeo ir a los Juegos del 2004!"

Lisa cree con firmeza que las mujeres deben tener la oportunidad de participar en los deportes de equipo y le complace que ahora existan más niñas y jóvenes que tienen esa opción en comparación con la época en la que ella creció. Piensa que los deportes ayudan no sólo a desarrollar las capacidades físicas, sino la confianza y otras habilidades en la vida, como lo es comunicarse en forma diplomática con tus compañeras de juego. "El deporte es una forma muy agradable para aprender a triunfar, a lidiar con tus errores, a ser competitiva, a desempeñarte bajo presión y a comunicarte. Cuando formas parte de un equipo, debes saber cómo comunicarte con cada uno de sus miembros. No siempre podrás llevarte bien con todos, por lo que es muy importante saber cómo hablarle a tus compañeras cuando algo no está funcionando."

Cada una de nosotras debe incorporar a la vida cotidiana, de una u otra manera, el espíritu de trabajo en equipo. Creo que si recordamos la actitud de Lisa acerca de cómo ser positiva y cómo criticar a los demás de manera diplomática y constructiva, nuestro esfuerzo nos beneficiará como equipo y como individuos.

Demasiado o muy poco diplomática

Llegar al equilibrio entre ser demasiado o muy poco diplomática requiere refinamiento y experiencia. De nuevo, las latinas hemos sido testigos o nos hemos iniciado en la diplomacia en nuestras familias grandes, por lo que para la mayoría de nosotras no debería ser muy difícil practicarla fuera del hogar. Enseguida presento algunos lineamientos para saber cuándo nos hemos excedido en cualquiera de las dos direcciones.

Cuando se es demasiado diplomática una termina sacrificando su posición o su opinión ante los demás. Tal vez lo hagas por miedo a ser rechazada o a ser vista como ridícula; o es posible que en verdad puedas perder tu trabajo si te defiendes. Si temes decir lo que te parece justo o correcto, piensa en lo que en realidad está en juego. Si es un asunto pequeño al que puedes renunciar sin perder tu integridad, está bien, pero ten cuidado de la tendencia a esconder tus intereses bajo el tapete; ninguna relación, trabajo o profesión vale tanto como para perder tus valores esenciales. Ser diplomática no significa satisfacer a otros más de lo que lo haces contigo misma.

Por otro lado, cuando eres poco diplomática tiendes a decir cualquier cosa que piensas, sólo porque crees que estás en tu derecho. La vida no es así. Todos debemos aprender a editar lo que decimos. Hablar es crucial, pero la forma en que decimos las cosas, a quién se las decimos y el tono que usamos son factores aún más importantes. Tu mensaje podría ser confuso o connotar lo opuesto si no lo expresas en forma adecuada. Algunas veces—por ejemplo, cuando no estás segura de los hechos—callar es lo mejor. Los chismes nunca son apropiados y sólo reflejan algo negativo de la persona que los divulga.

Las 7 estrategias de la diplomática inteligente

Con el propósito de resumir la sabiduría práctica que se ha mostrado en este capítulo, quiero brindarte algunas estrategias sencillas para convertirte en una mejor diplomática, las cuales se fundamentan en la experiencia de latinas expertas en diplomacia, quienes han compartido sus vivencias con nosotras. Si estás de acuerdo con las siete afirmaciones siguientes—y te comprometes a revisarlas en forma periódica, con el fin de observar cuánto has progresado con ellas—pienso que te darás cuenta de que tus relaciones interpersonales mejorarán, tanto en el aspecto personal como profesional.

1. *Siempre hablaré en términos positivos y evitaré insultar y subestimar a los demás.*

   Lisa Fernández mencionó este importante principio al referirse a la manera en que ella y sus compañeras se comunican y se tratan. Hacer hincapié en el papel positivo que cada miembro desempeña y al mismo tiempo ser capaz de dar un consejo constructivo a las demás es un aspecto esencial de su éxito como equipo. Lo mismo sucede con todas nosotras, sin importar el tipo de equipo al que pertenezcamos.

2. *No tomaré a título personal los comentarios negativos de otras personas.*

   ¿Recuerdas la tarjeta postal que recibió Lisa de alguien que le restregó en la cara el partido que perdió con su equipo olímpico? Ella dijo: "Eso no me pareció muy amable;" sin embargo, consideró el incidente como algo que la motivó a ser mejor. Incrementamos nuestro poder de latinas cuando evaluamos con acierto y aprendemos de la crítica, pero también cuando reconocemos que muchas veces los comentarios negativos lanzados en nuestra dirección dicen más de la persona que los expresa que de nosotras mismas.

3. *Cultivaré mi capacidad de escuchar respetuosamente.*

Las congresistas Loretta y Linda Sánchez fueron muy claras en este punto. Escuchar con la mente abierta las opiniones de otra persona es tan importante en nuestra vida diaria—con nuestros compañeros, hijos, amigos y colaboradores de trabajo—como lo es para los líderes políticos y los negociadores internacionales. No podemos entender, respetar o estar en buenos términos con los demás, a menos que los escuchemos de manera auténtica.

4. *Buscaré afinidades con quienes no comparten mis puntos de vista.*

Al aprender a encontrar puntos de acuerdo, no sólo entre trabajadores y patrones, sino entre las diversas culturas con las que convivía y trabajaba en la ciudad de Nueva York, la doctora Antonia Pantoja fue capaz de perfeccionar sus habilidades de diplomática. Continuó utilizándolas para beneficiar a las comunidades desfavorecidas que necesitaban su ayuda. Cuando luchamos para hacer eso podemos construir un puente entre nuestra forma de pensar y la de aquellos con quienes no estamos de acuerdo.

5. *Aprenderé las reglas para hacerme partícipe del campo al que quiero ingresar.*

Una parte de ser diplomática requiere aprender a transformarnos para pasar de extrañas a partícipes, como lo describió María Pérez Brown. El proceso consiste en aprender las reglas para que los demás nos acepten en sus términos. Después, una vez estemos dentro y hayamos ganado la confianza de los demás y la experiencia necesaria, podremos cambiar las reglas para alcanzar nuestras metas.

6. *Seré sincera, pero respetuosa con otros y conmigo misma.*

En muchas ocasiones la gente tiende a creer que ser diplomático es evitar ciertos temas o la verdad. Pero, como María Macías nos recordó, convencer de forma diplomática a alguien que no está de acuerdo con nosotros a menudo entraña una comunicación muy directa. En su caso María superó la resistencia de su marido respecto a volver a la escuela, con un argumento sencillo y honesto: "Si me amas como soy, tendrás que aceptarme como soy y voy a ir a la escuela." Consideraba que estudiar constituía una parte de lo que ella era. Podemos acoplarnos a los demás, pero sin sacrificar las metas esenciales para llegar a lo que deseamos ser. Como diplomáticas necesitamos escuchar con respeto sus opiniones opuestas, pero nuestro papel no es complacerlos, sino comunicarnos honesta y respetuosamente con ellos y, al mismo tiempo, atender nuestros ideales y objetivos.

7. *Elegiré el momento, el lugar y el tono indicados para expresar mis opiniones.*

A nadie le agrada una persona quejumbrosa, pero la mayoría de las personas respeta una voz honesta y positiva. Como lo señaló María Pérez Brown, lo que marca la diferencia es la diplomacia: "Aprendes a ser diplomática al observar cuáles son las circunstancias y cuál será el momento apropiado para hacer una aseveración política en particular." Elegir el momento adecuado, así como las palabras y el comportamiento que expresarán tus ideas sin alejar a las personas con quienes te comunicas no es fácil; sin embargo, dicha diplomacia te resultará más sencilla cuanto más la practiques.

6

La audacia de la atrevida

Siempre creí que debía realizar algo diferente a lo que hacía mi familia, algo más grande. A veces sentía que era una extraña entre ellos. Me mandaron a una escuela católica y rezaba mucho para recibir una señal sobre la dirección que debía tomar. Esperamos encontrar indicios, pero en ocasiones aparecen de una manera que no es muy agradable . . .

Cuando tenía catorce años me rebelé contra los maestros de mi escuela, quienes me acusaron de plagiar una historia creativa que había escrito. El incidente creció, llevaron a cabo una investigación e hice algo que los enfureció aún más. Pero no podía conformarme con la injusticia; aprendí que si sabes qué es lo correcto y corres el riesgo, suceden cosas que pueden cambiar tu vida para siempre.

—Nely Galán, presidenta de
Producciones Galán

A lo largo de su historia los latinos han tenido que correr riesgos con actitud valerosa. Algunos han debido abandonar su tierra natal y comenzar una nueva vida en un país extranjero para que sus hijos pudieran disfrutar un futuro más seguro o prometedor. Otros asumieron riesgos para superar circunstancias políticas o económicas difíciles y al mismo tiempo conservar unidas a sus familias. En ocasiones, las latinas hemos tenido que rebelarnos en contra de lo que nuestra familia, la Iglesia o la cultura nos han dicho que es apropiado para las mujeres, con el fin de cumplir nuestra misión en la vida. Con esos elementos en nuestra historia cultural, no sorprende que tengamos las agallas y la energía para decir "Seré una atrevida y haré lo que sea necesario para realizar mis sueños." Podemos emplear este sentido de poder que nos caracteriza para afrontar riesgos productivos que nos pueden ayudar a lograr nuestras metas.

En este capítulo analizaremos los miedos que impiden que nos demos cuenta de nuestra verdadera naturaleza y llevemos a cabo lo que deberíamos hacer. Descubriremos juntas cómo interpretar—e incluso, algunas veces, disfrutar—nuestros temores, con el propósito de aceptar los riesgos que valen la pena y se justifican y rechazar los que podrían ser muy peligrosos.

La armonía, el miedo y la sabiduría de los toltecas

Ser una atrevida no consiste sólo en afrontar riesgos; es enfrentar la vida como una aventura, fijar nuevas metas y dar pasos firmes para alcanzarlas. ¿No es nuestro fin más preciado vivir en armonía con lo que somos, con nuestros seres queridos y con nuestro ambiente? La orientación espiritual para saber vivir en armonía con el mundo es un elemento central en muchas religiones y culturas, incluyendo la de los toltecas, que floreció en México hace más de mil años. Los toltecas creían en seguir un camino mediante el cual uno aprende la verdad sobre el mundo y uno mismo, así como el modo de dominar el miedo para que pueda llevarse a cabo una transformación de nuestra energía vital. Dicha transformación—o crecimiento espiritual, como lo llamaríamos hoy—trae consigo la posibilidad de combinar el amor propio y amor por el mundo con la intención de vivir con armonía o espiritualidad en él. Una clave para este proceso de desarrollo espiritual es el dominio del miedo. De acuerdo con los toltecas, necesitamos superar nuestros miedos para hacer el compromiso espiritual de luchar por nuestros ideales y metas. Descubrir, sin temor, cuál es la mejor forma de utilizar los talentos y las pasiones que la vida ofrece a cada ser humano es parte de ese recorrido. Cuando comenzamos a lograr nuestras metas nos acercamos a la posibilidad de fusionar nuestra energía vital con la del mundo y nos acercamos a un estado de armonía.

Así, mientras aprendemos a ser atrevidas, podemos inspirarnos en el valor espiritual que los toltecas le atribuían al control del miedo. Cuanto menos temor sintamos más próximas estaremos a cumplir nuestra misión en la vida, y más armonizaremos con nosotras mismas y con el mundo.

Cómo enfrentar nuestros miedos

El temor, en sus muchas manifestaciones, es la razón subyacente por la que tal vez dudemos de nuestra capacidad de ser una atrevida. Tal vez tememos que no vale la pena luchar por nuestras metas, o que los demás desaprueben nuestros planes o que no sobrevivamos al nuevo y arriesgado camino que hemos elegido. El miedo no es algo malo; por lo general nos advierte acerca del peligro real, para que podamos protegernos en forma adecuada. Quizá debido a nuestra falta de preparación, hemos decidido comprometernos con una meta insegura o poco realista. Puede ser que tenemos la tendencia de actuar y tomar cada oportunidad que se atraviesa, aun cuando nuestras habilidades actuales no corresponden con lo que se requiere. Si alguno de los ejemplos anteriores es el caso, debemos prestar atención a lo que el miedo nos está revelando y dar los pasos necesarios para obtener el entrenamiento, la educación o la guía que precisamos para continuar en la dirección de ese objetivo en particular. Una buena opción es buscar un guía que haya avanzado más en ese camino y que puede ayudarnos a dispersar ese miedo, al enseñarnos lo que requerimos para prepararnos mejor. O bien, podríamos pensar en comenzar en un nivel donde nos sintamos más cómodas, para que al acumular en forma gradual la experiencia necesaria podamos disipar nuestro temor.

A veces no se trata de estar poco calificadas o poco preparadas. Podríamos estar en la dirección correcta; sin embargo, al iniciar un reto nuevo sentimos miedo a lo desconocido. Cuando nos percatamos de que esto es lo que está alimentando nuestros temores, debemos recordar que cierto grado de aprensión es normal y que puede superarse al constatar lo bien preparadas que estamos, o al trabajar en equipo con comadres que pueden proveernos las claves y el apoyo emocional necesario para emprender una nueva aventura.

Acercarnos a experiencias desconocidas con actitud de exploradora es otra técnica útil para combatir ese miedo tan común. Si podemos considerarnos como alguien que está a punto de descubrir algunos de los muchos misterios asombrosos y placenteros de la vida, nos involucraremos en el proceso de exploración en vez de preocuparnos por el fracaso o los riesgos de intentar algo distinto. De hecho, los aspectos desconocidos de cualquier cosa que hacemos son los que convierten la vida en un viaje en lugar de un círculo en el que sólo damos vueltas. Hacer lo mismo una y otra vez, como la pobre ratona en la rueda de su jaula, nos garantiza seguridad pero no crecimiento. Una vez que nos liberamos de nuestra jaula y nos dedicamos a explorar una nueva empresa, nos damos cuenta de que la aventura y el júbilo de descubrir algo nuevo siempre derrota la seguridad de la rueda.

¿Qué podemos decir acerca del miedo a no ser aceptados? En el caso de muchas latinas, el hecho de que nos digan que algún camino en particular no es para mujeres o para latinas inhibe nuestra capacidad de permanecer comprometidas con una meta que nos apasiona y para la que, sin duda, estamos calificadas. Es posible que tú sabotees de manera inconsciente tu éxito en el campo elegido—diciéndote que las latinas no deberían tener éxito en ese papel o en esa carrera—en un esfuerzo por complacer a tu familia, marido o comunidad. Algunas temen que si hacen ciertos cambios que reflejen una manera poco convencional de pensar, se distanciarán de sus familiares o de otros seres que las aman. Temen que si obtienen un nivel de éxito más elevado que el de sus amigos o familiares, o van en pos de aspiraciones diferentes de las de éstos, ellos las rechazarán. Entonces terminan sacrificando la oportunidad de nuevas opciones, con tal de mantener todo como está con aquellos a quienes aman.

Nunca podremos ser atrevidas si sentimos que no tenemos derecho a perseguir nuestros sueños; y si nos mandamos mensajes de autosabotaje, necesitamos trabajar para superarlo. Algunas latinas mantienen lazos tan estrechos con su familia o su sociedad que necesitan desprenderse de ellas para liberarse de las actitudes que las han oprimido, sofocado y no les han permitido ser ellas mismas. No necesitas mudarte a otro país o ciudad para alejarte de una familia o cultura opresivas; en ocasiones eso puede suceder en tu interior. El proceso de liberación incluye aprender a despreocuparse del "qué dirán." Aprender a ignorar el rechazo y la crítica de quienes no se preocupan por tus intereses y no desean que te conviertas en la mujer que eres capaz de ser es parte del proceso de dar rienda suelta a la atrevida que llevas dentro.

Cualquiera que sea la naturaleza de tu miedo, llegar a ser una atrevida implica confrontarlo, lidiar con él al abordar los problemas que propicia y comprometerte, de todo corazón, con las metas que reflejen quién eres en realidad. Sólo tú puedes elegir tus metas; no hay forma de que te dediques con perseverancia a una meta si alguien más la decidió por ti. Cierto, tus objetivos deben ser realistas en lo que respecta a tu educación, habilidades y capacitación, pero, si no cuentas con la instrucción necesaria, puedes buscarla. Puedes obtener la experiencia, la información, la educación o el entrenamiento que se requiere. Puedes informarte acerca de cómo lo han logrado otras personas, encontrar un guía que te aconseje, desarrollar las nuevas habilidades que necesitarás para comenzar tu viaje. Después, cuando sepas que estás preparada para satisfacer tus metas y desees apasionadamente hacerlo, tu audacia de atrevida te ayudará a enfrentar cualquier temor que se presente.

En este capítulo descubriremos que el proceso de confrontarnos a nosotras mismas que nos transforma en las atrevidas de quienes los toltecas se sentirían orgullosos, no es difícil ni penoso, sino un proceso interno de resolución y motivación amorosa.

Sor Juana Inés de la Cruz
El valor para navegar contra viento y marea

Si ser atrevida conlleva tener valor para trazar tu propio camino, a pesar de las corrientes ideológicas prevalecientes, entonces ciertamente Sor Juana Inés de la Cruz, considerada la primera y más importante figura literaria del Nuevo Mundo, representó el nivel más alto de tal atrevimiento. Nació con el nombre de Juana Ramírez en 1648 en la Nueva España (México). Hija de una mujer iletrada y soltera, su primer acto de valentía fue convencer a la tutora de su hermana para que, sin que su madre se enterara, le enseñara a leer a ella también, a pesar de que sólo tenía tres años. Juana pronto se interesó profundamente en los muchos libros de la biblioteca de su abuelo, y a los seis o siete años de edad, su inteligencia excepcional era evidente para todos los que la conocían. Años más tarde le preguntó a su madre si podía disfrazarse de hombre para poder asistir a la universidad. Aunque eso jamás sucedió, Juana continuó estudiando y satisfaciendo su curiosidad intelectual por sí misma.

A los quince años Juana se convirtió en dama de la corte de los virreyes de la Nueva España, en la Ciudad de México, donde impresionó a todos por su vasto conocimiento y mente ágil. Incluso asombró a un panel de profesores enviados para ponerla a prueba en materias que iban de la ciencia, las matemáticas y la filosofía, a la teología y la música. Juana sobrepasó en gran medida sus expectativas acerca de lo que podía ser capaz de lograr una mujer.

Un momento trascendental en la vida de Sor Juana ocurrió cuando tenía veinte años y tomó la decisión de convertirse en monja. Más adelante reveló que el motivo para entrar al convento fue intelectual y no religioso. Deseaba gozar de libertad para estudiar, escribir y llevar a cabo experimentos científicos —tareas que no se le permitían a la mujer en esa época— y el convento era el único lugar donde pensó que podría encontrarla. Estando allí escribió, entre miles de otras, las siguientes líneas (de "Hombres Necios") que hablan de la actitud hipócrita de los hombres hacia las prostitutas. Expresarse de esta forma en ese tiempo representaba gran valentía para una mujer:

> Hombres necios que acusáis
> a la mujer sin razón,
> sin ver que sois la ocasión
> de lo mismo que culpáis;
>
> [...]
>
> ¿O cuál es más de culpar,
> aunque cualquiera mal haga,
> la que peca por la paga
> o el que paga por pecar?

Después de veinte años de escribir ensayo y poesía, así como de realizar investigaciones sobre la naturaleza del conocimiento, la obra literaria de Sor Juana fue considerada peligrosa. Funcionarios de la Iglesia le prohibieron continuar tales actividades, le fueron confiscados sus cuatro mil libros y se le obligó a llevar una vida de silencio, oración y penitencia física. Al parecer, sus ideas sobre el derecho de las mujeres a recibir educación —con el fin de aprender y pensar— eran incompatibles con las creencias de la Iglesia y de la sociedad de ese momento. Aun así, la vida de Sor Juana como intelectual y atrevida es un ejemplo de valentía; valentía para ir en contra de las poderosas instituciones e ideologías de su época, buscando no sólo su beneficio, sino el de todas las mujeres.

En la actualidad, tras décadas de lucha, las mujeres de muchos países tienen las libertades y las oportunidades educativas que Sor Juana tanto hubiera valorado. Pensar en los sacrificios que ella realizó y en los riesgos que enfrentó para educarse a sí misma y vivir como una intelectual —soportar el desdén del sistema, renunciar a una vida en la corte para enclaustrarse en un convento, vivir como monja— puede ayudarnos a profundizar nuestro compromiso con el desarrollo de nuestro potencial intelectual.

Dra. Sandra Milán

"Le debo mi audacia de atrevida a mi madre"

Emprender la investigación médica requiere afrontar riesgos. Debe adoptarse una actitud abierta a explorar posibilidades que no han sido probadas y manejar consecuencias desconocidas. Existe siempre el riesgo de que los experimentos fallen o de que sus resultados sean inesperados o indeseables. No obstante, el proceso de buscar respuestas a problemas y preguntas importantes sin duda vale la pena, como pueden atestiguarlo todos los científicos. La doctora Sandra Milán es una atrevida que da la bienvenida a los riesgos de la investigación científica, pues está comprometida con mejorar la salud de los habitantes de todo el mundo. Recientemente, ha participado en el desarrollo de tratamientos terapéuticos para el cáncer de seno y para el linfoma no-Hodgkin, además de que está por obtener los resultados clínicos de un estudio que supervisó, los cuales, al parecer, influirán significativamente en el futuro del tratamiento contra el cáncer. El tratamiento no incluye quimioterapia, sino que mejora el sistema inmunológico del paciente, sin efectos secundarios, o muy pocos.

¿Cómo hizo una mujer nacida en Guadalajara, México, y educada por una madre soltera con siete hijos, para obtener un doctorado de la Universidad de California, en Berkeley, y ser además una investigadora médica a punto de llegar a un descubrimiento que podría cambiar la manera de tratar a los pacientes con cáncer? Al charlar con Sandra sobre algunas de las influencias motivadoras en su vida familiar, indicó que, por ser la más pequeña de siete hermanos, tuvo que aprender a ser inteligente en el seno familiar y vio en su madre un modelo a seguir: "Tuve que competir con mis hermanos, ganar la atención, luchar por comprender qué sucedía con los demás y desarrollar mis habilidades comunicativas para explicar lo que deseaba. Le debo mi valentía de atrevida a mi madre, ya que tuvo que educarnos sola y su tarea era extenuante. Aprendí de ella a arremangarme la camisa; es decir, si no consigo lo que deseo, aprendo de la experiencia y continúo; sigo avanzando." Tal vez la madre de Sandra también influyó para que eligiera una carrera en el campo de la salud; además de ser madre de siete hijos, tiene el título de enfermera, similar al de enfermera vocacional autorizada (LVN por sus siglas en inglés) de Estados Unidos. La familia de Sandra se mudó a San Francisco, California, cuando ella tenía catorce años de edad, y adaptarse a una nueva cultura fue, en muchas ocasiones, algo estresante: "Padecí muchos problemas al estudiar la preparatoria, en el área de la bahía. Yo era adolescente y no quería venir a Estados Unidos; no hablaba el idioma, así que no fue fácil. De hecho, fue muy traumático. No conocía a mis vecinos, no conocía la escuela y ni siquiera podía relacionarme con mis compañeros por lo del idioma. Los primeros dos años fueron muy duros. Vivía aislada."

Al terminar la preparatoria, Sandra asistió a una universidad del estado para después ser transferida a la Universidad de California en Santa Cruz, donde había gran cantidad de estudiantes pertenecientes a las minorías, pero pocas mujeres en los diversos programas científicos. A pesar de su interés por la ciencia, tuvo que analizar con imparcialidad sus fortalezas y debilidades antes de emprender una trayectoria profesional específica. Tuvo la fortuna de encontrar buenos maestros en Santa Cruz, quienes colaboraban y en verdad deseaban que sus alumnos se convirtieran en científicos. Tanto sus profesores como sus compañeros —en su mayoría hombres —la impulsaron y motivaron. Aunque siempre había sido muy analítica e inclinada por las ciencias, en un principio no sabia qué carrera deseaba seguir. "No era muy buena para memorizar, por lo que decidí no ingresar a la facultad de medicina. Sin embargo, tenía capacidad analítica y disfrutaba los proyectos de investigación, así que decidí asistir a un programa de doctorado en biologia molecular en la Universidad de California en Berkeley."

Otra influencia importante en la vida de Sandra, además de su atrevida madre y los maestros que la motivaron en la universidad, ha sido su interés por la historia latinoamericana. Me comentó que en su camino hacia su graduación como investigadora médica, los científicos que más la inspiraron fueron aquéllos de las primeras culturas nativas de México y América Latina. "Tener un sentido de la historia es esencial para entender hacia dónde nos dirigimos, de dónde venimos y quiénes son nuestros héroes," afirma. "Me siento orgullosa de ser mexicana. Comprender las culturas indígenas de México y América Latina, así como sus contribuciones científicas, es muy importante para mí: el calendario azteca, la arquitectura y la astronomía mayas, la construcción en piedra, las curaciones médicas y la cirugía de los incas, todos esos descubrimientos y la riqueza de esas culturas me emocionan."

Sandra considera que sus raíces de atrevida no sólo provienen de su familia inmediata, sino también de su familia histórica, es decir, de las antiguas civilizaciones de México y Sudamérica. Confesó que está tan motivada por los descubrimientos científicos de los aztecas, los mayas y los incas, que quiere que su investigación sea relevante para tantas personas como sea posible. "Darme cuenta de que la contribución de esas culturas ha tenido un efecto en cascada a través de los siglos es lo que me motiva. Esos científicos han causado impacto cientos y cientos de años después y me gustaría provocar un efecto similar. Creo que todos podemos hacer una contribución, no sólo a nuestra comunidad, sino al mundo entero."

La misión de Sandra es continuar sus investigaciones para que el nivel de vida de las personas —y la salud del mundo— mejore. Su lema es: "Ama lo que haces, pero conoce tus límites. Nunca te comprometas con algo que no puedas realizar." El trabajo que desempeña ha entrañado muchos riesgos, como mudarse a un país extranjero, estudiar una carrera tradicionalmente considerada masculina y enfrentarse a la incertidumbre intrínseca a la experimentación científica. No obstante, su investigación es su aporte al mundo y la realiza con pasión, compromiso y amor.

Nely Galán
Ejecutiva de entretenimiento y peleonera

Calificada como una de las más dinámicas ejecutivas creativas de la industria del entretenimiento, Nely Galán ha dedicado su carrera a volver la televisión más relevante para los latinos y a que se les incluya más en ella. Es presidenta de Producciones Galán y productora ejecutiva de los programas *Sólo en América, Los Beltrán* y *Padre*, de Telemundo. Su trabajo como productora incluye también la telenovela *Empire*, la nueva serie cómica *Viva Vegas* y los Premios Bravo, con los cuales se galardona a personajes latinos por sus logros en la industria del entretenimiento. Apodada la "magnate tropical" y el "misil cubano" por *The New York Times Magazine*, Nely se considera una guerrera; y es que en la industria del entretenimiento, quizás ese sea el papel fundamental que debe asumirse, sobre todo si eres latina.

Nely nació en Cuba y emigró a Nueva Jersey con su familia a los dos años de edad. Comenzó su carrera en los medios como editora de la revista *Seventeen*, pero el trabajo no lo obtuvo con sólo solicitarlo. Consiguió que la contrataran comportándose como una atrevida inteligente y extrovertida. Nely me narró la historia de su primer empleo y su transformación personal de adolescente tímida a peleonera osada.

"Cuando tenía catorce años mi vida cambió para siempre; todo comenzó con una tarea de composición creativa. Escribí una historia sobre una anciana a punto de morir que analiza su vida buscando lo que aprendió. Aunque mi maestro me calificó con diez, las monjas de la escuela católica a la que asistía no creyeron que yo hubiera escrito la historia. Les dije: 'Miren, mis padres son inmigrantes y sé cómo es la vida. Soy una mujer anciana de corazón; por eso pude crear esa historia.' " Aun así, a Nely se le acusó de plagio, lo cual la indignó tanto que escribió un artículo llamado "Por qué los padres no deberían mandar a sus hijas a escuelas católicas" y lo envió a la revista *Seventeen*. Además de publicarlo, la revista le pidió que trabajara como editora adolescente. "Mis padres me llamaron loca y sacrílega; las monjas me acusaron de ser una hispana resentida y la escuela amenazó con expulsarme por haber escrito el artículo. Sin embargo, me rebelé y me convertí en una peleonera, una guerrera. Asumí todo el poder, después de haber sido una niña tímida y callada. De ese incidente aprendí que si enfrentas el riesgo, puedes provocar el cambio. Mi sentido de justicia me forzó a tomar acciones y éstas se convirtieron en mi metamorfosis."

Al actuar contra la injusticia de la que fue víctima, Nely no se limitó a mandar el artículo a la revista: al amenazarla con expulsarla por escribirlo, llevó su caso a las autoridades escolares. Se reunió con un miembro de dicha instancia y le preguntó: " ¿Las monjas pueden expulsarme por escribir un artículo?" Él le contestó, "Por supuesto que no." Así que las autoridades investigaron el incidente, apelaron a la Primera Enmienda y la escuela llegó a un acuerdo fuera de la corte. Nely se graduó un año y medio antes y su carrera de atrevida en los medios arrancó.

Después de trabajar en *Seventeen*, Nely fue reclutada por Norman Lear y Jerry Perenchio para dirigir WNJU-TV, el canal de televisión en español más importante de Telemundo en Linden, Nueva Jersey. A los veintidós años de edad, Nely se convirtió en la directora más joven de un canal de televisión en Estados Unidos. Después dirigió las divisiones de programación latina de HBO y Fox Latin America, así como la división de entretenimiento de Telemundo.

Producir un programa de entrevistas conducido por un sacerdote católico con criterio de actualidad (*Padre Alberto*) y un drama sobre una mujer divorciada con un empleo de tiempo completo (*Sólo en América*), muy diferente de las telenovelas en español transmitidas por las cadenas en ese idioma, muestra la voluntad de Nely de asumir riesgos creativos. ¿Por qué es tan importante para una latina tener valor y afrontar

riesgos en la competitiva industria del entretenimiento? Es muy raro
que una mujer —ya no digamos una latina— alcance el éxito que Nely
ha alcanzado como productora de televisión. Aunque se le ha acusado
de ser agresiva, en realidad sólo es muy, muy enérgica ¡y una verdadera atrevida! Es una mujer que consigue puestos de poder a los que
pocas personas llegan. Se enfoca en lo que desea hacer y va por ello sin
miedo. No hay nadie en el mercado de la televisión en español con su
arrojo. Ella pelea por sus convicciones, persigue sus metas y asume los
riesgos hasta que logra sus planes. Para esta aguerrida atrevida la palabra "imposible" sólo intensifica su osadía.

Dra. Elvia Niebla
Una Supermán latina de siete años,
un perro rosa y cero barreras

Al igual que su colega científica Sandra Milán, Elvia Niebla fue motivada desde muy pequeña por su madre a soñar en grande e ir más allá
de los papeles estereotipados para las latinas. Su madre le fomentó un
estimulante sentido de que todo es posible si se posee la decisión y el
valor suficientes. No sólo se lo decía con palabras, ejemplificaba su espíritu de atrevida con todo lo que hacía. Madre de cuatro hijos en Nogales, México, se ganó la admiración de muchas familias de esa ciudad
con quienes tuvo contacto. Elvia habló cálida y orgullosamente de los
logros de su madre en aquellos días.

"Cuando era pequeña admiraba a mi madre porque no había nada
que no pudiera conseguir," recuerda Elvia. "En todo lo que se propo-
nía, seguía adelante y lo realizaba. Esa es la imagen que tengo de ella, la
de una verdadera atrevida. Ella preparaba pasteles muy buenos, sabía
hacer permanentes, cortaba el cabello y también era partera. Trabajaba en una clínica especial con un médico y permanecía con las recién
paridas durante tres días —las veinticuatro horas del día— después de
nacido el bebé. En Nogales muchas personas la estimaban por su trabajo." Hubo una ocasión que Elvia recuerda en particular, en la que

una mujer a punto de dar a luz llamó para avisar que iba hacia la clínica. Cuando llegó en el taxi estaba ya en el proceso de parto, y como el doctor aún no había llegado, la madre de Elvia la ayudó a dar a luz dentro del vehículo.

"Siempre me fascinó la capacidad de mi madre y de ella aprendí que nada es imposible. Lo importante es trabajar arduamente pero amar lo que se hace. Lo que observé en ella es que siempre se divertía con cualquier cosa que hacía."

El sentido de Elvia para poder convertir las cosas en realidad —su fe en su capacidad para hacer realidad lo que otros podrían considerar descabellado— le fue inculcado en su niñez por su madre a través del juego. Hace cincuenta años, ¿cuántas madres habrían alentado a sus hijas a vestirse como un superhéroe masculino? (Después de todo, esto sucedió décadas antes de que la liberación femenina y *Superwoman* fueran parte del panorama cultural.) Además, ¿cuántos padres habrían aceptado la fantasía de sus hijos de crear un poco de magia con la mascota familiar? En definitiva, la madre de Elvia fue un modelo de atrevida: "Cualquier cosa que yo tuviera en mente, mi madre buscaba la forma de apoyarme para convertirlo en realidad. En lugar de decirme que no podía hacer algo que podría ser peligroso, me ayudaba a encontrar la manera de hacerlo de forma segura. Recuerdo que cuando tenía siete años quería jugar a ser Supermán, así que mi madre me hizo una capa y creó el disfraz para mí. En ese tiempo yo realmente sentía que podía ser como Supermán. Como ella me permitía creerlo, yo lo hacía."

En otra ocasión, Elvia decidió que quería pintar de rosa a su perro. En lugar de decirle a su hija que la idea era ridícula o impráctica, le sugirió, "Bien, no podemos teñir su pelo, pero podemos pintarlo con colorantes vegetales." Así que colorearon al perro, le pintaron las uñas y se convirtió justo en lo que Elvia quería: ¡un perro color rosa brillante, muy brillante! "Mi madre me apoyó y ésta es la convicción que obtuve de ella: que puedes lograr lo que hayas imaginado, que siempre hay una forma de superar los obstáculos."

La madre de Elvia también utilizó su audacia de atrevida para tomar la decisión de mudarse con sus hijos a Estados Unidos, cuando su hijo mayor no pudo continuar sus estudios en México. En su nuevo hogar en Nogales, Arizona, Elvia se convirtió con rapidez en una de las mejores estudiantes de su escuela. No obstante, por ser chicana los maestros le aconsejaron que no cursara la carrera que había elegido. Aunque siempre disfrutó la ciencia y la investigación en la escuela, la motivaron para estudiar para maestra de español, dirección a la que se orientaba a las chicanas inteligentes. "Pero yo no quería hacer eso; ¡yo quería ser científica!" recuerda Elvia.

Una vez más, su madre acudió a darle a Elvia el ánimo que necesitaba para asumir el riesgo, para ir en contra de lo establecido y hacer lo que quisiera. Elvia se inscribió en el programa de ciencias de la preparatoria, obtuvo un título universitario en zoología (con estudios de química) de la Universidad de Arizona en Tucson, terminó una maestría en educación especial ("quería enseñar ciencia a las personas con discapacidad") y, por último, obtuvo un doctorado en química de suelos. A lo largo de su educación universitaria, sus compañeros casi siempre fueron hombres. Igual que ahora —aunque cada vez más mujeres están entrando a esos campos— las mujeres eran algo raro en las ciencias. "En una clase de cuarenta sólo dos o tres eran mujeres y no había chicanos. Siempre supe que tenía que ser la mejor; no podía ser mediocre."

Elvia es cualquier cosa menos mediocre. Ahora vive en Washington, D.C., y se desenvuelve en los niveles más altos, estudiando y combatiendo la contaminación ambiental. Trabaja para el Servicio Forestal de Estados Unidos como coordinadora nacional del Programa de Investigación sobre Cambio Global y supervisa a ciento ochenta científicos que investigan el impacto ambiental de los químicos en el cambio climático del mundo.

A lo largo de su vida, Elvia ha utilizado el espíritu de atrevida que heredó de su madre para luchar sin temor por lo que se ha propuesto: ya sea para desafiar a los gobiernos del mundo para que cambien sus políticas ambientales, ingresar a programas académicos a los que nunca había asistido una chicana, surcar los cielos como un superhéroe cuando sólo a los hombres se les permitía volar . . . o pintar a su perro del color electrizante de sus sueños.

Olga Marta Peña Doria
Los reflectores puestos en las "mujeres desobedientes" mexicanas

Algunas veces ser atrevida requiere que desafiemos lo establecido con el fin de realizar nuestros sueños. A lo largo de la historia las mujeres han tenido que romper las reglas para que sus voces se escuchen, y las latinas no son la excepción. Aunque las hazañas de las mujeres valientes que han roto el molde no siempre abundan en los libros de historia, es maravilloso descubrir a aquellas que abrieron el camino para nosotras.

La misión de Olga Doria, profesora de teatro de la Universidad de Guadalajara, ha sido honrar por escrito a heroínas mexicanas de las décadas de los veinte y los treinta que en forma valiente dieron voz a la lucha mexicana por la igualdad de género. Estas mujeres trabajaron en el teatro en un momento importante de la historia de la nación, porque la Revolución había terminado y las mujeres comenzaban a pronunciarse por su derecho a votar, a recibir educación y a ser tratadas con igualdad. Ninguna mujer en México, desde Sor Juana Inés de la Cruz, a quien se consideró la primera feminista del país, había abordado en público el tema de los derechos de la mujer, y el teatro era uno de los lugares en los que podía explorarse tan riesgoso asunto. Las mujeres mexicanas encontraron en el teatro de esa época los modelos femeninos que necesitaban para alimentar su sueño de liberación. Las obras escritas por las mujeres de entonces ofrecín personajes que contrastaban mucho con la madre sufrida, la abnegada, etcétera; en esencia, se trataba de personajes femeninos que eran profesionales (en especial, doctoras en medicina o abogadas) o que tenían dinero suficiente para poder tomar sus propias decisiones.

Una escritora sobresale en el libro de Olga, *Digo yo como mujer, Ca-*

talina D'Erzell (Nuestra Cultura, México, 2000). D'Erzell fue una de las primeras mujeres en México en convertirse en una figura de los medios. Escribía una columna llamada "Digo yo como mujer" para algunos de los periódicos mexicanos más importantes, además de guiones para radio, novelas, cuentos cortos, poesía, óperas y obras teatrales. En sus doce obras dramáticas habla de temas como el honor y el deshonor, la pasión, la unión libre y el divorcio, aunque esta última era una palabra que las mujeres de entonces ni siquiera se atrevían a considerar. Pero D'Erzell era atrevida y sus obras muy exitosas. Por primera vez en la historia de México las mujeres eran quienes llenaban los asientos en los teatros. En consecuencia, a ese periodo se le conoció como "La desobediencia de los veinte y los treinta."

Olga se refiere a sus congéneres de ese periodo como las "mujeres de la desobediencia." Otra de ellas fue Amalia de Castillo Ledón, exitosa dramaturga que también tocó el tema tabú del divorcio. Su obra, que destaca ese tema, la primera puesta en escena escrita por una mujer, muestra el conflicto entre una madre y su hija, en el cual la primera le sugiere a la segunda que se divorcie de su marido. Si bien ésta era una idea muy irrespetuosa y subversiva en ese tiempo, la obra llegó a las cien representaciones. Además, Amalia era activista política; viajaba por toda América Latina promoviendo el voto de la mujer. Sus esfuerzos dieron resultado en diecisiete países, pero no fue sino hasta 1953 cuando por fin lo hicieron en México. El veintiocho de diciembre de 1952 Amalia asistió al Congreso mexicano y habló en favor del voto de la mujer. El primero de enero de 1953 el derecho de la mujer para votar se promulgó como ley y Amalia estuvo allí para pronunciar un discurso de agradecimiento por esa victoria histórica de las mujeres. Después ocupó el primer cargo gubernamental como Subsecretaria de Cultura en 1953, durante el mandato del presidente Adolfo López Mateos.

Olga me confesó la frustración que al principio la llevó a escribir un libro acerca de esas revolucionarias atrevidas: "¿Sabías que no incluyeron a Amalia de Castillo Ledón en ningún libro de historia del teatro?" me comentó. "Sólo hombres. Así que me pregunté: ¿Por qué sucede eso? ¿Por qué se olvidan de esas mujeres? ¿Por qué no se les da el reconocimiento que merecen? Me di cuenta de que se les consideraba lesbianas, prostitutas o tontas, pero nunca intelectuales, que es lo que eran en realidad. Olga decidió que sería otra atrevida, otra "desobediente" y escribiría sobre ellas. "Todos se reían de mi idea para el libro, me decían que no era importante, que esas mujeres sólo escribían melodramas y que sus contribuciones al teatro eran ridículas. No se daban cuenta de que esas obras despertaban la conciencia de otras mujeres."

Al principio, Olga tuvo dificultades para investigar las vidas de esas importantes "desobedientes." A pesar de que localizó a sus hijas, nietas y otros parientes, muchos no confiaban en ella, pues era una desconocida. No obstante, fue tenaz y se negó a desviarse de su meta de narrar las historias de esas innovadoras dramaturgas feministas mexicanas. Persistió ante familiares desconfiados, colegas escépticos y muchos editores pesimistas. Ahora, su libro inspira a los lectores con uno de los periodos más ricos de la historia de la liberación femenina.

Pero existe una parte triste en la historia de Olga. Ella me confió que, aunque estaba orgullosa de su triunfo por publicar su último libro, aún hay muchas jóvenes a quienes parecen no importarles las lecciones que éste imparte. Cuando le pregunta a sus alumnas por qué se inscribieron en su clase, muchas responden: "Sólo asisto a la universidad mientras me caso." Esas respuestas la desilusionan, pues revelan que las mujeres jóvenes todavía necesitan desarrollarse más, hasta que su meta principal vaya más allá de ser reinas del hogar.

Demasiado riesgo . . . ¿o no lo suficiente?

Enfrentar nuestros miedos para convertirnos en atrevidas audaces es una faceta importante para fortalecernos. A menos que estemos preparadas para arriesgarnos frente a lo desconocido, lo peligroso, lo impredecible, nunca podremos crear un cambio en nuestras vidas; sin embargo, necesitamos tener precaución respecto a cuán lejos llevar nuestra osadía. Te invito a que pienses si la forma en la que te aproximas a los retos que encuentras en tu camino es demasiado arriesgada o no es lo suficientemente arriesgada.

Si tiendes a actuar antes de observar hacia dónde vas, es probable que pagues el precio. Tal vez descubras que no estás preparada o que eres vulnerable a muchas adversidades o peligros. Si ese es el caso, debes prestar más atención a los riesgos que conlleva lo que has emprendido, así como a las opciones alternativas que quizás estés ignorando. ¿Es éste el momento más propicio para lanzarte a tu proyecto o sería recomendable esperar hasta que las circunstancias externas sean más favorables o hasta que hayas perfeccionado tus planes? ¿Has evaluado a conciencia las consecuencias potenciales de tus actos o estás tan emocionada por tu sueño que has hecho a un lado demasiadas precauciones?

Por lo general, cuando asumimos un riesgo es necesario renunciar a algo para ganar otra cosa: tal vez un estilo de vida, dinero o seguridad. En algunas ocasiones puede tratarse del apoyo moral de tu familia, lo cual constituye un aspecto muy importante para las latinas. Si al enfrentar un riesgo no convencional provocas un distanciamiento familiar, vale la pena evaluarlo antes de tomar cualquier decisión. No debemos ignorar esos riesgos, aunque tampoco debemos reprimirnos por ellos.

Por otro lado, no puedes hacer realidad tus sueños si te paralizas y te aferras a lo establecido. Debes actuar. Si parece que siempre estás esperando a que alguien haga el primer movimiento, eso es señal de que tu atrevida está dormida y necesita ser despertada. No puedes esperar que un político resuelva las necesidades de tu comunidad, a menos que te arriesgues a participar y le hagas entender cuáles son. No puedes dar por hecho que el maestro de tu hijo está haciendo algo con respecto a su problema de aprendizaje, a menos que tomes la iniciativa.

No puedes esperar que tu jefe te ofrezca algún día el aumento que mereces; debes hacerle notar lo bien que trabajas.

Si sólo das pasos seguros en el camino hacia tus metas, es probable que jamás explotes del todo tu potencial. Estarás comportándote como una niña con una madre sobreprotectora: escuchando sólo una voz interna e insegura y perpetuando el mito de que las mujeres son el sexo débil. ¿Por qué no comienzas experimentando con una actitud atrevida y te repites, "Sí se puede," mientras imaginas que te liberas de la prisión de lo establecido que, sin saberlo, tú misma puedes haber construido? ¿A dónde te atreves a llegar y de qué forma celebras esa nueva libertad?

Cómo disfrutar el miedo de tomar riesgos creativos

En ocasiones, ser atrevida implica sentir miedo y, de hecho, disfrutarlo; disfrutar la emoción que provoca saber que estás intentando algo nuevo y que tu esfuerzo es significativo y placentero para ti, aunque no siempre consigas lo que quieres. A menudo, antes de salir al aire en mis programas de radio y televisión o antes de una conferencia siento tensión y, a pesar de que ésta puede paralizar a algunas personas, creo que en mí provoca emoción. Me dice que estoy a punto de realizar algo importante para mí y para otros, lo cual es una gran responsabilidad. Cuando comencé mi práctica como psicóloga me preocupaba la manera en que un paciente nuevo podría responder a mis recomendaciones. Sin embargo, con el tiempo y la experiencia no sólo adquirí más seguridad respecto de mi capacidad, sino que aprendí a pensar en el miedo como algo emocionante. Ese tipo de miedo/emoción es resultado de comprometerse con la vida, en lugar de frenarse ante ella, y por esa razón puede ser muy placentero.

La emoción de asumir un riesgo en forma creativa —como productora de televisión, científica o profesora de preescolar —puede ser tu propia recompensa. Cuando estamos dispuestas a disfrutar territorios desconocidos nos convertimos en exploradoras con la confianza y la curiosidad de encontrar nuevas oportunidades. El miedo es parte de ese viaje, pero está muy relacionado con el placer y la emoción. Así que, ¿quién dice que el miedo debe ser tu enemigo? Tal vez ustedes dos necesitan hablar y comprenderse mejor.

Tu atrevida habla en forma abierta con tus miedos — Un ejercicio de diálogo

Como se ha señalado en este capítulo, no es malo que conozcas tus temores; de hecho, algunos tal vez te impiden actuar sin pensar o previenen que asumas riesgos para los cuales no estás preparada. Sin embargo, una vez que te has propuesto metas realistas, que has hecho los preparativos necesarios y estás segura de la dirección que deseas tomar, sería un desperdicio permitir que tus miedos te mantengan alejada de lo que pretendes conseguir en la vida, en especial cuando tienes el potencial para ser una atrevida valiente. Hemos aprendido la forma en que las latinas acostumbran heredar la audacia de las atrevidas — de la lucha de nuestros padres, de nuestras experiencias en la vida, así como de la conciencia de la importancia espiritual de controlar el miedo en las culturas indígenas de América Latina. Ahora imaginemos que estos dos aspectos — nuestra atrevida y nuestros miedos — sostienen una conversación racional pero acalorada.

Después de leer el diálogo que sigue, presentado a manera de ejemplo, intenta escribir el tuyo y trata de descubrir quién lleva la batuta.

ATREVIDA: ¡Digo que lo intentemos! Hemos querido (audicionar para una obra/pedir un pequeño préstamo para nuestro negocio/ingresar al programa de maestría) desde hace meses. ¿Qué es lo que nos detiene?

MIEDOS: ¡Te diré qué es lo que nos está deteniendo! ¡No estamos preparadas! Y por más que trates de convencerme de que tenemos lo suficiente para "lograrlo," no cambiaré de opinión. No quiero que nos derrumbemos.

ATREVIDA: Dices que no estamos preparadas, pero ya preparamos el terreno para este paso; ¡lo único que tenemos que hacer es correr el riesgo! Y si caemos, ¿cuál es el problema para levantarnos e intentarlo de nuevo?

MIEDOS: Para comenzar, la humillación. Además, esto es algo que — (mis padres/mi esposo/mis amigas/mis parientes) no aprueban. No quiero desilusionarlos o hacerlos sentir incómodos.

ATREVIDA: ¿Así que vas a sacrificar la oportunidad de convertirnos en la mujer que deberíamos ser y vas a desperdiciar los dones con los que nacimos y las capacidades que hemos desarrollado, sólo para que los demás no se sientan incómodos?

MIEDOS: ¡Pero podríamos destacarnos demasiado entre la multitud si tenemos mucho éxito y entonces nadie nos querrá!

ATREVIDA: ¿Qué tal si nos queremos a nosotras mismas? ¿Y qué mejor forma de demostrarlo que . . . ¡intentándolo!?

Ejercicio de visualización de la atrevida

Ahora que sabes lo que tus miedos te señalan, este segundo ejercicio te ayudará a relajarte mientras adquieres la seguridad para tomar el control. Tal vez desees grabar lo siguiente en un casete, con el fin de que el ejercicio sea más sencillo.

Elige un lugar tranquilo donde no te interrumpan. Siéntate en una silla cómoda o recuéstate en la cama, en un sillón o en el piso. Relájate y comienza por calmar tu cuerpo por completo, respirando en forma lenta y profunda. Tomaremos un tranquilo viaje por nuestro interior.

Permite que tu mente te transporte a algún lugar donde te hayas sentido segura en el pasado. Puede ser real o imaginario. Ahora estás en ese lugar y te sientes muy cómoda. Disfrutas tu estancia en ese hermoso y apacible ambiente. Aprecias su belleza con todos tus sentidos. Disfrutas su aroma, la sensación de la brisa, el sol o una lluvia suave sobre tu cara, además de los tranquilos sonidos del viento y los agradables colores. Estás en un lugar muy reconfortante.

Recuerda un miedo reciente o alguno del pasado. Tráelo a tu conciencia e intenta sentirlo como lo hiciste la última vez que apareció en tu vida. Revive la forma en la que lo sentiste. Haz más que recordarlo, intenta experimentarlo de nuevo. Visualiza todos los sentimientos negativos que provoca ese miedo. Presta atención a lo que te está diciendo ahora, tanto en tu cuerpo como en tu mente.

Trae a tu mente una imagen que simbolice ese temor para ti. Podría ser un objeto, un animal, un personaje mitológico o de caricatura; cualquier cosa que represente de manera apropiada ese miedo. ¿Has seleccionado la imagen? Bien.

Contempla esa imagen de temor muy detenidamente con el fin de que te familiarices con cada una de sus características. Ahora ves esa imagen atemorizante con tanta claridad que puedes tomarla entre tus manos y hablarle. Pregúntale: "¿Por qué estás ahí, en mi mente? ¿Cuál es la razón por la que existes en mí? ¿De qué peligro quieres protegerme?" Ese símbolo entre tus manos te responderá. Toma el tiempo necesario para escuchar lo que te diga.

Te das cuenta que la intención de ese miedo, de esa imagen, es buena. Pero tal vez también sea muy intimidante. Estás agradecida por su presencia; sin embargo, señálale que tienes la capacidad de vivir de forma segura, de protegerte sin paralizarte y, por lo tanto, ya no necesitas más de su presencia.

Observa a tu alrededor en este ambiente reconfortante que has creado en tu mente. Percibe que te sientes tranquila y segura. Nota que esa paz y esa seguridad están dentro de ti y que las llevas adonde quiera que vayas.

Ahora, dile adiós a ese símbolo de temor y déjalo ir. El símbolo deja tus manos, se aleja y tú te sientes contenta por ello, porque sabes que la paz y la seguridad que acabas de crear son tuyas y te quedarás con ellas. Te acompañarán hoy y siempre, ya que en este momento tienes un mayor conocimiento sobre ti misma, lo que puedes hacer y en qué puedes convertirte si no te limitas, así como un sentido más realista de lo que tu miedo representa.

Por último, vuelve despacio al lugar de la habitación donde te encuentras. Concéntrate en tu respiración y en cada parte de tu cuerpo; siente que cada una de estas partes está llena de vida. Abre los ojos y observa el ambiente. Mantén vivas la paz y la seguridad que acabas de crear; son tuyas.

7

El equilibrio de la malabarista

> La meta principal de los aztecas es vivir en armonia con este universo del que son parte. Creen que el universo está compuesto de una inmensa red de canales de energía que se encuentran y se combinan en diferentes puntos. Si todo está balanceado, aquello a lo que se refieren como el supremo equilibrio, existe.
>
> —Elena Ávila, *Woman Who Glows in the Dark*

Las latinas hemos aprendido de nuestras familias y nuestra cultura la necesidad de equilibrar nuestras numerosas responsabilidades: hacia nuestros padres, esposo, hijos, parientes, demás familiares, comunidades y vida espiritual. Pareciera que lo consideramos indispensable en nuestro progreso. Las mujeres en general, y las latinas en particular, tienen una habilidad muy desarrollada para llevar a cabo muchas tareas al mismo tiempo y para balancear metas muy diversas. A pesar de que a veces esto parece intimidante, siempre encontramos la manera de convertirnos en malabaristas y arreglámoslas con todo lo que nos corresponde hacer. Muchas agregamos ahora un elemento crucial a nuestro acto de equilibrismo: nuestras metas personales, bien se trate de una educación superior, una profesión o un talento que queremos desarrollar. En este capítulo hablaremos de la manera de lograr la difícil tarea de crear un equilibrio en nuestras vidas de modo que podamos tener la energía y el tiempo para entregarnos a los planes y a las personas que nos son más importantes, y esto nos incluye a nosotras mismas. También analizaremos lo que significa tener un sentido de balance interno por medio del cual prestamos atención cuidadosa a los diversos aspectos de nuestro ser que nos hacen sentir vitales y llenas de vida. Cuando logramos ese tipo de equilibrio podemos acercarnos a lo que Elena Ávila describe como el sentido azteca de supremo equilibrio.

En este capítulo conocerás a algunas malabaristas ejemplares que compartirán sus secretos y estrategias para llevar una vida equilibrada y disfrutar de sus familias, metas profesionales y otros intereses que definen quiénes son ellas.

Entregada a dos mundos
María Elena Salinas, periodista de televisión

María Elena Salinas, periodista ganadora de un Emmy, no siempre supo que quería ejercer una carrera en ese campo, pero incluso desde pequeña estaba motivada a pensar en términos de tener familia y trabajo en el futuro, debido al ejemplo positivo que su madre le dio. Ella comentó que nunca se sintió menospreciada porque su madre trabajara fuera de casa. A pesar de que su familia necesitaba los ingresos de su madre, María Elena no tenía idea de que eran pobres porque siempre se sintió amada y protegida: "Nunca pensé en convertirme en reportera, pero siempre pensé en hacer algo que enorgulleciera a mis padres," me dijo. "Estaba muy apegada a ellos, sobre todo a mi mamá. Ella siempre trabajó, pero nunca me faltaron su atención ni su cariño, así que siempre pensé en tener lo mismo algún día: mi propia familia y una carrera."

En su adolescencia en Los Ángeles, María Elena prestó sus servicios en una fábrica de ropa, en una cafetería y en una sala de cine para ayudar a pagar su educación en una escuela católica. Insegura al principio sobre qué carrera sería la más adecuada para sus intereses y talentos, consideró dedicarse al diseño de modas y más tarde estudió mercadotecnia para la industria de la moda en el colegio de su comunidad. A los veinte años colaboró en un centro comunitario capacitando a mujeres de origen humilde en autoestima, moda y arreglo personal.

Una compañera del centro que trabajaba en una estación de radio la presentó con un productor, quien pronto le pidió que realizara programas de noticias y de música. Después de ascender a directora de producción en la estación y tomar cursos adicionales de periodismo en UCLA, le ofrecieron el puesto de reportera y conductora de un programa de entrevistas en el Canal 34, la filial en Los Ángeles del Spanish International Network, que más tarde se convirtió en Univisión.

El ascenso de María Elena en los medios continuó, así como su compromiso de ayudar a su comunidad y cubrir historias de importancia social. A lo largo de los años María Elena ha entrevistado a cada presidente de América Latina, así como al líder zapatista mexicano, el subcomandante Marcos. Además se ha dado tiempo para participar en la campaña de Radio Única, con el fin de motivar a los estudiantes latinos a permanecer en la escuela, así como en una serie de actividades para que las comunidades hispanas ejerzan el voto.

Sin embargo, obtener información y reflexiones de los líderes mundiales y aportar tiempo a importantes causas sociales nunca es más importante que ser una madre comprometida con sus dos hijas, Julia y Gabriela. En el sitio de Internet de María Elena se puede acceder a una sección llamada "Familia" y descubrir su interés por conservar el equilibrio que tanto ansían las madres trabajadoras. En esa sección afirma: "Creo que compartir mis experiencias como mujer, madre y esposa, por un lado, y periodista por el otro, puede ayudar a crear un diálogo entre las mujeres que, como yo, tienen que dividirse entre dos mundos: el profesional y el personal. Me encantaría que las lectoras de esta sección compartieran conmigo sus propias experiencias de mamá profesional."

¿Cómo logra María Elena vivir en estos dos mundos de manera satisfactoria? Como sabemos muchas de las mujeres que trabajamos y tenemos hijos pequeños, esto no siempre resulta fácil; no obstante, ella estaba decidida a hacer realidad una maternidad trabajadora. Me dijo que cuando sus hijas nacieron ya tenía una carrera y un compromiso con la sociedad a los que no quería renunciar: "Soy una comunicadora y nunca podría abandonarlo." Aunque se le rompía el corazón cuando Gabriela, su hija menor, le suplicaba en las mañanas que no fuera a trabajar, recordaba varias realidades importantes: que sus ingresos ayudan a asegurar que sus dos hijas tendrán una buena educación, que a Gabriela le iba muy bien en el jardín de niños y que sus niñas saben que cuentan con su mamá. "Gabrielita aprendió cosas al asistir a preescolar que no aprendería estando en casa sola con su mamá, como la socialización, compartir con otros, defender sus derechos y respetar los derechos de los demás. Si hubiera creído que mis hijas iban a ser peores seres humanos porque yo trabajo, no lo hubiera pensado dos veces: habría cambiado por completo mi estilo de vida. A veces mis hijas me extrañan, pero saben que me tienen. Lo primero que ven por la mañana y lo último que ven por la noche es a su mamá. Les llamo por teléfono desde el trabajo y ellas me platican y yo también, así que mantenemos una comunicación animada a lo largo del día."

Como María Elena me explicó, su marido, el conductor de noticias cubanoamericano Eliott Rodríguez, es otra gran razón por la que puede mantener el equilibrio entre su familia y su profesión. Su esposo cocina y él es quien se asegura de que la cena esté lista cada noche. Asimismo, tienen un itinerario para ver quién realiza las compras; algunas veces lo hacen por separado y otras juntos. "Ambos tenemos que programar todo en las agendas," dice ella, "pero lo tenemos todo organizado, incluyendo qué vamos a hacer los fines de semana, cuándo vamos a hacer las compras y cuándo pasaremos tiempo juntos como pareja o con nuestras hijas. A mi marido le gusta pasar un día con cada niña por separado, cuando las lleva a andar en bicicleta, a la librería o a jugar tenis. También pasa tiempo con sus hijos más grandes, mis hijastros. Estar con ellos el mayor tiempo posible es muy importante para todos."

A pesar de que dedican mucho tiempo a sus hijas los fines de semana, María Elena y Eliott siguen teniendo citas como pareja, aprovechando la vida nocturna de Miami, lugar donde viven. Además, en el transcurso de la semana encuentran momentos para reunirse durante el almuerzo. Suena romántico, ¿no? María Elena está agradecida de que, a pesar de las ocupaciones de ambos y su dedicación a sus carreras y a sus hijas, ella y su marido continúan valorando y disfrutando su relación: "No es sólo trabajo e hijos. Después de que las niñas se van a dormir nos damos tiempo para nosotros."

María Elena admite que mantener un balance entre el trabajo, el servicio social, sus hijas y su esposo implica ser una organizadora experta; sin embargo, continúa tan dedicada como siempre a una carrera que aún encuentra apasionante. Aunque su vida está completa, dice que siempre anda en busca de nuevos proyectos: "Porque no quiero convertirme en una conformista, alguien que disfruta con lo establecido. Amo mi trabajo y quiero mejorarlo todo el tiempo."

Cuando tu pareja no acepta tu éxito

Algunas de ustedes pensarán que la vida de María Elena Salinas suena demasiado buena para ser verdad, en especial en lo que respecta al apoyo de su marido y su vínculo romántico como su pareja. Aunque su historia es verdadera, hay muchas latinas cuya vida de trabajo causa serios problemas a sus parejas. Mientras las latinas continuemos superándonos en el campo profesional, nuestros maridos o novios están llamados a hacer ajustes en sus actitudes y conductas; debemos afrontar los problemas que pueden aparecer en una relación de pareja cuando una mujer desarrolla una actividad fuera del hogar. No hay forma de que podamos disfrutar un sentido de equilibrio en nuestra vida cuando nuestra relación más importante es tensa o problemática.

Como dato interesante, al entrevistar a latinas exitosas para este libro encontré que las que están casadas y residen en América Latina me comunicaron que sus compañeros las apoyan mucho, cosa que ellas aprecian. Sus maridos son, por supuesto, latinos. Sin embargo, me sorprendió descubrir que la mayoría de las latinas residentes en Estados Unidos a quienes entrevisté están casadas con no latinos y su explicación es que, según ellas, no pudieron encontrar un marido latino que las apoyara emocionalmente en su profesión. Por supuesto que hay latinas exitosas (yo soy una de ellas) en Estados Unidos casadas con hombres latinos comprensivos, pero es necesario analizar por qué tantas parecen no poder encontrar a la pareja latina adecuada.

Atravesamos un periodo de rápido cambio social en el mundo occidental, y el proceso por medio del cual los hombres deben adaptarse a esos cambios en sus mujeres puede llevar tiempo. A pesar de que el movimiento feminista de los sesenta y los setenta tiene ya más de treinta años, el papel de las mujeres y los hombres latinos se modifica constantemente y ese cambio es en particular retador para algunos latinos. Ellos se preguntan: "Si ya no soy el único proveedor o el único que toma todas las decisiones importantes; entonces, ¿quién soy?" Al mismo tiempo, a muchas latinas se les enseñó a no destacarse más que sus maridos ("no hacerles sombra"), porque si lo hacen éstos podrían sentirse menos masculinos. No obstante, más y más mujeres están destacándose y como resultado algunas sufren el resentimiento de sus compañeros. Así que, ¿cómo asegurar una relación saludable y amorosa con tu hombre y al mismo tiempo disfrutar tu propia vida y tus propios logros?

Primero que nada, es importante llegar al fondo de por qué el hombre de tu vida podría resentir tu búsqueda de éxito o tu interés en el mundo fuera de tu hogar. ¿Todavía cree que el lugar de una mujer está en el hogar? ¿Se siente ignorado por ti ahora que comienzas una profesión? ¿Es posible que se sienta amenazado por el hecho de que ganas más que él o porque tu trabajo es más prestigioso que el suyo?

Puede resentirse contigo porque todavía no está acostumbrado a la imagen de una mujer que es extrovertida y exitosa. Eso podría ser amenazante para él, no sólo debido a que representa un cambio respecto del ambiente en el cual creció, sino también porque pudo haber recibido el mensaje de su familia o cultura de que el éxito de la mujer podría provocar el rompimiento de la relación o la falta de atención a sus maridos o hijos. Algunos hombres exigen mucha atención de parte de sus esposas —incluso se ponen celosos cuando los hijos nacen—así que competir también con la carrera de ellas les dificulta aún más la situación.

Con respecto al factor económico, algunos hombres procedentes de una cultura latina muy tradicional pueden sentirse inseguros cuando sus esposas ganan dinero o su ingreso es mayor que el suyo. Esta situación puede poner en duda el sentido de masculinidad de un hombre. Por desgracia, todavía se nos valora por la cantidad de dinero que ganamos, y si a una esposa se le paga más que a su marido, se le considera más exitosa, por lo que él puede pensar que los demás lo perciben como menos capaz que ella. Los hombres están educados para sentirse orgullosos de lo que hacen, para ser hombres de bien, así que si sus esposas o novias obtienen más atención que ellos, algunos pueden sentir que no están cumpliendo con su papel. Muchos latinos quieren ser el centro de atención, y cuando no lo son, su orgullo sufre.

Veamos mi caso personal. En algunas ocasiones soy considerada la "esposa de" Alex Nogales, presidente y director ejecutivo de la Comisión Nacional Hispana de Medios (National Hispanic Media Coalition); en otras, él es el "esposo de" la doctora Ana Nogales. Su respuesta es positiva y se siente muy orgulloso de quién soy y de lo que hago, pero no todos los hombres podrían responder igual, porque no todos se sienten orgullosos de ser "el esposo de—," que es, por supuesto, la forma como se ha llamado tradicionalmente a las mujeres. Ser presentado así puede hacer sentir al hombre como si lo colocaran en segundo término, cuando muchos latinos piensan en sí mismos como la cabeza de la familia.

¿Qué hacer con respecto a esos resentimientos? Si el problema es el tiempo y él siente que le estás prestando menos atención ahora que estás ocupada con tu trabajo o tu profesión, entiende que este cambio en tu vida puede haber creado un desequilibrio en su relación. Procura ver la situación desde su perspectiva. Tradicionalmente, las mujeres han estado de ese lado de la cerca, molestas de que sus maridos estuvieran tan ocupados con sus actividades que no dedicaban tiempo suficiente para ellas o sus hijos. Ya sea el hombre o la mujer quien se queje, estar mucho tiempo lejos de tu pareja y tu familia crea distancia en la relación. Si ese es el caso, podrías ajustar tu horario para recuperar ese tiempo.

Las mujeres somos más proclives a expresar nuestros sentimientos, así que podemos decir: "¿Sabes? me gustaría que pudiéramos pasar más tiempo juntos. Te extraño y extraño la época en que llegabas a casa por la noche y podíamos salir a caminar, hablar de lo sucedido en el día y preparar la cena juntos. . . ." Lo que he observado con mis pacientes es que los hombres no dicen ese tipo de cosas; en cambio, actúan con resentimiento porque sus esposas no están ahí, así que quizá tendrás que ser tú quien inicie la comunicación y ofrezca posibles soluciones.

Una sugerencia más: involúcralo en el trabajo que desempeñas o en tus objetivos. Si regresaste a la escuela, invítalo a acompañarte una noche. Si estás empezando un negocio, encuentra una manera de que participe para que entienda por qué esa empresa es importante para ti. Esta medida lo hará aceptar más los cambios que están sucediendo.

Por último, debemos considerar que nuestros hombres no son perfectos. Ellos tienen sus propios problemas, los cuales pueden determinar su reacción ante nuestro éxito. Por ejemplo, algunos pacientes míos tienen una historia de abandono, ya sea por parte de un padre u otra relación y esos sentimientos se activan cuando sus esposas o novias pasan menos tiempo con ellos. Otros pueden haber experimentado la traición en una relación o matrimonio previos, así que cuando sus esposas se visten y arreglan para ir a una reunión donde habrá otros hombres, esos sentimientos resurgen. La madre de uno de mis pacientes murió de cáncer muy joven y, por lo tanto, él siempre ha sentido una fuerte necesidad de que lo cuiden. Necesita la presencia constante de una mujer y lo consiguió durante tantos años con su esposa, que ahora que ella está cambiando su vida, él no está preparado.

No siempre es fácil que los hombres que amamos cambien a la par que nosotras hacemos cambios para mejorar nuestras vidas. Necesitamos aprender cómo alentar esa transformación en nuestros compañeros de forma que nuestra relación se beneficie y cada uno se sienta libre para crecer.

Mi mami la científica
Leticia Márquez Magaña, profesora de biología

Investigadora innovadora, profesora y guía; madre de dos jóvenes y esposa de un pediatra, la profesora de la Universidad de San Francisco, Leticia Márquez Magaña, dice que, en parte, le debe el éxito a su madre y a sus abuelas. Me comentó que cuando las latinas escuchan las historias acerca de sus abuelas, a quienes les era imposible hacer cosas debido a sus limitaciones económicas y sociales, se sienten motivadas para lograr lo que ellas nunca pudieron. Las dramáticas historias de la familia de Leticia la motivaron a concentrarse con pasión en lograr una vida plena como científica.

La historia de las mujeres de su familia es la siguiente: la tatarabuela de Leticia, cuyos padres venían de España y tenían un rancho en México, fue forzada a casarse con un hombre indígena que la violó. Su bisabuela huyó con su amor para casarse. Su abuela quería explorar el mundo, pero en lugar de eso, se casó a los quince años y murió a los treinta y seis al dar a luz a su decimotercer hijo. Y su madre, la mayor de los trece, anhelaba ir a la escuela, pero sólo tuvo la oportunidad de terminar dos meses del segundo grado. De cualquier forma, estaba tan interesada en aprender y enseñar, que se convirtió en la maestra de los otros niños del rancho. Al provenir de esa larga cadena de esperanzas rotas, Leticia prometió —como las mujeres que la precedieron en su familia— que ella sí desarrollaría su potencial y haría realidad sus sueños.

"De las historias familiares aprendí que era mi responsabilidad adquirir poder por medio de la educación. Era una forma de compensar lo que mi familia no había sido capaz de conseguir en términos de educación. Mi padre también nació en el rancho, y para poder ir a la escuela ingresó al seminario, pero como no hizo los votos, no pudo completar su educación. Mi madre era muy brillante y estaba a cargo del restaurante Lupita; sin embargo, no tuvo oportunidad de realizar sus metas educacionales y ocupacionales. Por lo tanto, para mis padres, la educación era un privilegio, no un derecho. En nuestra familia inmediata yo era la mayor de cuatro hermanos y tres de nosotros tenemos un posgrado."

El camino de Leticia para graduarse como profesora de biología no fue fácil. Enfrentó el racismo imperante en las escuelas públicas y privadas a las que asistió en el norte de California; un maestro le aconsejó concentrarse en su facilidad para escribir a máquina y no en su capacidad académica porque, le dijo, "De cualquier forma, quizá no te iría bien si ingresaras a una universidad de prestigio." Pero ella no se desanimó y en principio consideró solicitar su admisión en Harvard. ¿Por qué Harvard? Porque escuchó a uno de los personajes del programa de televisión *The Brady Bunch* hablar al respecto. No obstante, Leticia averiguó que la Universidad de Stanford era similar a Harvard, sólo que estaba más cerca, así que ingresó a ella.

Estaba segura de que quería cursar una carrera en ciencias, pero como muchos latinos educados con conciencia social, le preocupaba que en el campo de la investigación no aportaría nada a la comunidad latina. Un profesor en Stanford le sugirió que una carrera como profesora en la universidad sería una forma de ofrecer algo a los alumnos y así poder seguir en el campo de la investigación. Después de obtener su doctorado en la Universidad de California en Berkeley y convertirse en miembro del consejo de la Sociedad para el Desarrollo de Chicanos, Latinos e Indios Americanos en las Ciencias (SACNAS, por sus siglas en inglés), Leticia no sólo empezó a laborar como profesora en la Universidad de San Francisco, sino que ayudó a planear un programa innovador para involucrar a las minorías en las ciencias. Fundado por el Programa de Ayuda a la Investigación Biomédica de los Institutos Nacionales para la Salud de las Minorías, el programa de estudios de la Universidad de San Francisco asegura que los estudiantes que pertenecen a esas minorías puedan ganar dinero al trabajar en laboratorios biomédicos, donde también reciben instrucción.

Consciente de las presiones económicas que tienen este tipo de estudiantes, Leticia entiende cuánto significa para ellos tener la oportunidad de continuar sus carreras trabajando en el campo de la ciencia y que, además, se les pague por ello. También está consciente del ejemplo que ella representa para las minorías, sobre todo las latinas. "Darme cuenta de que en la universidad nunca conocí a un profesor que tuviera mis facciones o antecedentes similares a los míos se convirtió en mi motivación. Ahora, en la Universidad de San Francisco, 66 por ciento de los estudiantes son de color. Encontré un propósito para mi vida en este campus y ésta es la forma en que ayudo a mi comunidad. Soy un modelo a seguir y eso es muy importante para mí."

Uno de los métodos creativos de enseñanza que Leticia utiliza en sus muy populares clases es un aprendizaje de "descubrimiento" que implica que los estudiantes arriben a sus propias hipótesis, con el propósito de que puedan descubrir algo completamente nuevo. "Puedo ver dónde se les dificulta entender las cosas, así que he desarrollado técnicas que se adaptan a diferentes estilos de aprendizaje," me dijo Leticia. "Ella espera estimular a más estudiantes de las minorías para que se dediquen, como ella lo ha hecho, en forma apasionada, a una carrera en las ciencias.

Por otra parte, esta malabarista vive entusiasmada con su papel de madre y su vida familiar. ¿Cómo logra balancear eso con su vida como profesora? Por una parte, no intenta hacerlo todo por sí sola. Es afortunada porque cuenta con la ayuda de su madre; a sus hijos les gusta que la abuela los lleve a las prácticas de fútbol y a otras actividades; su marido también se involucra en las actividades domésticas y es responsable de un buen número de éstas. El punto es que la familia de Leticia está detrás de ella, pues saben cuánto ama su trabajo. "Mi prioridad es mi familia, pero necesito hacer bien mi trabajo para poder tener un centro espiritual. Si todo está bien en el seno familiar, entonces puedo hacer bien las cosas en mi trabajo."

Algo fundamental en el sentido de equilibrio interior de Leticia es que su familia entiende lo que su trabajo significa para ella. "Incluso cuando mis hijos eran muy pequeños entendían que tenía que irme y hacer mis investigaciones. Un ejemplo de su flexibilidad es algo que sucedió esta mañana. Olvidé hacer el almuerzo de uno de ellos y me dijo: 'No te preocupes, mami, hoy lo compro.' Me apoyan en mi trabajo y eso es muy importante para mí."

Además de ser afortunada por tener una familia que la ayuda, Leticia debe su habilidad para mantener una vida equilibrada de malabarista a una herramienta muy sencilla: hacer listas de cosas pendientes. Al igual que María Elena Salinas, Leticia admite que es organizada en exceso. Me confió que le encanta preparar esas listas para que no se le olvide nada que requiera su atención y que disfruta tachar lo ya realizado. Parece que muchas mujeres tienen esa habilidad sorprendente de asignar prioridades y organizar su tiempo, incluso las que llevan vidas muy ajetreadas. Leticia me señaló una razón interesante por la que algunas son mejores en eso que otras. "Tachar asuntos de mi lista—cosas que ya he terminado—me motiva a continuar. Tacho, tacho y tacho y lo logro. Hace poco leí que las mujeres más productivas en las ciencias—quienes escriben artículos, hacen investigación y dan conferencias—son las que tienen familia; y la razón es que *debemos* aprender a organizar nuestro tiempo. Si sólo tenemos media hora para hacer algo, en ese tiempo estará listo."

Pero no se trata sólo de listas. Leticia también me habló de la razón por la que ella y otra colega latina parecen ser más capaces de manejar ciertas presiones de la vida académica que otras personas. Cuando se enfrentan a perentorias fechas límite y a grandes responsabilidades, de alguna manera logran identificar sus sentimientos y pensar en soluciones, en lugar de quejarse por su frustración; esa habilidad es la clave para conservar un sentido de equilibrio interno.

La profesora Márquez Magaña es un ejemplo para su familia, sus alumnos y colegas, así como una malabarista que disfruta de sus papeles de madre, esposa, bióloga molecular y maestra, así como de su habilidad para invitar a todos los estudiantes a su emocionante mundo de las ciencias.

Si somos malabaristas tan talentosas, ¿por qué seguimos sintiéndonos culpables?

Eleonora Goldberg, bióloga molecular

Cuando llegué a Estados Unidos desde Argentina, con mi hija Eleonora, ya estaba divorciada. Mi hija tenía cuatro años y yo era la única proveedora porque no contaba con pensión alimenticia. Así que me dediqué a trabajar y a estudiar, ya que mi título de psicóloga obtenido en Argentina no era suficiente para ejercer en Estados Unidos. Mientras estudiaba el doctorado trabajaba durante el día e iba a la escuela por la noche y los fines de semana; además, impartía clases de técnica Lamaze en un centro de salud. Eso significaba que tenía que hacer ajustes para cuidar a Eleonora. Algunos días mi hermana lo hacía, pero otros la llevaba al trabajo o a la escuela. Ella traía sus libros para colorear y permanecía conmigo, a menudo dormida en mi regazo. Durante las clases de Lamaze era mi asistente; me ayudaba a mostrar cómo sostener las piernas de la madre cuando el bebé está a punto de nacer y a realizar las diferentes técnicas de respiración, entre otras cosas. ¡Era divertido! Sin embargo, siempre me preguntaba: "¿Cómo va a afectar esto a mi hija? ¿Qué dirá cuando sea adulta respecto a haber tenido que ir a las clases de su madre, ayudar como asistente y terminar tan cansada al final del día que se dormía en mi regazo y no en su cama en la casa?" Como sentía muchas de las mismas inseguridades que todas las madres sienten, me preocupaba la influencia que esos recuerdos —y mi carrera— tendrían en ella.

Por desgracia, muchas mujeres son vulnerables a los sentimientos de culpa por desempeñar un trabajo o dedicarse a una profesión al mismo tiempo que crían a sus hijos. Puesto que a las latinas a menudo se les enseña que su papel como madres es muy importante y que, de hecho, ésa es la única carrera a la que deberían aspirar, hacer otra cosa las hace sentir culpables: "¿No debería concentrar toda mi atención en mis hijos?" se preguntan. Esa culpa y preocupación sólo puede romper tu sentido de equilibrio interno.

Nunca deberíamos sentirnos culpables por mantener a nuestras familias o por aspirar a una carrera que nos dé un sentido de autovaloración y satisfacción. En la situación económica actual la mayoría de nosotras nos vemos obligadas a trabajar, pero incluso aquellas que no tienen que hacerlo, deberían estar en libertad de balancear la familia y la maternidad con el logro personal, si así lo deciden. Las opciones para el cuidado de los niños no son tan buenas como necesitaríamos que fueran, motivo por el cual muchas apoyamos que se legisle adecuadamente y hemos logrado que se escuchen nuestras voces; no obstante, los niños pueden desarrollarse bien en una buena guardería, y permitir que tu hijo pase una parte de su día en una de ellas no significa que no estés cumpliendo con tu trabajo como madre.

Pero, ¿y si la preocupación y la culpa persisten? Permíteme volver a mi hija Eleonora para convencerte de que le pongas fin a esos pensamientos de culpa. Varios años atrás, cuando tenía veinticinco, Eleonora obtuvo su doctorado en biología molecular en la Universidad del Sur de California. Ama su trabajo en bioinformática. Está casada con un gran hombre llamado Brian, es madre de mi querida nieta de dos años, Sofia, y ha aprendido de mí ejemplo sobre cómo equilibrar las alegrías de la maternidad con las de una carrera satisfactoria. Quiso que yo incluyera la siguiente declaración sobre cómo balancear el trabajo con la maternidad y no sentirse culpable:

"Siempre pensé que ir a la clase de Lamaze con mi madre era divertido. Nunca me di cuenta de que ella me llevaba porque *tenía* que hacerlo; yo pensaba que era porque *quería*. No todas las madres llevan a sus hijos al trabajo, así que pensé que yo era afortunada. Al crecer y pensar en mi futuro no había límites en mi mente. Ahora bien, tener una carrera y una hija no es fácil. Estoy feliz de hacerlo, pero no sé cómo otras pueden lograrlo solas. Comparto el trabajo doméstico con mi marido, pero, si eres madre soltera que trabaja, en realidad necesitas que alguien te ayude. Incluso con la ayuda de mi marido cuento con muy poco tiempo para mí en este momento. Sin embargo, estoy aprendiendo a aprovecharlo más. ¡Hace poco compré un libro, cosa que no hacía desde hace mucho!

¿Qué puedo decir acerca de sentirse culpable? No me siento culpable en lo absoluto de tener una carrera. Amo mi trabajo, amo ser madre y no renunciaría a ninguna de las dos cosas. Además, creo que soy un buen ejemplo a seguir al enseñarle a mi hija que si eso es lo que te hace feliz, debes forjarte una profesión. Algunas de mis amigas envían a sus hijos a la guardería y se sienten culpables por ello, pero yo no. Mi hija aprende cosas ahí—se relaciona con otros niños y realiza actividades estimulantes—que no aprendería si estuviera en casa todo el día conmigo. Creo que algunas se sienten culpables porque su marido o su madre creen que deberían permanecer en casa todo el tiempo. A mi nadie me dice eso. Considero que la culpa proviene a menudo de las personas que te están diciendo lo que deberías hacer, pero si tú estás a gusto con tu situación, no deberías vivir con culpa. Hay personas que me preguntan: "¿Por qué quisiste tener un hijo si no planeas permanecer en casa todo el tiempo?" Y yo siempre respondo: "¿Por qué no le han hecho la misma pregunta a mi marido, o es que sólo se la formulan a las mujeres?"

Estoy segura de que cuando la pequeña Sofia crezca y le hagan esa misma pregunta, ella dará una respuesta tan inteligente como la de su madre.

Permite que tu corazón establezca las prioridades
Elizabeth Peña, actriz

Debido a nuestras multifacéticas vidas, estamos familiarizadas con la necesidad de asignar prioridades. Encontrar la manera de hacerlo todo—o decidir qué cosas hacer y cuáles posponer u olvidar—puede ser una tarea que nos provoca ansiedad. Las listas de cosas pendientes y las agendas son nuestra compañía constante aunque, con frecuencia, pueden llevarnos a tomar decisiones tramposas en nuestra vida diaria. ¿Hago una magnífica cena para mi marido e hijos después del trabajo o decido comprar comida para llevar y paso esa hora extra ayudando a mi hija con la tarea o corrijo mi currículo para poder solicitar ese emocionante empleo del que me enteré? Asignar prioridades es decidir: "¿Qué es más importante en este momento?" Y, sin embargo, intentar responder esa sencilla pregunta puede llevarnos a un laberinto sin salida.

Una mujer muy ocupada—talentosa actriz, directora, madre y esposa—Elizabeth Peña ha logrado salir adelante con sus propios métodos comprobados para lidiar con la realidad del siglo veintiuno, en la que debemos atender muchos asuntos a la vez. Estrella de la popular serie *Resurrection Boulevard*, así como de numerosas películas, entre ellas, *Tortilla Soup, Rush Hour, Down and Out in Beverly Hills* y *La Bamba*, Elizabeth es madre de una niña de cinco años y un varón de tres. Además, es una devota esposa y una hija aún muy apegada a sus padres. Divide su tiempo entre Los Ángeles y otros lugares, como el estado de Washington, donde tiene casas; las locaciones de grabación; Miami, donde vive su padre, y Nueva York, la ciudad que su madre y su hermana consideran su hogar. Al preguntarle si no sentía algunas veces como si viviera en un avión, respondió: "Vivo en el planeta Tierra . . . ¡pero el avión es como un autobús para mí!"

Viajar es sólo una parte del acto de equilibrismo de esta talentosa y apasionada madre, esposa, hija y actriz; Elizabeth no siempre estuvo segura de poder sobrellevarlo todo. Dice que tener una carrera de actuación, además de ser madre, era una preocupación tan seria que en un principio consideró aplazar lo segundo: "Durante años me dije—y conozco a muchas otras actrices que también lo han hecho—que no quería tener hijos hasta que triunfara, fuere cual fuere el significado de esa palabra. Temerosa, pensaba: 'Ay, Dios, si tengo hijos, ¿cómo voy a continuar con mi carrera, cómo voy a tener ingresos, a escoger los proyectos que me gustan y no hacer los que detesto, sólo porque necesito el dinero?' Sin embargo, me di cuenta de que todo pasa, todo se acomoda en la forma debida. Descansé un año cuando nació mi primera hija, Fiona; ese año se lanzó *Lone Star*. No fui a las presentaciones estelares, no di entrevistas a la prensa y todos decían, '¡Estás loca!' Yo respondía, 'No, he estado haciendo esto desde que tenía ocho años. Si tomarme doce meses de descanso significa que todo acabó, entonces eso quiere decir que mi trabajo no fue lo suficientemente bueno como para establecerme.' Volví a trabajar y, aunque en este medio 'si la gente no te ve, no te recuerda,' logré que mis jefes volvieran a familiarizarse conmigo y entonces, ya sabes, ¡Bum! ¡Estás de vuelta!"

Parte del motivo por el cual las cosas sucedieron como deberían, ahora que Elizabeth es una madre que trabaja, ha sido porque su esposo puede quedarse en casa cuando es necesario. Como es contratista independiente, se turna con Elizabeth de modo que siempre hay alguien para cuidar a los pequeños. Dedicar mucho tiempo a sus hijos es una prioridad para Elizabeth, por lo que se asegura de arreglar su horario para poder estar con ellos lo más posible. Dice que nunca pasa más de tres días lejos de sus niños —"más que eso es demasiado"—y que si sabe que tendrá que pasar más tiempo en otro lugar, ellos la acompañan. "Me aseguro de que, si estoy trabajando, mi horario concuerde con las actividades de mis hijos. Si es 'Día de las madres' en su escuela, llamo a producción y les ruego que me dejen ir. La gente de *Resurrection Boulevard* ha sido maravillosa conmigo. Eso ayuda mucho y, además, ¡tengo un esposo maravilloso!"

Al igual que las otras malabaristas de este capítulo, Elizabeth confiesa que es "muy buena organizadora." Elabora el horario de todos, se coordina con su esposo y utiliza el mismo principio para ser mamá y ama de casa que el que emplea como actriz: "Si te organizas, ahorras tiempo en todo lo que tienes que hacer. Si haces toda tu 'tarea' cuando trabajas en una película, al llegar a filmar puedes volar, sentirte libre. Lo mismo ocurre cuando preparas las cosas de tus hijos. Mi madre era extraordinariamente organizada. Recuerdo que, de niña, la noche anterior sacaba mi ropa para la escuela, la doblaba y la dejaba preparada para que por la mañana todo estuviera listo. Yo hago lo mismo con mis hijos, y mi esposo dice que exagero. Sin embargo, lo creas o no, eso me ahorra quince minutos por la mañana. Cuando comienzas a sumar quince minutos en tu día, terminas con una hora adicional para hacer las cosas que necesitas, pues es inevitable, aunque esté trabajando, hay que hacer las compras, asegurarse de que la niñera esté contenta, que los autos funcionen y que los pagos se realicen."

¿No nos identificamos todas con la necesidad de Elizabeth de obtener una hora extra al día? Una de las maneras de lograrlo es recordar otro principio muy importante en el mundo de los negocios y que también podemos emplear en el hogar: ¡*Delegar!* Transferir a otras personas algunas de nuestras obligaciones para que no terminemos haciéndolo todo nosotras. Elizabeth me confió que su esposo le ha insistido en que contrate una asistente para que pueda tener más tiempo y lo pase con sus hijos. Al igual que muchas de nosotras, ella tenía sus reservas respecto a delegarle responsabilidades a otras personas. Tal vez pienses algo parecido a lo que comentó: "A veces llego a casa y debo devolver cerca de treinta y dos llamadas. Odio el teléfono, porque al volver no quiero comunicarme con nadie que no sea mi esposo o mis hijos. Sin embargo, cuando él me pregunta por qué no consigo una asistente, pienso: '¿Sabes por qué? Porque si contrato uno me tomará el triple de tiempo explicarle qué es lo que necesito que haga, en tanto que yo puedo hacerlo en cinco minutos.'"

En ocasiones somos tan buenas en lo que hacemos, tan bien organizadas y estamos tan acostumbradas a ello, como Elizabeth, que nos resistimos a la idea de delegar parte de nuestro trabajo. Yo le sugerí que quizá debería escuchar el consejo de su esposo. Es verdad que entrenar y orientar a un asistente —ya sea en la oficina, en el hogar o una niñera— requiere tiempo. No obstante, una vez que te conoce y comprende lo que piensas, lo que sientes, lo que es importante para ti y cómo quieres que se haga el trabajo, te liberará de las responsabilidades que te quitan tiempo y lo aprovecharás más en las actividades y con las personas que en verdad te interesan.

Lo más importante para Elizabeth es su gran compromiso con su trabajo y sus seres queridos. Al tomar decisiones, grandes o pequeñas —desde cambios importantes en su carrera, hasta asistir o no al "Día de las madres" en la escuela—suele hacer lo que su corazón le dicta. En un principio su decisión de ser actriz se basó en una experiencia que la conmovió tanto que su corazón convenció a su mente: "Cuando tenía ocho años fui a ver una obra de teatro y recuerdo que me senté en una butaca junto al pasillo, a la mitad del teatro; estaba fascinada con la obra. Después del intermedio, al iniciar el segundo acto, me cambié de lugar a un asiento más cercano al escenario, ya que estaba vacío y quería acercarme lo más que pudiera. Ni siquiera podría decirte el título de la obra; lo único que recuerdo es que la actriz era tan extraordinaria, al menos desde la perspectiva de una niña de ocho años, que literalmente—y tal vez esto suene ridículo—sentí que levitaba. Me gustó tanto que cuando la obra terminó corrí hacia mi madre y llorando le dije: '¡Eso es lo que quiero hacer! ¡Quiero ser actriz!.' "

Al igual que Elizabeth, una vez que hemos experimentado un vínculo emocional con lo que hacemos o con lo que queremos hacer, sabemos que es allí donde está nuestro corazón. Asegurarte de que llenas tu día con cosas suficientes que te provean ese vínculo es lo que te producirá una sensación de equilibrio interior. Solicité a Elizabeth un consejo para otras latinas que intentan establecer prioridades y tomar decisiones que les permitan un buen equilibrio espiritual y su respuesta fue: "No practico ninguna religión en especial, pero sí creo que existe una gran fuerza que nos une a todos. Pienso que si sientes que te invade la confusión o que no estás feliz por alguna razón y no puedes poner el dedo en el renglón, debes quedarte quieta y poner atención a los mensajes; es decir, si escuchas a tu corazón, no podrás equivocarte; nunca tomarás una mala decisión."

Escucha lo que tu corazón tiene que decirte y después establece las prioridades. Suena demasiado sencillo, pero funciona. Seguir a tu corazón te orientará de tal forma que podrás dedicar más tiempo a lo que te brinda mayor felicidad y satisfacción y menos a lo que no es tan importante.

Los recursos internos de una malabarista atareada
Silvia Pinal, actriz

¿No nos maravillamos de la manera en que ciertas mujeres, como las mencionadas en este capítulo, logran realizar todas las actividades propias de una agenda caracteristica de una madre que trabaja, además de cuatro, cinco o diez actividades adicionales que valen la pena? Quizá tú seas una de esas extraordinarias mujeres, pero no podrías decir con exactitud qué es lo que haces para lograrlo. A veces tenemos secretos que nos ayudan a balancear nuestras ajetreadas vidas, de los cuales no estamos totalmente conscientes hasta que nos detenemos a reflexionar acerca de aquello que nos ayuda en los días agitados. Me impresionó poder hablar con una de las leyendas vivientes de México, la actriz Silvia Pinal, y tener la oportunidad de preguntarle sobre sus propios "secretos de malabarista."

Actriz desde 1948, cuando participó en la película *BAMBA*, dirigida por el pionero Miguel Contreras Torres, Silvia ha actuado en más de ochenta y cinco cintas (incluyendo tres del aclamado director Luis Buñuel); ha ganado tres Arieles (similares a los Óscares de Estados Unidos) por mejor actriz; ha aparecido en numerosos programas de televisión y producciones teatrales musicales; ha criado a una familia de tres hijos y ha resultado electa en votaciones locales y nacionales. Además de las muchas películas mexicanas que ha protagonizado (incluyendo una que acababa de terminar al momento de esta entrevista, llamada *Ya no los hacen como antes*), Silvia también realizó una carrera fílmica en España y Argentina. Después de leer que trabajaba dieciocho horas al día cuando era diputada, le pregunté cuál era su secreto. ¿Cómo conservaba tanta energía? En nuestra conversación ella reiteró dos cosas que otras de nuestras malabaristas mencionaron: ser organizada y amar lo que haces.

"Desde pequeña aprendí a ser organizada; me casé muy joven y me embaracé también a una temprana edad, pero segui trabajando como actriz, por lo que pensé en un sistema para organizar mi casa, cuidar a mis hijos y tener un ingreso para vivir mejor. Respeto a las mujeres que eligen permanecer todo el tiempo en el hogar con sus hijos—Dios las bendiga—pero cuando amas a los tuyos tanto como amas lo que haces, aprendes a no sacrificar a ninguno de los dos. Yo amo la actuación, la comedia musical, la televisión, y en la política es un placer tener el poder y utilizarlo bien, para luchar por las cosas que considero correctas. El placer y el interés que me causa hacer las cosas que disfruto es lo que me da energía."

Cuando fungió como diputada Silvia participó en una comisión especial que trataba aspectos sobre género y mujeres. Hoy día conduce un programa de televisión llamado *Mujer; casos de la vida real,* donde se exponen los problemas de las mujeres. Pero, ¿cómo maneja Silvia sus propios problemas, incluyendo la necesidad de tiempo de calidad consigo misma? Cada una de nosotras necesita tiempo para sí, para tomar un descanso, relajarnos y centramos emocionalmente antes de regresar al trabajo o a nuestra familia; sin esto no le hacemos mucho bien a nadie, ¿no es así? Me preguntaba cómo podía acomodar Silvia esos importantes "momentos de soledad" en su atareado horario. Ella me comentó que mantiene una vida espiritual al hacer uso de ese tiempo cuando está sola. "Ése es el momento para pensar en mí misma, mis problemas, mi vida, mis hijos, mi trabajo o cualquier cosa que esté sucediendo a mi alrededor. No tengo mucho tiempo para ello, pero le saco el máximo provecho. Lo uso para hacer una especie de ajuste espiritual."

Si sabes cómo vincularte con esa parte de tu ser que refleja tu vida desde una perspectiva espiritual, puedes equilibrar esa existencia ajetreada. Cuando utilizas ese recurso interior para evaluar cuál es el propósito de tu vida y qué es lo más importante para ti, puedes hacer los ajustes necesarios para lograr una sensación de paz y estabilidad.

En América Latina se dice que "la soledad es mala consejera." Aun así, pasar tiempo a solas puede ser justo lo que necesitamos para despejar nuestra mente y restaurar nuestro espíritu. Lo que Silvia afirma acerca de tomarse tanto tiempo como sea posible para estar sola es muy importante. Puedes convertirte en tu propia consejera si dedicas tiempo a estar contigo misma y a escuchar lo que sientes y piensas. Todos los días, cuando despertamos, cuando vamos a dormir o en otro instante del día, podemos alimentar nuestra relación con nosotras mismas. Por ejemplo, por la noche podemos tomar al menos diez minutos para reflexionar sobre lo que aprendimos ese día, lo que hicimos bien y lo que podríamos haber hecho. Esos momentos de soledad pueden convertirse en una especie de retiro de diez minutos para centrarnos y considerar qué es lo que en realidad queremos de la vida.

La comediante Liz Torres enfrenta a la malabarista

En ocasiones, la sabiduría más profunda se encuentra donde menos la esperamos: en una broma, una caricatura o una escena cómica de una película. Quienes tienen el don de la comedia nos muestran quiénes somos al hacernos reír de nosotros mismos. Es una risa de autorreconocimiento, pues, a pesar de que la comedia es una exageración de cómo son las cosas en realidad, nos vemos a nosotras en esa exageración y no podemos más que carcajearnos de la ridiculez de la verdad.

Nuestro tesoro latino, Liz Torres, actriz y comediante, nunca falla en revelarnos la absurda e hilarante verdad en sus presentaciones cómicas. Nos ha hecho reír en *The John Larroquette Show, First Monday, American Family, Gilmore Girls* y muchos otros programas televisivos, películas y actuaciones teatrales. Mientras ambas reíamos acerca de cómo las latinas somos malabaristas innatas que balanceamos todo lo que tenemos que hacer para progresar, Liz me comentó algunos escenarios cómicos, aunque reveladores, los cuales me gustaría compartir con ustedes:

Estaba viendo *Oprah* y el programa trataba sobre mujeres que "toman tiempo para sí mismas" y cuidan de sí mismas, para así tener más de sí mismas y compartirlo. El doctor quién–sabe–quién dijo: "Si no te cuidas a ti misma, estás estafando a tus hijos. . . ." ¿Cuidarnos?

¡Ese es un concepto desconocido para las latinas! Ya sabes, puede haber cuatro hombres en la familia, el padre y tres hijos jugando cartas en la mesa, y aunque la mujer acabe de regresar del hospital después de un trasplante de corazón, tiene que estar frente a la estufa haciendo tortillas con el suero intravenoso en un brazo, sostenido con una de esas cosas con ruedas, y al mismo tiempo, con el otro brazo, aspira. ¡No existe el concepto de "cuidar de una misma" en una casa hispana! Tenemos que hacernos cargo de todo hasta que nos derrumbemos. Sólo así tenemos una excusa, pero antes de eso, si estamos sanas y podemos caminar, no hay razón para que no hagamos esas tortillas, a menos que nos estemos muriendo; y aun en tu lecho de muerte, puedes usar tus manos para hacerlas, ¿o no?

¿Hay un poco de ti misma —o tal vez de tu madre o abuela —en la fantasía casi realista de Liz? ¿No es verdad que las latinas tendemos a exagerar el acto de equilibrio al intentar hacer todo y de manera automática excluimos de las responsabilidades a los hombres? ¿Has pensado en cómo sobreviviría tu familia si te pusieras en huelga? ¿Qué pasaría si todas las latinas de Estados Unidos iniciaran un paro? ¿Qué harían nuestros hombres —y el resto de la sociedad —entonces? Esto es lo que Liz cree que sucedería:

Creo que el país cerraría. Los hombres tendrían que llegar a casa a cuidar a los niños. Eso significa que el país completo se paralizaría. No habría pastos podados porque no habría jardineros, así que la hierba crecería tan alto que la nación se convertiría en una jungla. Todos se morirían de hambre pues no habría quien cosechara los alimentos en el campo. Nadie podría salir a comer dado que no habría cocineras, meseras ni ayudantes de camarero. Las mujeres anglosajonas tendrían que renunciar a sus trabajos para volver a casa y cuidar a sus hijos, ya que nosotras no estaríamos allí para hacerlo por ellas. Las ruedas que mueven a este país frenarían con un rechinido, pues todos los trabajos que realizan las hispanas en este país—

aquellos que nadie más desea —simplemente no se harían. No habría fábricas, ¡nada! Y lo peor de todo: no habría nada para ponerse. Estarían todos esos diseñadores con sus maravillosos diseños de ropa, pero no habría obreras que los elaboraran. ¿Y qué haríamos sin la moda?

Es importante valorar todo lo que hacemos para mantener a nuestra familia, nuestra comunidad y nuestro país funcionando con tanta eficiencia; Liz pinta un escenario por completo fuera de control si no estuviéramos nosotras. Sin embargo, es igualmente importante recordar que no podemos hacerlo todo y que aunque suene absurdo para las familias tradicionales de nuestra cultura: ¡las latinas sí necesitamos tiempo para nosotras!

Fuera de equilibrio o equilibrar demasiadas cosas al mismo tiempo

Con el propósito de mantenernos centradas y de conservar el balance interno, es importante que prestemos atención a los aspectos de nuestra vida que nos hacen sentir completas. Para muchas de nosotras, un trabajo significativo, los hijos y la familia, así como una relación amorosa con un compañero, constituyen el núcleo de nuestra existencia diaria. Ser política o socialmente activas, emprender prácticas religiosas o espirituales y realizar actividades motivadoras placenteras, también son cosas que forman parte de lo que somos. Sin embargo, cuando por un lado tratamos de abarcar demasiado o, por otro, rechazamos aspectos de nosotras mismas que son importantes, perdemos el sentido de bienestar y equilibrio. He aquí algunas claves para saber si estás arriesgando tu equilibrio de malabarista.

- Si te sientes deprimida o fuera de control, quizás estés descuidando una parte de ti misma que es esencial para que disfrutes quién eres en realidad. Si pasas demasiado tiempo en el trabajo y no has tenido la oportunidad de salir con tu esposo o con tus hijos, es posible que necesites bajar el ritmo de trabajo y darte el tiempo que mereces con tu familia. Por otra parte, si has dedicado todo tu tiempo al trabajo y a tu familia y no has dejado nada para ti y para las cosas que disfrutas, podrías estar acercándote a la peligrosa zona del sacrificio excesivo. Sé tan considerada contigo como lo eres con los demás y sensibilízate respecto de lo que puede significar ese sentimiento de desequilibrio.

• Si te sientes agotada y abrumada la mayor parte del tiempo, tal vez intentas hacer demasiado. No estás sola. Muchas mujeres, en especial las latinas, sienten que deben ser todo tipo de cosas para toda la gente—hijos, marido, amigos y padres—además de ser productivas en el trabajo, ejercitarse para estar en buena forma y mantener una casa que se vea presentable. Se escriben múltiples artículos de revistas y libros para ayudarnos a combatir el síndrome de la supermujer que nos hace creer que tenemos que hacerlo todo. Considero que lo más importante que debes tomar en cuenta, una vez que te has percatado de que intentas equilibrar demasiadas cosas a la vez, es lo siguiente: ¿Qué es lo más importante para ti en este momento y qué te haría sentir mejor? ¿Es más trascendente conservar tu casa perfectamente limpia o leerle a tus hijos un cuento antes de dormir? ¿Te sentirías mejor si tomaras un baño de burbujas o si respondieras todos tus correos electrónicos? Tranquilízate, delega a otros miembros de la familia, incluyendo a tus hijos, algunas de las responsabilidades que te están volviendo loca. Además de ayudarte se ayudarán a sí mismos al aprender a asumir la responsabilidad de satisfacer sus propias necesidades y las de la familia en su conjunto. Y nunca olvides las tuyas. No harás feliz a nadie, a menos que estés relajada y contenta. Permítete recompensarte por todo lo que haces dándote tiempo para las cosas que amas.

La práctica de la malabarista: Cómo equilibrar tu día

Para finalizar este capítulo de forma balanceada, he aquí algunas estrategias sencillas para traer mayor equilibrio a tu vida cotidiana. Estas ideas se relacionan con el tiempo y con cómo encontrar formas para conseguir más, con el propósito de que lo dediques a hacer lo que más te interesa.

La curandera Elena Ávila sostiene que los aztecas propusieron una fórmula matemática para balancear la vida humana, familiar, comunitaria y espiritual, basándose en las proporciones respectivas de 52, 26, 13 y 9 por ciento, que sumadas llegan a 100 por ciento. El siguiente consejo tal vez no sea matemático, pero surge de una meta espiritual similar: lograr el equilibrio en nuestra vida para sentirnos más integradas con nosotras mismas, con aquellos a quienes amamos y con el mundo al que pertenecemos.

1. *Al final del día escribe todas las cosas que debes hacer el día siguiente.*

   Aunque la lista sea grande, resulta menos ardua si escribes todo lo que debes hacer que cuando esas cosas te dan vueltas en la cabeza y no te dejan dormir.

2. *Marca en la lista sólo las cosas que debes hacer mañana. Mueve todo lo demás a una lista separada que se llame "pendientes."*

   Por ejemplo, anota si mañana debes recoger el traje de la tintorería porque lo necesitas para ir a trabajar al día siguiente, si debes llevar a tu hija al dentista, o si necesitas tiempo para tomar un paseo de media hora sola con el fin de mantener tu salud y tranquilidad mentales. Sin embargo, quizá puedas posponer las compras de los útiles de la escuela de tu hijo o el regalo de cumpleaños de tu amigo hasta el sábado.

3. *Revisa tu lista y decide si algunas de esas responsabilidades son de alguien más.*

   Tal vez tu hijo o hija adolescente es quien debería recoger sus zapatos del taller de reparación de calzado. A lo mejor es el turno de tu esposo para hacer las compras del mercado. Delega las responsabilidades cada vez que te parezca lógico.

4. *Coordina tu agenda con la de tu pareja.*

   Evita que los dos hagan lo mismo revisando quién se ocupará de cada cosa. ¿Tu esposo parará en la farmacia después del trabajo para recoger su receta? Si es así, también podría comprar las cosas que tú necesitas, para que no vayan ambos a la farmacia el mismo día.

5. *Haz primero las cosas pequeñas.*

   Si tu lista parece no terminar y no puedes reducirla o delegar suficientes cosas, ataca primero las cosas pequeñas que no te quitarán mucho tiempo. Por ejemplo, llama a tu médico para hacer una cita, escribe una rápida nota de agradecimiento a tu tía. Una vez que hayas realizado esas tareas sencillas, tu lista se reducirá y tú te sentirás aliviada.

6. *Pospón tus compromisos para más adelante.*

Si tu lista incluye llamar a tus amigos, a tu familia o a alguien más y no tienes tiempo para hablar con ellos en ese momento, llámales y diles que tienes mucho trabajo, pero hazles saber que los recuerdas, que quieres hablar con ellos y que les llamarás después, cuando cuentes con más tiempo.

7. *Siempre comienza y finaliza tu día con una actividad que te revitalice y te relaje.*

Elige algo que disfrutes, algo que te reponga o que venga de tu corazón. Por ejemplo, montar bicicleta antes de que se congestione el tránsito, tomar una taza de té ante tu ventana favorita, practicar yoga o escuchar tu música preferida. Si te sientes muy presionada, incluso diez minutos para ti al comienzo del día—para pensar en ti, en tu vida, en lo que deseas, en tu familia, en cómo te sientes y en tus seres queridos—te dará el valor, la energía y la motivación para tener un buen día. Al final de éste toma tiempo para relajarte de la tensión, de las preocupaciones y discusiones que pudieran haber surgido en las últimas doce horas. Toma tiempo para estar en paz y poder gozar de una noche relajada y un sueño reconfortante. Estar en paz contigo y con los tuyos es lo más importante para conservar el balance interior y disfrutar una mejor calidad de vida.

8

La confianza y fortaleza de la reina

Siempre he tenido una personalidad muy firme aunque al mismo tiempo era muy tímida, algo que tuve que combatir. Siempre tuve enfrentamientos con mi madre y luché contra lo que consideraba injusto, como la escuela fascista a la que asistía. Terminé haciendo lo que quería, pero con grandes dificultades. Nada fue fácil, sobre todo mis inicios en el teatro.

—Norma Leandro, Actriz

Si bien muchas mujeres competentes han trabajado con esmero para llegar a la cima en su profesión, algunos creen aún que las latinas no deberían ocupar posiciones tan poderosas fuera del hogar. La idea anticuada de que las mujeres en general, y las latinas en particular, no están a la altura para triunfar en un "mundo de hombres," suele estar latente en las personas más cercanas a nosotras, como nuestros padres, esposos o novios. Por otro lado, todos los hombres latinos reconocen el alto estatus de su madre dentro de la familia; de hecho, la veneran, a veces al grado de considerarla la encarnación de la Virgen María o la Virgen de Guadalupe. De tal forma, para quienes nos aman somos fuertes, importantes y merecedoras de respeto, pero quizá sólo en el contexto del hogar.

Los hijos e hijas de una mujer buscan en ella sabiduría, orientación y afecto. El término *reina del hogar* representa una posición de poder en la familia y el sentido de importancia que ésta conlleva ofrece a la mujer fuerza interior y confianza. Pero, ¿cómo podemos emplear esa confianza para avanzar en la dirección que elegimos para nosotras? ¿Cómo usar nuestra fuerza para luchar por nuestros sueños y realizarlos?

Aquí analizaremos cómo los sentimientos de autovaloración de las latinas, producto del gran valor que nuestra cultura le asigna a nuestro papel en el hogar, pueden dirigirse hacia cualquier función que elijas en el mundo exterior. Sin duda tendremos que aprender las habilidades necesarias y adquirir experiencia en el campo en el cual deseamos destacarnos. No obstante, la fe en una misma es otra pieza esencial en el proceso de desarrollo que representa el poder de las latinas. Al integrar nuestra experiencia como responsables del hogar — en nuestro papel de madres, hermanas mayores, hijas o comadres — podemos construir la confianza y la fortaleza que necesitamos para avanzar por nuestro camino.

Las historias presentadas en este capítulo confirman el hecho de que muchas latinas competentes en diversos campos han aprovechado su estatus cultural de "reinas del hogar" para convertirse en reinas en la actividad que han elegido. Ellas nos demuestran que tenemos la capacidad de sentirnos cómodas con respecto a nuestros logros y éxitos.

"La música me transporta a otro mundo"
Eva de la O, cantante de ópera

Aun si nuestra familia nos provee el apoyo moral para ir en pos de nuestras metas, los valores de la sociedad pueden inmiscuirse, coartar nuestros planes y destruir nuestros sueños. La idea de que las mujeres sólo deben ser buenas amas de casa y buenas madres ha sido y sigue siendo común en las culturas de todo el mundo, incluyendo muchos sectores de la cultura latina. La cantante de ópera Eva de la O enfrentó esta firme creencia a lo largo de su vida, pero alcanzó el éxito a pesar de ella. Su historia personal también está llena de casos de familiares que se vieron obligados a adaptarse a las restricciones sociales; no obstante, al igual que varios de ellos, Eva encontró la forma de seguir su propio camino.

Eva nació en Puerto Rico y disfrutó de la alegría de la música desde que era pequeña. Su padre era un excelente músico y tocaba el bombardino, instrumento de bronce parecido a la corneta francesa. Su madre, maestra de primaria, tocaba el piano y tenía una voz maravillosa. Aunque en Puerto Rico gozaban de un buen nivel de vida, a los tres años de edad Eva y su familia se mudaron a Estados Unidos por razones que poco tenían que ver con las económicas: éste era el segundo matrimonio de su padre y en Puerto Rico, la boda de un hombre divorciado no era algo bien visto. Puesto que esos convencionalismos no concordaban con su manera de pensar, los padres de Eva decidieron emigrar para escapar de ellos.

En Nueva York se toparon con otro tipo de obstáculos. A pesar de los años de experiencia en la enseñanza y el perfecto inglés de la madre de Eva, ella no pudo conseguir un puesto debido a su "acento" inaceptable. Tuvo que emplearse como obrera, algo que hubiera sido impensable en Puerto Rico. Al principio, el padre laboraba cavando zanjas, pero después se le contrató como contador en el gobierno de la ciudad. La familia pudo entonces cubrir sus deudas; pese a las vicisitudes, el interés de los padres de Eva en la educación de su hija nunca menguó. Siempre se dio como un hecho que estudiaría en un conservatorio.

Así sucedió; Eva asistió a Juilliard School of Music en Manhattan, la escuela de música más prestigiosa de Estados Unidos, donde continuó sembrando las semillas de su carrera en ese mundo. El ambiente latino en el que vivía desempeñó también un papel importante en su crecimiento artístico. Su barrio neoyorquino estaba colmado de ricas y diversas influencias culturales que alimentaron los aspectos intelectual y creativo de la joven cantante. Eva se sentía parte de una comunidad de artistas de música clásica, ninguno de los cuales era muy conocido entonces. Ella estaba decidida a cambiar eso. "Quería cambiar la imagen de los músicos latinos," me dijo. "Por lo general, la gente espera que salgamos con un tambor entre las piernas. No creen que podemos interpretar música clásica; así que en 1979 formé un grupo llamado Música de Cámara para atraer la atención hacia los músicos puertorriqueños. Quería incluir a artistas de distintas edades, porque siempre creí firmemente que la música clásica no termina cuando cumples treinta y cinco años, como algunos representantes parecen pensar. Buscamos la calidad de los artistas y analizamos la forma en que cada músico en particular funcionaría dentro del grupo."

A diferencia de muchas otras jóvenes puertorriqueñas de su época, Eva no fue educada para ser una ama de casa. Sus padres la criaron deliberadamente para dedicarse a la música y, por fortuna, alentaron sus habilidades creativas. El hecho de que la joven estudiara lo necesario para conseguir su sueño de cantar música clásica habría impresionado a su abuela. Después de la victoria de Estados Unidos en su guerra contra España, las escuelas de Puerto Rico se hicieron mixtas y a su abuela se le prohibió asistir porque a su padre le preocupaba que estuviera con niños en el mismo salón. Sin embargo, su deseo de aprender la motivó a educarse a sí misma. Debido a que la educación, la capacitación y la música eran valoradas tan profundamente por su abuela y por sus padres, Eva nunca consideró abandonar sus estudios o su carrera para ser una reina del hogar. No obstante, las realidades de ser madre y trabajar al mismo tiempo significaron un reto que no había previsto.

Durante algún tiempo en su primer matrimonio, Eva descuidó su carrera de cantante para cuidar a sus hijos y atender las necesidades de su esposo. Intentó equilibrar sus responsabilidades llevando a sus hijos a la sala de conciertos cuando no contaba con los servicios de una niñera, pero eso le causaba mucho estrés. Su esposo resentía el tiempo que ella dedicaba a su carrera y, a pesar de los esfuerzos de Eva por darle prioridad a su familia frente a su vida como cantante, el matrimonio terminó en divorcio. Desalentada e infeliz, Eva continuó haciendo todo lo posible para seguir su camino como cantante, pero, al igual que muchas mujeres que pretenden balancear ambos aspectos, tuvo que suspender sus aspiraciones para cuidar de sus hijos pequeños.

A pesar de sus problemas personales, recibió reseñas deslumbrantes por sus interpretaciones, así como el estímulo de ser objeto de la atención de críticos importantes. J. Schulman, de *Backstage*, describió su actuación en la ópera *Nabucco* de Verdi como "Una voz que parece increíble . . . como algo que hubiera salido de la época dorada de la ópera." Cuando cantó en Puerto Rico *L'Enfant Prodigue* de Debussy, Silvia Lamoutte, de *Nuevo Día*, dijo que era "una revelación total . . . sus pianísimos fueron delicados y emotivos." Eva se distinguió también por elegir un repertorio de compositores latinoamericanos, entre ellos Carlos Chávez, Héctor Villalobos y Alberto Ginastera, quienes la apoyaron mucho.

Su segundo matrimonio le acarreó problemas similares a los del primero. El esposo de Eva no podía aceptar su éxito y cuanto más avanzaba en su carrera, más amenazado se sentía él, por lo que comenzó a distanciarse. Después de su segundo fracaso matrimonial, Eva temía que no podría mantenerse en pie sin un hombre en su vida. Sin embargo, recibió mucha ayuda emocional de sus amigos, en especial de Siri Rico, otra cantante de ópera, así como de su madre y una amiga psicóloga de Puerto Rico con quien sostenía conversaciones telefónicas. Además, asistió a terapia para superar sus miedos de ser una mujer sola. Y lo logró.

Al igual que muchas mujeres exitosas, Eva de la O sufrió mucho al intentar complacer a hombres que, en esencia, no comprendían sus metas artísticas o que no estaban de acuerdo con su estilo de vida. Me dijo que en ambos matrimonios acabó por decidir que era "mejor sola que mal acompañada." Aunque valora la familia y el matrimonio, no hubo forma de que abandonara la música, por lo tanto tomó las difíciles decisiones de separarse de los hombres que no pudieron aceptarla como era.

La música es la misión de Eva en la vida y no renunciaría a ella por complacer a un hombre. Haber estado a punto de perder esa parte fundamental de sí misma le hace valorar mucho más lo que ésta significa. Reconocida no sólo por su arte como cantante, sino por haber fundado Música de Cámara en Nueva York, que comenzó como un foro para cantantes e instrumentistas puertorriqueños y ahora incluye a músicos y compositores de todos los países de Norteamérica, Sudamérica y otras partes del mundo, Eva es reina en un territorio que nunca abandonaría. "La música me transporta a otro nivel: me sana, me alimenta. Me deja soñar e ir a mundos desconocidos en donde no hay una línea horizontal entre el cielo y la tierra. Todo es uno.

"Sentí el impulso ardiente de mejorar mi vida"
Fern Espino, ejecutiva de reclutamiento

Si bien nuestra cultura nos otorga el título de reinas del hogar —junto con las expectativas correspondientes— debemos luchar para desarrollar nuestra fortaleza y capacidad de serlo en otros terrenos. Es vital admitir que el esfuerzo que ponemos en la realización de nuestras metas no es sólo un medio para lograr un fin; la lucha por sí misma es la recompensa, pues nos fortalece, nos brinda seguridad y reafirma nuestro sentido de lo que somos y por qué luchamos. Algunos de nuestros esfuerzos por hacer realidad nuestros sueños se enfrentan con la negatividad o la resistencia por parte de nuestros allegados. Cuando esto sucede, nuestras batallas más difíciles se libran en el interior de la propia familia y a menudo se basan en valores profundamente arraigados en la cultura latina. La historia de Fern Espino es un ejemplo de este tipo de conflicto familiar.

Fern Espino ha sido reconocida por *Hispanic Business Magazine* como una de las cien hispanas más importantes en Estados Unidos; ex decana del departamento de Desarrollo Estudiantil en el Instituto General Motors (ahora Universidad Kettering), miembro fundador de la Comisión para el Desarrollo de Empresas de Minorías del presidente George Bush y directora ejecutiva de su propia empresa de reclutamiento, Spanusa, Fern Espino es, en verdad, una reina en su campo (o campos). Sin embargo, no le fue fácil conseguirlo. Fern creció en Tucson, Arizona, en el seno de una familia mexicana cuyas creencias tradicionales acerca de la función de las mujeres en la sociedad chocaban con los planes de Fern para el futuro, los cuales incluían una educación universitaria y una profesión adecuada para ella. Sus padres la cuestionaban: "¿Qué te hace pensar que eres mejor que nosotros y todos los demás?" Su madre jamás trabajó fuera del hogar y su padre era obrero. Siempre endeudados, no poseían ningún bien; vivian al día. "Yo sentía un fuerte deseo de mejorar mi vida, "me dijo Fern," por lo que me aseguré de estudiar, aunque con ello iba en contra de mis padres." La madre de Fern la conminaba: "Si nosotros no lo tenemos, tú tampoco. Dios quiere que seas humilde." Fern también recibió fuertes mensajes —de sus padres y otros familiares— acerca de la poca importancia del dinero, de que Dios proveerá y que el dinero es la fuente de todo el mal. "También recibí el mensaje de que no debería ganar más que mi familia," recuerda Fern.

Después de obtener su doctorado de la Universidad de Arizona y realizar estudios posdoctorales en la Escuela de Gobierno John F. Kennedy en Harvard y en su Instituto de Dirección Educativa, Fern inició su carrera en Texas en el College of the Mainland, donde fue decana de Servicios Universitarios y Financieros. Durante ese tiempo, el Departamento de Comunicación Internacional de Estados Unidos solicitó sus servicios de consultoría para programas de educación superior en África, México y Suiza. Iba en la dirección correcta, pero los mensajes reprobatorios enviados por su familia aún tenían eco. "Al llegar a ganar mucho dinero, de manera inconsciente comencé a sabotear mi éxito, ya que siempre escuchaba la voz de mis padres diciéndome que no los avergonzara forjándome una carrera y realizando cosas que una mujer mexicana no debería hacer. A pesar de mi independencia durante varios años, todavía los escuchaba."

Al igual que Fern, muchas latinas no pueden deshacerse del sentimiento de que traicionan a sus familias al convertirse en proveedoras o ganar más que sus padres o esposos. Ganar más dinero del que necesitas para sobrevivir también provoca conflictos éticos, pues nos obliga a enfrentar ciertas actitudes sobre el dinero prevalecientes en la cultura latina. Por ejemplo: "hacer demasiado dinero es immoral;" "el dinero corrompe;" "el dinero se nos sube a la cabeza;" "es malo ganar demasiado dinero porque eso hace que los demás te envidien;" "las mujeres que ganan dinero se vuelven materialistas y olvidan a su familia;" y, por supuesto, "es malo ganar más que tu esposo." Algunas de estas actitudes provienen de los tiempos de los conquistadores españoles, que lograron controlar a los pueblos indígenas al enseñarles que Dios quería que la gente fuera humilde y sencilla. Esas enseñanzas se inculcan en tal medida en la comunidad latina que muchos de sus integrantes nunca cuestionan su validez.

Alguien que sí ha puesto en duda esas ideas es Lionel Sosa, en su importante libro *The Americano Dream: How Latinos Can Achieve Success in Business and in Life* (El sueño americano: cómo pueden los latinos triunfar en los negocios y en la vida). Sosa señala que, con frecuencia, la Iglesia Católica envía mensajes contradictorios, dependiendo de la congregación a la que se dirige. Afirma que el mensaje general de las misas realizadas en inglés es de esperanza, en tanto que el de las misas en español es el valor de la sumisión. En otras palabras, señala, la Iglesia le enseña a los latinos, no a los anglos, que es virtuoso ser pobre y que sufrir con humildad en esta vida asegura que irás al paraíso.

De hecho, Fern también mencionó que lo que ella escuchó en su hogar acerca de las desgracias que acarrea el dinero era una repetición de lo que se decía en la misa. "La Iglesia reforzaba lo que mi madre me decía, cosas como, 'No pienses en el dinero. Así como Dios le da a las aves y a la Naturaleza, también te dará a ti.' El mensaje era que el dinero es el camino hacia la maldad, que no puedes ser una persona rica y espiritual porque esas dos cosas no son compatibles."

Si la Iglesia, en forma voluntaria o no, evita que los latinos de Estados Unidos sean ambiciosos como los anglos (ésa fue la experiencia de Lionel Sosa y de Fern, pero quizá no suceda lo mismo en todas las iglesias), debemos evaluar los efectos de ese mensaje en las latinas, a quienes sus familias suelen enseñarles a concentrarse en ser esposas y madres. Dada la falta de incentivos para tener éxito, por parte de sus padres y de la Iglesia, fue casi un milagro que Fern lograra tanto en el mundo de los negocios, la educación y el liderazgo comunitario. ¿A qué atribuye esta reina su triunfo por encima de esas actitudes anticuadas y negativas? A una comadre que la apoyó y a unas "anteojeras" que utilizó para bloquear cualquier influencia pesimista o reprobatoria que pudiera desviarla de alcanzar sus metas.

"Una mujer me ayudó mucho cuando estudiaba. Era secretaria del administrador y ella fue la razón por la que estudié el doctorado con una beca. Ella me dijo que podía lograrlo y me convenció de que una vez que terminara mi educación nadie podría quitármela, que entonces podría hacer lo que quisiera. Y con respecto a lo que me permitió superar los mensajes negativos que recibi, me prohibí mirar hacia otro lado. Mantuve las anteojeras y seguí adelante. Me fijé metas y las puse por escrito. Cuando inicié mis estudios universitarios me planteé metas para diez años y perseveré. Hice lo que tenía que hacer."

Fern no permitió que nadie ni nada le impidiera lograr lo que quería. Aunque alguna vez fue vulnerable a las actitudes desalentadoras de su familia y de la Iglesia, aprendió a respetar su ambición y a convertirse en una reina cuyos logros y fortaleza motivan a otras.

El fortalecimiento de la mujer y la iglesia católica

La experiencia de Fern de sentirse reprobada por su Iglesia por sus ansias de triunfo no es un caso aislado. Tampoco es la religión católica la única que históricamente ha considerado que la mujer ocupa un lugar secundario ante el hombre; sin embargo, puesto que tantas latinas siguen la fe católica, es importante considerar algunos de los cambios positivos que han ocurrido en la Iglesia durante los últimos años con respecto a su trato hacia las mujeres.

Hasta 1983 se prohibía estrictamente a las mujeres tocar objetos sagrados como el cáliz o el mantel del altar; no podían administrar la comunión ni entrar al sagrario, excepto para limpiar; tampoco podían leer las sagradas escrituras desde el púlpito, ayudar en misa, ni ser miembros completos de organizaciones seglares. Gracias al activismo del movimiento feminista de principios de los setenta se desarrollaron políticas más equitativas en varias instituciones religiosas, incluyendo la Iglesia Católica. Ahora las niñas pueden ser acólitas y las mujeres pueden leer desde el púlpito, dirigir oraciones y dar la comunión, el aspecto más sagrado de la misa. Aunque la prohibición del ordenamiento de mujeres como sacerdotisas aún persiste, un número creciente de católicos, al igual que de organizaciones como la Junta para la Ordenación de las Mujeres (WOC por sus siglas en inglés), trabajan para anularla. Asimismo, la WOC aboga por "reclamar la tradición original de la Iglesia de contar con una comunidad de discípulos en igualdad, promover una espiritualidad inclusiva, liberal y feminista, así como celebrar la diversidad de género, raza, etnia, sexualidad, idioma y símbolo." Ellos creen que las decisiones que afectan la vida de la Iglesia deben reflejar la experiencia y el pensamiento tanto de mujeres como de hombres.

Cuando nuestras instituciones religiosas comuniquen el respeto por la igualdad y la autodeterminación femeninas, cada vez menos latinas tendrán que sufrir la culpa y el autosabotaje que Fern Espino venció con tanta valentía.

Las latinas y el dinero

Aprender a convertirte en una reina en el trabajo o en los negocios implica ajustar nuestra actitud frente al dinero. Como lo señala la historia de Fern Espino, lo primero que podemos hacer es analizar las creencias culturales acerca del dinero que puedan habernos inculcado la familia o las instituciones religiosas. Una vez que adquirimos conciencia de la manera en que las ideas restrictivas pueden haber inhibido nuestras aspiraciones, podemos tomar medidas para contrarrestarlas. Por ejemplo, podemos aprender a ser más enérgicas al negociar un salario apropiado o al pedir un aumento y sentir que lo merecemos.

¿Cómo desarrollar ese sentido de seguridad interna para que en realidad creamos que lo valemos? Ese proceso puede iniciar con el reconocimiento de nuestras fortalezas del poder de las latinas. Considera las muchas formas importantes en las que eres creativa, diplomática, aguantadora, atrevida, malabarista, comadre y reina y cómo han contribuido esas valiosas cualidades a la empresa o al grupo donde te desenvuelves. ¿No merece tu contribución la compensación que pides (o que ya has recibido, pero a la cual no sientes que tienes derecho)?

Identificar las múltiples formas en que el dinero puede mejorar nuestras vidas ayuda a contrarrestar los prejuicios culturales en contra de ganar mucho dinero que podrían estar reprimiéndonos. Un dicho popular reza: "Con dinero baila el chango." El dinero nos permite pensar, imaginar, crear, planear y actuar, y no debemos sentirnos avergonzadas o a la defensiva por ganarlo. Tener un ingreso que nos provea más que lo esencial nos libera del estrés de vivir al día algo que por desgracia padecen muchas latinas. Deberíamos apreciar nuestra capacidad de ganar dinero y reconocer que con eso podemos mejorar nuestras vidas. Cuando ganamos lo suficiente para cubrir más que las necesidades básicas podemos emplearlo para asegurar nuestro bienestar personal y familiar, para darnos la oportunidad de una educación superior o brindársela a nuestros hijos, para generar cambios políticos y sociales en nuestras comunidades y países, así como para disfrutar en forma plena la vida con las personas que amamos.

Un importante bono en nuestra independencia económica

Hay otra forma en la que el dinero—o en particular la independencia económica de la mujer—puede transformar nuestras vidas. La relación podría no parecer obvia, pero el vínculo entre una mujer con su propio ingreso y la reducción de la probabilidad de ser víctima de la violencia doméstica es fuerte. Este problema, que afecta a millones de latinas en todo el mundo, fue el tema de un informe reciente del Banco Mundial. El informe describe estudios realizados en América Latina que muestran que la violencia doméstica se reduce conforme crece la participación de la mujer en la fuerza laboral. En un estudio efectuado en Nicaragua, se descubrió que 41 por ciento de las mujeres que no desempeñan un trabajo remunerado son víctimas de violencia doméstica grave, en tanto que sólo 10 por ciento de las que cuentan con un empleo remunerado fuera del hogar padecen dicha violencia. Por ejemplo, las que trabajan en un negocio familiar sin un ingreso son víctimas de la violencia doméstica con mayor frecuencia que las que ganan un sueldo.

Desde una perspectiva psicológica, los resultados anteriores son indicativos de un principio básico de la transición de reina del hogar a reina en otros campos: la autoestima. Una vez que sabes que puedes ganar dinero, te sientes diferente con respecto a ti misma. No es sólo que puedas mantenerte, es la sensación de que no necesitas depender de nadie, de que lo que haces es valioso para alguien más. Nuestra sociedad recompensa el valor con dinero, por lo que cuando una mujer comienza a trabajar y se percata de su valor en términos de compensación monetaria, no puede sino sentirse fortalecida. Una vez que sientas ese poder dentro de ti podrás percibir que los demás deben respetarte y que puedes establecer límites. Cuando una mujer no es capaz de fijar esos límites permite que se abuse de ella.

"El movimiento feminista causó un impacto imborrable en mi"
Cristina Saralegui, periodista de televisión

Cristina Saralegui creció en el seno de una familia adinerada de Cuba durante los años cincuenta y en su niñez daba por hecho que cuando creciera sería ama de casa. Sin embargo, la revolución social y política, así como su transformación personal, hicieron que cambiara de manera radical sus planes. Su camino para convertirse en reina de la televisión inició cuando llegó a la mayoría de edad durante la era en que las mujeres en Estados Unidos creaban un cambio cultural para ampliar sus oportunidades.

Cristina me dijo que todo cambió para ella cuando su familia se vio obligada a abandonar Cuba. "El exilio fue cruel y todo lo que aprendí en mi país natal se desmoronó. Nos mudamos a Miami en 1960, y a finales de esa década asistí a la universidad. En ese tiempo el movimiento feminista me causó un impacto imborrable." Aun antes de tomar la decisión de asistir a la Universidad de Miami para estudiar comunicación en medios masivos y escritura creativa, Cristina deseaba ser independiente. En su adolescencia se dio cuenta de la importancia de trabajar para ganar su propio dinero. "Siempre fui muy independiente y por ello no quería estar bajo el control financiero de mi padre; recuerdo que cuando tenía dieciséis años le pedi dinero. Él me llevó a mi clóset, señaló mi ropa y me preguntó: '¿Para qué quieres dinero si tienes toda esta ropa?' No le respondí, pero al siguiente día salí a buscar un trabajo de verdad porque no quería decirle para qué quería el dinero. ¡No existe verdadera independencia sin independencia económica!"

Su primer trabajo después de graduarse de la universidad fue como pasante en el archivo fotográfico de *Vanidades*, la revista femenina más vendida en Latinoamérica, la cual había pertenecido a su abuelo. Puesto que sus estudios fueron en inglés, para ella aprender a escribir profesionalmente en español constituyó todo un reto; sin embargo, lo logró. Después de ocupar varios puestos en otras revistas latinoamericanas, Cristina se convirtió en editora en jefe de *Cosmopolitan en Español*, la cual se distribuye en Latinoamérica y en Estados Unidos. Cuando trabajaba en *Vanidades* conoció a su primera mentora, la colombiana Elvira Mendoza, editora en jefe de *Vanidades Continental* y pilar del periodismo latinoamericano; en *Cosmo* entabló una relación de toda la vida con una segunda guía, Helen Gurley Brown, editora en jefe de *Cosmopolitan* para Estados Unidos, a quien Cristina se refiere como "majestuosa . . . sigue siendo mi mejor maestra y mi mamá profesional." Ambas mujeres ayudaron a Cristina a consequir el título de reina en el mundo periodístico.

Después de diez años de estar al timón de *Cosmo*, Cristina renunció para lanzar lo que se convertiría en una institución latina. Se inició como productora ejecutiva y conductora de *El Show de Cristina*, El aclamado programa tuvo un gran recibimiento y durante doce años presentó entrevistas a estrellas del espectáculo, además de temas educativos como el embarazo en adolescentes, el SIDA, los derechos de los homosexuales, el abuso de niños, las pandillas y el cáncer de senos. Al terminar en diciembre de 2001, Cristina se dedicó a su programa semanal en horario estelar en Univisión, *Cristina: edición especial.*

Hay una característica común en todos los logros de Cristina en los medios: su deseo de aprender y enseñar. Aún es esencial para ella poder llegar a la comunidad y ofrecer a sus miembros —y a sí misma— la oportunidad de descubrir algo importante. "Aprendo de todo y de todos, de lo bueno y lo malo. Estoy en una búsqueda; quiero saber qué es la vida. El reto más grande de mi programa es educar y abrir la mente de mi público sin ofenderlo. Nuestra gente necesita información y tratamos de enseñarles que no deben sentirse avergonzados de pedir ayuda. También intentamos enseñarles a convivir en este país, sin abandonar sus raíces latinas."

Lo que Cristina espera que la gente aprenda en sus programas es que vivimos en un mundo que no es perfecto y, por lo tanto, como especie tampoco lo somos: "Aunque siempre debemos luchar y tener en la mira la excelencia, también debermos aprender a aceptar el cambio y los defectos como una forma de crecer y aprender. Éstas son las lecciones más grandes que me han dado todos esos maravillosos y diversos invitados a mi programa; algunos valientes, otros cobardes, pero todos fascinantes e imperfectos seres humanos que luchan por su vida."

Como reina de la televisión, Cristina se ha convertido en una de las latinas más poderosas en los medios. Al preguntarle de dónde saca su fortaleza interior y su seguridad, me respondió que de una combinación de factores. Por supuesto que para ser exitosa en una profesión, señala, "debes trabajar con empeño, capacitarte en lo que necesitas, establecer buenas relaciones con otras personas, ser honesta y leal, establecer las metas apropiadas, superar tus miedos y nunca rendirte. Además, fijarte un propósito en la vida, uno que te motive." Pero hay otro elemento contribuyente de forma significativa al poder de Cristina: su vida espiritual. "Me educaron como católica, pero con el pasar de los años busqué y amplié mi conocimiento y mi fe, experimentando con la metafísica, la meditación trascendental y otras prácticas espirituales. En términos de mi éxito material agradezco ser recompensada por un trabajo bien hecho, aunque entiendo que somos mucho más que seres materiales y que nuestra alma y espíritu continúan más allá de esta vida."

Yo he estado en varios programas de Cristina y debo decirles que es una persona muy especial. Es una mujer dinámica que exige un alto nivel de desempeño propio y de sus colaboradores, profundamente comprometida con el libre intercambio de conceptos. Me dio carta abierta para comunicar mis conceptos, sin imponerse, como lo hacen muchos otros presentadores. Al tratar a sus invitados y a su público con enorme respeto, creó un hogar para las latinas en el que podían discutirse de manera inteligente y franca todos los temas relevantes en nuestras vidas. En mis propios programas de entrevistas y en mi práctica personal, a menudo escucho al público y a mis pacientes comentar: "Ah, ¡me enteré de eso en el programa de Cristina!" Cristina Saralegui ha enseñado a muchas mujeres a defenderse, a considerar su vida con dignidad y a abrir la mente para poder aspirar a una vida mejor. Le presento mis respetos y, como muchas otras latinas, extraño su programa diario.

Reina en un mundo de hombres

Linda Alvarado, presidenta y directora ejecutiva de Alvarado Construction, Inc., y propietaria de la franquicia de la liga profesional de béisbol de los Rockies de Colorado

Al querer profundizar en la historia real de una latina triunfadora en un mundo casi exclusivamente masculino, de inmediato pensé en Linda Alvarado. Reina en *dos* mundos masculinos — la industria de la construcción y el béisbol profesional — Linda acostumbra romper barreras. Hablar con ella es una experiencia estimulante. Es tan activa y está tan llena de entusiasmo por todos los proyectos en los que participa, que definitivamente se percibe que esta mujer ama su vida. La historia de su éxito comenzó con los regalos que le dieron sus padres; no los materiales, sino aquellos intangibles que construyen la seguridad e identidad de una persona. Siendo la única mujer entre cinco varones, Linda nunca sintió que sus padres quisieran menos para ella que para sus demás hijos. Me contó con alegría que jugaba béisbol y básquetbol con sus hermanos y que era receptora, la misma posición de su padre en el equipo donde él jugaba.

Sin embargo, el deporte no fue la única actividad en la que sus padres la alentaron. "La norma cultural para las madres hispanas mientras yo crecía era no animar a sus hijas a practicar deportes, sino a ser más tradicionales y enseñarles a coser, a cocinar y todo ese tipo de cosas; pero mis padres me motivaron mucho y nunca me trataron diferente de mis hermanos. Ellos tienen un don porque son personas muy positivas. Si bien su origen fue muy, muy humilde, nos permitieron apreciar lo mejor de nosotros, aun cuando no fuéramos los mejores. Ese regalo de confianza en nosotros mismos nos permitió realizarnos. Mis padres estaban conscientes de los prejuicios que habían enfrentado, pero querían que sus hijos estudiaran y aceptaran retos."

Sin duda, ser la dueña de una compañía de construcción representa un riesgo para cualquier mujer, en especial para una latina.

¿Cómo eligió esta poco convencional actividad? Linda confiesa que, aunque a ella y a sus hermanos les agradaba construir fuertes en su patio trasero cuando eran niños, su orientación profesional fue en realidad resultado de un accidente. "Cuando iba a la universidad tenía una opción, me explicó. Con el fin de ganar dinero para complementar mi beca, me ofrecieron trabajar en la cafetería o en el jardín botánico que estaban construyendo. Yo pensé, 'Bueno, vamos a poner las cosas claras. Puedo venir con pantalones de mezclilla, conseguiré un bonito bronceado y trabajaré con todos estos hombres maravillosos, porque entonces estaba soltera, ¿sabes? ¡Y me van a pagar por ello!' Por lo tanto, decidí, "¡Esto está muy bien!" Y ese empleo en el jardín botánico se convirtió en mi primera experiencia en una construcción."

Linda trabajó para la misma compañía constructora el siguiente verano, aprendiendo nuevas habilidades y todos los trucos del negocio. Sin embargo, como es una reina inteligente, no se detuvo allí. Se percató de que si quería destacar tendría que mostrarle algo único a su próximo patrón, algo que la distinguiera de otros que podrían intentar entrar al mismo campo. "En verdad me gustó trabajar en la construcción, "dijo ella," por lo que regresé y tomé clases de topografía, aprendí a leer proyectos y otras cosas. Pero la clase más importante fue la de planificación computarizada, algo revolucionario en la industria en ese tiempo. Nuestros sistemas de informe de costos de trabajo se basan en ella. En esa clase aprendí una destreza que la mayoría de los hombres no tenían, así que comencé a construir un nicho para mí en una industria donde en realidad no era bienvenida."

No ser "bienvenida" equivalía, ni más ni menos, que a hostigamiento sexual. Por ejemplo, al ser la única mujer en una construcción, Linda compartía los baños al aire libre con sus colegas masculinos y a menudo encontraba dibujos y frases degradantes en las paredes. "Dibujos de mí en diferentes etapas de desnudo, con comentarios que implicaban que ese no era mi lugar." Desanimada por ese trato, pensó que tal vez debería renunciar, pero amaba el trabajo y estaba decidida a continuar con él. Cuando le pregunté cómo resolvió el problema del hostigamiento, me di cuenta de que, aun en ese entonces, su optimismo y fuerza interior le ayudaron a vencer los obstáculos:

"Mis compañeros de trabajo cuestionaban mis motivos de maneras en que nunca lo harían con otro hombre. Me preguntaban, '¿Por qué estás haciendo esto? ¿Quién te crees que eres?' Pero con el tiempo sentí que necesitaba tomar las cosas con un poco de sentido del humor; no quiero decir que el hostigamiento sexual sea gracioso, ciertamente no lo es; no obstante, pude decir cosas como, 'Bueno, ¡por lo menos me veo bien con casco!' Pensaba cosas positivas para equilibrar una situación que no lo era y que ahora es ilegal. Pero, incluso en ese ambiente, realmente me gustaba mi trabajo."

De cualquier forma, hubo momentos en los que Linda se preguntaba por qué se exponía a esa presión, cuando podría entrar a un campo que aceptara de manera más abierta a las mujeres. Sus compañeros no fueron los únicos que erigieron barreras que tuvo que derribar, también algunos parientes la cuestionaron. De nuevo, fueron sus padres quienes la apoyaron en esas ocasiones. "Mi madre intentaba explicarle a mis parientes que yo era contratista en la construcción y ellos respondían: 'Y . . . ¿por qué? ¿Por qué se decidió por ese tipo de trabajo?' Pero ella siempre me alentó a permanecer comprometida con mis objetivos. Ella es muy bajita y me decía, 'Mijita, ¡comienza en pequeño pero piensa en grande!' Así que empecé soñando en construir proyectos pequeños y mi madre fue mi gran defensora. Aunque nunca había trabajado fuera de casa y no tenía experiencia en los negocios, era una verdadera campeona cuando se trataba de enfrentar esas situaciones en las que te preguntas, '¿Por qué estoy haciendo esto?' En tiempos difíciles, ella y mi papá fueron un gran apoyo para mí."

Siguiendo el consejo de su madre, Linda comenzó a pensar en grande e inició con algo pequeño. Su primer proyecto independiente fue la construcción de una serie de paradas de autobús. Mientras tanto, día a día, tocaba puertas; a veces se le rechazaba, pero con el tiempo consiguió experiencia, liquidez y mayor confianza en su capacidad para comenzar su propia compañía. Esa seguridad de reina no se modificó cuando tuvo que firmar como "L. Alvarado", pues si escribía "Linda" los posibles clientes sabrían que era mujer y no le darían el trabajo. "No me avergonzaba de ser mujer, pero estaba consciente de que no me contratarían si se enteraban."

Sin embargo, con toda esa pesada carga, ¿cómo combate una mujer latina el sexismo y el racismo cuando trabaja en un mundo en el que se da prioridad al hombre anglosajón? Quejarse con furia en realidad no te ayudará a convertirte en una reina en el campo que has elegido. Entonces, ¿cómo lograrlo? Linda tiene mucha experiencia con ese problema: "Para enfrentar esas actitudes," dice, "necesitas cojones, humor y concentración en tus metas a pesar de la visión limitada de la gente acerca de lo que quieres lograr. Creo que es esencial tener decisión y elegir otro camino si el primero no te lleva donde pretendes. Lo que vendo, antes que nada, es credibilidad, que la empresa de una mujer latina puede construir un proyecto de gran calidad, a tiempo y dentro del presupuesto planeado, como lo puede hacer cualquiera. No quiero ser eliminada por la doble maldición de los estereotipos negativos sobre las mujeres y los hispanos."

Linda señaló que, en las construcciones, a las mujeres se les considera para ser secretarias, no propietarias, y a los latinos como albañiles, no como dueños. Así que, superar esa mentalidad no es fácil y cada caso es muy distinto. La actitud es tan importante como la aptitud. En este punto de su carrera su experiencia la precede, pero lo que ella intenta hacer no sólo es lograr sus objetivos, sino modificar el pensamiento tradicional. "No puedes cambiar a la gente de la noche a la mañana, así que debes ser diplomática en tu comunicación con ellos."

Humor, valor, concentración, diplomacia—y saber que tienes el talento y la capacidad para garantizar tu éxito—son estrategias que pueden resolver los conflictos potenciales cuando eres la única mujer o la única latina en un ambiente potencialmente incómodo u hostil. Pero ¿de qué manera funcionan esas herramientas dentro del contexto de una sala de conferencias u otro lugar de trabajo? La confianza de

Linda en su capacidad para ser una líder competente, así como su convicción sobre la importancia de escuchar y aprender de los miembros de su equipo, le permiten mantener una actitud relajada, positiva y profesional, aun en su calidad de mujer latina a cargo de dos empresas en campos donde predominan los hombres. ¿Cómo manejaría una situación específica, por ejemplo, una insulsa broma sexista o racista? "No querrás ser tan soso como el bromista, corrigiéndola; yo cambiaría el tema de la conversación sin decirle que se equivoca. Usaría el humor para suavizar un poco las cosas, a mis expensas tal vez, pero también lo redirigiría hacia lo importante. Poner el ejemplo y cambiar la dinámica es fundamental. Soy una persona divertida, considero que tengo un gran sentido del humor; puedo reírme de mí misma y de las situaciones, pero nunca para humillar a los demás."

Aunque Linda tuvo que trazar un nuevo camino —no había otras mujeres contratistas cuando comenzó su negocio— y superó los estereotipos negativos al recorrerlo, queda muy claro que ama lo que hace y disfruta de las personas con quienes trabaja. Según me comentó, se siente "muy cómoda trabajando en ambientes masculinos; quizá porque crecí con hermanos."

Linda quiso asegurarse de que mencionara otra estrategia disponible cuando eres la única mujer en un mundo de hombres y quieres 'romper el hielo': "¡Los deportes! Los hombres hablan de deportes y ser capaz de comunicarme leyendo la página de deportes ha sido esencial. Hablar no sólo de cosas serias, sino de temas informales, es algo que descubrí pronto. Qué porcentaje tiene tal jugador o quién fue negociado; ¡ése es el idioma universal de los hombres!"

Además del éxito de la compañía de Linda, del hecho de ser la primera propietaria hispana de un equipo de béisbol de la liga profesional y merecedora de muchos premios y condecoraciones —incluyendo el de Mujer del Año de las Cámaras Hispanas de Comercio de Estados Unidos, Mujer de Negocios del Año de Revlon y una de los cien personajes hispanos más importantes de Estados Unidos, según *Hispanic Business Magazine*— creo que lo más hermoso de su historia es que ésta representa los valores que sus padres le inculcaron. No sólo esperaban que Linda y sus hermanos se desempeñaran bien en la escuela y consiguieran buenos empleos, sino que contribuyeran al bienestar de otros y fueran líderes en el mejor sentido de la palabra. "Mis padres fueron muy firmes al alentarnos; ya fuera en la iglesia, en la escuela o en los deportes, no podías ser sólo un miembro, debías convertirte en líder. Eso significaba levantar la mano para ofrecerte como voluntario o asumir una responsabilidad. Lo interesante es que, al hacerlo, tu autoestima crece porque sientes que estás contribuyendo. Eres alguien que no sólo se interesa en sus propias metas, sino en algo que es más grande que tú."

Guiada por una luz interior
Norma Leandro, actriz

Algunas veces damos por hecho que las reinas supremas de este mundo—aquellas a quienes admiramos más e incluso idealizamos un poco—simplemente nacieron con la fortaleza de carácter que se necesita para sobresalir en su campo. Sin embargo, esa fortaleza rara vez llega con facilidad; por el contrario, se desarrolla durante toda una vida dedicada a aceptar retos difíciles y a aprovechando nuestros recursos internos para evitar desviarnos de nuestro camino, aun cuando los demás se rindan. La respetada guionista, directora, poeta y actriz argentina Norma Leandro, protagonista de *El hijo de la novia*, *Sol de otoño*, *La historia oficial*, ganadora del premio de la Academia, y muchas otras películas, es un ejemplo de esta firmeza de carácter. Sus padres fueron actores y su abuela la cuidaba cuando ellos estaban de gira. Norma enfrentó uno de sus mayores retos a la temprana edad de nueve años. Su valiente respuesta a una injusticia evidenció su gran fortaleza moral. La experiencia cambió su vida.

En Argentina, Norma asistía a una escuela controlada por simpatizantes de los nazis. Durante la Segunda Guerra Mundial recuerda que realizaban actividades para recaudar fondos y enviarlos a Alemania. Había pocos estudiantes judios en la escuela y tres de ellos estaban en la clase de religión de Norma. "Los alumnos judíos fueron expulsados de nuestra clase y enviados al pasillo, donde solía mandarse a los niños castigados. Ahí se suponía que recibirían una clase especial de 'moral.' Yo me enfrenté a la maestra y le pregunté por qué no se les daba un libro para estudiar su propia religión. Mi protesta se volvió un escándalo y en ese momento decidí que tomaría la misma clase de 'moral' que mis compañeros judíos. Todos se pusieron en mi contra, pero para mí fue una forma de protestar por una injusticia. Tenía entonces nueve años. A los trece dejé la escuela, pues ya no podía más."

Con la promesa a sus padres de que estudiaría por su cuenta, Norma nunca regresó a esa escuela, ni a ninguna otra. Pero ella deseaba profundamente aprender y amaba la lectura. Aunque sus padres rara vez tenían dinero para comprar libros, su abuela, una insaciable lectora, se suscribió a una revista llamada *Leoplan,* que publicaba cuentos de autores clásicos como Edgar Allan Poe y Guy de Maupassant. Norma reconoce que esa revista fue fundamental en su educación. Desde una edad muy temprana se sintió atraída por la antropología, la religión comparada y Shakespeare. "Cuando leía las tragedias de Shakespeare a los nueve años sólo comprendía como treinta por ciento del contenido. El resto lo imaginaba."

La educación de la joven Norma no terminaba después de leer y estudiar. El ambiente en el que creció también la proveyó de un "salón de clases" donde aprendió acerca de los diferentes tipos de personas, el teatro y la vida. Después de que abandoné la escuela se me envió a un mundo mucho mejor; en este otro sitio tenía un lugar en el teatro, actuando y viviendo con actores, donde no había prejuicios étnicos contra judíos u otro grupo de personas. Era un mundo más liberal, una vida más rica que aceptaba las diferencias entre la gente. Además, mis tíos tenían un circo con enanos, gitanos y otros seres fuera de los parámetros convencionales. A todos se les trataba de la misma forma. De tal manera, se me educó con muy buenos valores morales, los cuales me dieron la oportunidad de elegir mi camino siguiendo lo que mi propia sensibilidad me decía, lo que quería para mí misma. Sentía que ese tipo de sociedad en el teatro y en el circo era mucho más justa. Podía estar allí sin sentirme tan sola como lo había estado en la escuela."

Sin embargo, a los trece años Norma enfrentó todavía un reto más, el cual casi le costó la vida. Ya convencida de que quería ser actriz, comenzó a estudiar con una profesora francesa reconocida por haber traído el método de Stanislavsky a Buenos Aires. Considerada una maestra excelente por la comunidad teatral, esta mujer era el modelo a seguir para Norma: talentosa, inteligente, culta y elegante. Su llegada desde Francia se celebró con grandes fanfarrias, pero su interacción con Norma tuvo consecuencias devastadoras. "En la primera clase se nos pidió demostrar nuestras habilidades a la profesora," recuerda Norma. "Me dirigí al escenario y ella me pidió que hiciera una improvisación. Al terminar me dijo: '¿Quieres ser actriz?' a lo que contesté, '¡Por supuesto, eso es lo que quiero!' Ella replicó, 'No, no continúes. No eres buena para esto.' A tan temprana edad su crítica tuvo un efecto profundo en mí. Me volví suicida. Consideraba un genio a esa mujer y cualquier cosa que dijera era fundamental para mí."

Como resultado de esos comentarios, Norma pensó en el suicidio durante largo tiempo. Incluso dejó de comer y enfermó de anorexia, aunque en aquellos días aún no existía un nombre para ese padecimiento. Me confesó que "mientras me cuestionaba si quería vivir o morir, una extraña luz interior me dijo que siguiera adelante, que continuara creyendo y viviendo. Iba a la iglesia, no a misa, sino a meditar y eso me ayudaba a escapar del mundanal ruido. Me mantuve en contacto con la vida que amaba. Me di cuenta de que lo que *no* me gustó fue la respuesta de esa profesora a mis deseos de ser actriz, pero que *sí* amaba la vida."

Una de las muchas lecciones que Norma recibió de esa experiencia fue que una persona puede ser talentosa en su arte y, aun así, mostrarse cruel como maestra. Hoy día, Norma no deja de repetirle a sus alumnos de actuación que no deben permitir que alguien los manipule y que deben ser precavidos con profesores sádicos o excesivamente críticos.

Aunque jamás regresó a esa clase en particular, no abandonó su instrucción histriónica. Su luz interior la impulsó a tomar más clases, a participar en numerosas producciones teatrales y a familiarizarse con un repertorio teatral diverso.

De cualquier forma, se enfrentó con otro obstáculo serio en su carrera: un intenso miedo al escenario. "Continué haciendo teatro, pero siempre llegaba al escenario con pánico porque pensaba que no era muy buena. Sentí eso durante muchos años. No era culpa sólo de esa profesora (por haber sido tan severa), estaba en mi interior. Aún no contaba con la preparación técnica que me permitiría crear sin tanta dificultad. Una vez que adquirí las técnicas, éstas me permitieron sentirme a gusto con la posibilidad de elaborar mi personaje y ser capaz de entrar en contacto con la 'melodía' singular de la pieza de la que formo parte."

Otra lección en la vida de Norma ocurrió durante sus inicios como profesional: La auténtica seguridad en una misma se construye con la preparación. No podemos hablar de sentirnos fuertes y seguras si no nos hemos preparado en forma adecuada para el proyecto que estamos emprendiendo, sea una obra, una junta de consejo o un salón de alumnos de preparatoria. Una vez que ella dominó la preparación técnica, experimentó la sensación de estar cómodamente al mando. Sólo así logró vincularse con la esencia —la melodía— del trabajo que realizaba. Cuando sentimos esa cercanía con la melodía en nuestro trabajo sabemos que estamos a punto de alcanzar nuestro estatus de reinas.

Aunque Norma me comentó que cree que el machismo no es un problema tan grave en Argentina como en otros países latinoamericanos, tuvo que enfrentarse a sus efectos a lo largo de su carrera, en especial en la época en que el trato equitativo a las mujeres todavía tenía que entrar a formar parte de la conciencia colectiva. Para una actriz la experiencia del hostigamiento sexual —aunque aún no se le conocía por ese nombre— era un lugar común. "Yo trabajaba en una producción y de pronto, sin saber la razón, no renovaron mi contrato. Entonces un compañero me dijo, 'Bueno, si hubieras dicho *sí* cuando tal persona te pidió ciertos favores . . . ' Quizás ese hombre sólo me había invitado a cenar, a salir o algo así, pero yo no quería tener ese tipo de relación con esa persona y me fue difícil darme cuenta de que mi 'no' tuvo una consecuencia. La experiencia me hizo estar mucho más alerta porque fue ahí donde comencé a detectar ciertos motivos ulteriores de algunos hombres con poder con quienes trabajaba."

Con grandes capacidades y determinación, Norma empleó su nueva conciencia del hostigamiento sexual en el negocio del teatro como un estímulo para crear un ambiente más liberal para los actores como ella. Dada su juventud, fue una pieza esencial en el desarrollo de cooperativas teatrales, reuniendo a actores, escritores y productores para realizar sus propias obras. Las mujeres del grupo obtuvieron más igualdad y todos los participantes gozaron de la oportunidad de practicar su arte sin esperar que los poderosos les dieran trabajo. Aunque en la actualidad ella es una actriz muy solicitada, Norma sigue creyendo firmemente que el teatro se debe llevar a las calles, donde se originó, y aconseja a los jóvenes actores que lo hagan. "El teatro es producto de una necesidad social que comenzó con los chamanes y con las reuniones de las tribus y luego pasó a las esquinas de las calle del barrio, donde las personas se reunían. Así que los actores podemos regresar a esos lugares. Aun sin dinero, puedes hacer teatro. Puedes hacerlo tú mismo; está en tus manos."

Esta maravillosa actriz, que emocionara al público con su exquisita actuación como la indignada madre adoptiva en *La historia oficial* y como la solitaria y reticente soltera en *Sol de otoño*, ha atestiguado cambios tremendos en su campo y en el mundo desde su primera aparición en el escenario. De hecho, me contó que en un principio a las actrices se les consideraba "en el mismo nivel que las prostitutas y ésta es la razón por la que los teatros cierran los lunes, el día libre de las prostitutas. Se suponía que una mujer de teatro llevaba una vida ligera." A sabiendas de que el sexismo aún persiste, Norma tiene muchas esperanzas sobre el futuro de su profesión. Su esperanza reside en los mejores prospectos para escritoras y directoras.

"Hay muy pocos autores que han descrito a la mujer [en forma adecuada], me dijo," la mayoría de las obras escritas por hombres son la representación de una perspectiva masculina. Estamos representadas por una literatura, una filosofía y una forma de inteligencia masculinas . . . Sin embargo, ahora contamos con muchas escritoras más, en los géneros de ficción y no ficción, en teatro, en poesía; y también más directoras de cine. Cuando haya más escritoras y directoras, nos veremos reflejadas con mayor claridad. Ya está sucediendo, y cuando las mujeres se describen a sí mismas no sólo escuchamos los problemas femeninos, sino además la forma de expresarlos, de mostrarlos, de emplear un vocabulario más femenino."

Norma Leandro es la reina del teatro y del cine no sólo porque sus actuaciones galardonadas brillan con luz penetrante sobre el espíritu humano, sino porque se interesa de una forma intensa en su arte, en sus compañeros actores y en la comunidad mundial de seres humanos con los que se siente genuinamente vinculada. Al igual que la niña que se rehusó a aceptar el maltrato de sus compañeros judíos, la adolescente autodidacta que se enorgullecía del circo de sus tíos formado por una diversidad de artistas y la joven que se uniera con otras personas para crear una cooperativa liberal de teatro, Norma continúa compartiendo su amor y su interés por la humanidad en cada oportunidad que se le presenta.

Demasiado segura o no lo suficiente

Ser muy segura es fabuloso. La única forma en la que tener demasiada seguridad puede lastimarnos es cuando no se tiene la experiencia, la concentración y el compromiso para respaldarla. ¿De qué quieres ser reina? ¿Estás consciente de la capacitación y la experiencia que necesitarás para lograr el éxito en tu campo? ¿Ya las has obtenido? ¿Te has puesto en contacto con tus comadres para saber si la dirección en la que vas está llena de obstáculos para los que necesitarás prepararte? La seguridad auténtica significa que estás bien preparada y, por lo tanto, disfrutarás el reto. Por otro lado, una actitud arrogante o bravucona podría significar que estás engañándote acerca de tus capacidades reales. También, recuerda que capacitarte y ampliar tu horizonte es un proceso continuo. Sin importar todo lo que ya sepas o cuán fuerte y segura te sientas en este momento, siempre hay algo nuevo que aprender.

Cuando hablamos de muy poca seguridad en el contexto de hacer la transición de reina del hogar a reina de lo que elijas, nos referimos a la reticencia por salir del mundo del hogar hacia el ancho mundo exterior. Si eres feliz y estás cómoda como madre o esposa de tiempo completo, eso está bien. La vida de ama de casa puede ser muy satisfactoria, como pueden confirmarlo muchas mujeres. Sin embargo, si la razón por la que te quedas en casa es que temes sostener un vínculo con el mundo exterior y necesitas ser protegida por el hombre de tu vida, podrías enfrentar problemas. Ese razonamiento significa que le estás cediendo tu poder y tu vida a alguien más. No obstante, no deberíamos renunciar a ese poder personal. Cada una de nosotras es dueña y responsable de su vida. Entonces, ¿qué esperas? Repasa las fortalezas que analizamos y piensa en la manera como puedes utilizarlas para desarrollar tus talentos e intereses. No tienes que depender de alguien más. Te tienes a ti misma y a tu inexplotado ¡poder de latina!

Ejercicio: visualizar a la reina en la que te convertirás

Una de las formas de convertirnos en reinas es integrar en nuestro ser las experiencias de las mujeres que conocemos o de las que sabemos que representan seguridad y fortaleza. Al intentar visualizarte como una "reina del mundo empresarial," una "reina de la investigación periodística" o una "reina del laboratorio biotecnológico"—lo que mejor represente tus aspiraciones—puedes utilizar tus modelos a seguir como punto de partida para tu propio desarrollo como reina. Al ser comadres todas estamos disponibles para apoyarnos, con el fin de que cada una de nosotras llegue a ser la reina de la vida que eligió.

A continuación encontrarás un ejercicio de visualización de la reina, el cual puede ayudarte a ponerte en contacto con tu propio poder a través de la fuerza y la inspiración de otras personas.

Comienza por cerrar los ojos y asegurarte de que tu cuerpo está en una posición cómoda. Sigue el flujo de tu respiración. Equilibra tu cuerpo y tu mente.

Ahora, imagina que estás en una playa, en las montañas o en un bosque; un sitio en el que ya hayas estado o uno nuevo que te gustaría crear. Siéntete muy a gusto en ese lugar. Percibe la temperatura en tu piel y el placer de los colores de la naturaleza. Aprecia el olor de las flores o de los árboles, la música del agua, las canciones de las aves, la paz de este momento.

Imagina que te pones de pie, rodeada de este hermoso ambiente. Tu cuerpo está relajado y tu mente es libre para dar la bienvenida a los recuerdos de tu vida o a las historias que has escuchado o leído acerca de mujeres que apoyan a otras.

Deja que esos recuerdos vengan a ti.

A continuación, observa a dos de esas mujeres detrás de ti, cada una de las cuales toma uno de tus hombros; una con la mano derecha y la otra con la izquierda. Detrás hay otras dos mujeres a las que reconoces, aunque jamás las habías visto. Detrás hay más y más mujeres y cada una ha efectuado un cambio significativo en tu historia o en la historia de las mujeres. Puedes o no conocerlas personalmente, pero sabes que sus vidas influyeron en la tuya.

Unifica la fortaleza de esas mujeres y su energía femenina con el maravilloso ambiente imaginario en el que estás. Advierte de nuevo la temperatura de tu piel, los colores y la fragancia del lugar, la paz que te ofrece. Se trata de un sitio seguro al que puedes regresar cuando lo necesites. Es tu lugar en la vida, el que tú, a tu vez, puedes ofrecer a otra mujer.

Siente de nuevo el movimiento de tu respiración y la paz que se ha creado en tu sentido de feminidad. Percibe su intensidad y nunca la olvides, puesto que es tuya. Te pertenece a ti y a las mujeres de tu vida.

Cuando estés lista estírate y respira profundo. Abre los ojos y vuelve a la habitación.

Reina de tu propio futuro imaginado

Tenemos un deber con otras mujeres que llegaron antes que nosotras y ayudaron a construir el camino de las oportunidades que gozamos en el presente. Nuestras madres y abuelas, las mujeres de Estados Unidos, América Latina, Europa y cualquier otro lugar que participaron en el movimiento feminista, así como otras que prepararon el terreno para que las latinas y las mujeres de todos los orígenes pudieran satisfacer su potencial. Utilizar nuestras siete fortalezas y todos los recursos personales que podamos explotar para alcanzar nuestros sueños y metas es lo que esas mujeres esperarían que hiciéramos; no podemos quedarles mal. A fin de cuentas, convertirte en la reina que deberías ser consiste en sentir que mereces ser dueña de tus sueños y satisfacerlos. Todas las reinas en quienes te has inspirado ahora te están observando para que cumplas tu promesa. Tu futuro es su sueño.

9

Cómo compartir el poder

Usar nuestra revista como foro para dar a conocer los éxitos de las latinas —de manera que nuestras lectoras puedan leer las historias de una congresista, una empresaria o una actriz latina— me hace sentir que hemos otorgado poder a muchas jóvenes.

—Christy Haubegger, fundadora
de la revista *Latina*

Es importante descubrir formas de compartir nuestro poder de latinas, de manera que se transmita a toda latina cuya vida toquemos. Ayudar a que nuestras hijas y otras latinas realicen sus sueños es lo que hace que el poder de la mujer latina crezca. Podemos proporcionar dicho apoyo de diversas maneras: dar un modelo a seguir a todas aquellas mujeres con las que entablamos relación, se trate de nuestras hijas, de otras jóvenes y mujeres de nuestra familia o comunidad, o de amigas, compañeras o asistentes; compartir nuestros conocimientos e ideas; motivar y orientar a otras mujeres que se inician en el campo de trabajo en el que nos desenvolvemos; dedicar tiempo a guiar a nuestras hijas, sobrinas y vecinas para que descubran quiénes son y lleguen a ser lo que quieran ser, sin los obstáculos hallados por generaciones anteriores de mujeres en general y latinas en particular.

Lo que podemos enseñar mejor es lo que hemos aprendido en nuestra propia vida. Ser una latina exitosa implica enseñar a nuestras hijas a fijarse metas, disfrutar el aprendizaje, enfrentar retos y valorar sus logros. Necesitamos demostrarles que los viejos clichés de lo que la mujer puede y no puede hacer son obsoletos. Así, nos aseguramos de que las latinas tengan la libertad de crear el futuro que visualizan para sí mismas.

El poder de las latinas implica el empleo de las siete fortalezas para forjar una vida plena y significativa. Compartir ese poder con otras latinas será gratificante para ti y aumentará el bienestar de nuestras comunidades y nuestro mundo. Orientar a otras latinas para que desarrollen su poder de latinas es uno de los regalos más valiosos que puedes brindar. Las mujeres cuyas historias se incluyen en este capítulo revelan las muchas maneras en que nuestro poder personal puede transformar otras vidas.

Compartir el poder de la música clásica
Sonia Marie de León de Vega, directora de orquesta

Muchas de las mujeres talentosas que entrevisté para este libro mostraron una generosidad de espíritu similar que las inspiraba a dar algo a sus comunidades de origen o a quienes pudieran beneficiarse de su experiencia. Tras realizar sus sueños — a menudo más allá de lo que imaginaron — estas latinas exitosas quisieron ayudar a otras a soñar y transformar esos sueños en realidad.

Originaria de San Antonio, Texas, y radicada en Los Ángeles, la directora de orquesta Sonia Marie de León de Vega proviene de una larga línea de músicos y soñadores. Reconoce que sus padres y sus abuelos encendieron su pasión por la música y su decisión de llevar la música clásica a las comunidades latinas. Sonia me contó: "Mis abuelos por ambas partes eran amantes de la música. Mi padre, Reynaldo Sánchez, de voz hermosa, era guitarrista y cantante en un trío. Sonia de León es mi madre y fue la influencia más poderosa en mi vida. Provengo de una familia de mujeres muy fuertes y poderosas." La madre de Sonia era pianista, cantante, compositora, actriz y productora de espectáculos hispanos en todo Estados Unidos. Fue la primera productora en presentar artistas hispanos en el Universal Amphitheater de Los Ángeles, aun cuando en ese tiempo el negocio del espectáculo estaba por completo dominado por hombres. "El mensaje que me transmitieron mi madre, mi abuela y mi bisabuela, quien elaboraba deliciosos dulces mexicanos," recuerda Sonia, "era que podías hacer cualquier cosa, lo que soñaras, pero tenías que ser la mejor en lo que decidieras hacer. Debido a que mi madre era una soñadora, aprendí que yo también podía soñar."

Sonia pudo ir en pos de su sueño gracias a su personalidad firme, muy parecida a la de su madre. Me habló de un incidente crucial que consolidó su decisión de triunfar, ocurrido cuando cursaba el noveno grado en la escuela de música. Durante la ceremonia anual de entrega de premios, una brillante rubia llamada Kristin ganó el premio a la mejor alumna de todo el plantel por tercer año consecutivo. Al entregar el galardón el director afirmó: "Una vez más el premio es para Kristin y estoy seguro de que el año próximo tampoco nadie la derrotará." Al escuchar sus palabras, una Sonia decidida se dijo: "Eso es, ése es mi reto;" los tres años siguientes estudió con esmero y ganó el premio a la mejor alumna del plantel, así como el de mejor estudiante en todas sus materias hasta su graduación de la preparatoria.

Sin embargo, en su vida estudiantil no faltaron momentos de duda. Al terminar su licenciatura en música se dio cuenta de que todavía no había tomado la materia obligatoria de dirección debido a su inseguridad de pararse ante un auditorio y hacerse cargo de la música. Pero un maestro y guía muy especial preparó el camino para su carrera futura como directora. "Me aterraba tener que concentrarme en la música y al mismo tiempo estar pendiente de lo que hacían todos los ejecutantes," mi explicó. "David Buck fue mi primer maestro de dirección, y casualmente era la primera vez en mucho tiempo que impartía la clase de introducción a la dirección de orquesta; pero lo hizo en forma excelente, muy didáctica. Descubrió que yo tenía talento y pensó que era algo innato. Me retó y acepté. A partir de entonces se convirtió en mi guía, alguien que creía en mí. Aún ahora le pido consejo."

Sonia también recibió gran inspiración de su padre, quien dedicó su vida a llevar la música que amaba a la gente que quería. Ella siempre supo que también deseaba encontrar una manera especial de dar algo a su comunidad y desde luego, su aportación sería musical. Después de obtener su licenciatura y pasar cerca de seis años como directora invitada en varias orquestas y óperas, Sonia estaba lista para entregar su regalo a la comunidad latina y a los residentes de Los Ángeles. Fundó la Orquesta de Santa Cecilia en Los Ángeles, con la intención de llegar a los niños latinos y a sus familias, de manera que tuvieran la oportunidad de aceptar la música clásica, una parte tan especial de ella.

El padre de Sonia había fallecido unos meses atrás y escogió el nombre "Santa Cecilia" en su honor, ya que él era devoto de esa santa, considerada la patrona de los músicos. Al describir el nexo espiritual de su padre con Santa Cecilia, resultó clara la profunda influencia de aquél en la vida de Sonia: "Mi padre le rezaba a Santa Cecilia antes de cantar y cargaba consigo su imagen, así como numerosas pinturas y estatuas de ella; cada día de Santa Cecilia reunía a sus colegas en la iglesia de la santa en Los Ángeles para cantarle 'Las mañanitas.' Acudían docenas de guitarristas con voces hermosas y desde niña mi padre siempre me llevaba; cuando ellos acababan de cantar, yo tocaba el piano. Era una maravillosa celebración y tradición, la cual mi padre inició en Texas y continuó en Los Ángeles. El último año de su vida lo llevé a Italia a visitar la tumba de Santa Cecilia, donde le cantó la canción 'De colores.' "

Las presentaciones de la Orquesta de Santa Cecilia, la cual cuenta con sesenta y dos miembros, incluyen el concierto anual "Ópera bajo las estrellas;" estas presentaciones son una de las formas con las que Sonia comparte su talento musical con la comunidad latina. Otra es el programa musical de gran alcance "Descubriendo la música," en el cual participan el Distrito Escolar Unificado de Los Ángeles y músicos de la orquesta. Dado que la educación musical se eliminó en muchas escuelas, Sonia se dio a la tarea de brindar a los niños de la zona de Los Ángeles una oportunidad de aprender sobre la música e inspirarse en ella en forma muy personal. Elaboró un programa en el que los músicos visitan salones de clases para relacionarse con los estudiantes de la manera más cercana posible.

En la primera etapa del programa "Descubriendo la música" un músico acude a un salón de clases y se presenta: "Mi nombre es [tal] y toco [el instrumento que toque]; empecé a tocar cuando tenía [usualmente cinco o seis años]." Después, les narra a los niños por qué se enamoró de la música, cómo se desarrolló su carrera y qué significa ser músico; les enseña su instrumento e interpreta algo para ellos. Un mes después, otro músico visita el salón de clases con el propósito de que los niños se familiaricen con dos instrumentos distintos y conozcan dos historias acerca de cómo se convierte uno en músico. La tercera visita consiste en una presentación de un grupo de músicos de la orquesta en el auditorio de la escuela. El cuarto encuentro se lleva a cabo en un lugar más amplio de la comunidad donde por fin los niños escuchan a la Orquesta Santa Cecilia completa. Se invita a sus amigos y familiares y los niños pueden explicar a sus padres lo que ocurre, dado que se trata de familias que quizá nunca han tenido la oportunidad de asistir a un concierto. Los menores se emocionan no sólo porque pueden compartir sus conocimientos con sus padres, sino porque conocen en persona a varios de los músicos.

El acercamiento a la apreciación musical desarrollado por Sonia es único y humanístico. A diferencia de una típica excursión anual a un auditorio gigantesco donde cientos de niños escuchan música, pero establecen un contacto limitado o nulo con los intérpretes, "Descubriendo la música" empieza por conocer a la gente, a los músicos; después los niños se familiarizan con los instrumentos que tocan y, por último, escuchan la música que sus nuevos "amigos" interpretan para ellos. De esa manera el programa se acerca a ellos con música hermosa que tal vez nunca han tenido la oportunidad de escuchar. A los niños se les ofrece también la posibilidad de tomar clases de música y una de las metas de Santa Cecilia es comprar instrumentos para los alumnos de la localidad, con el objetivo de que un día se conviertan en miembros de las orquestas de su comunidad.

¿De qué manera responden los niños a este programa maravilloso? De acuerdo con sus profesores y padres, les conmueve profundamente escuchar tan bella música, así como el tiempo que los músicos les dedican para compartir sus historias y sus dones musicales. Sonia envía cuestionarios a los salones de clase para evaluar el impacto que causa el programa, y compartió conmigo algunas de sus reacciones. Una niña de ocho años escribió: "Cuando te escuché tocar sentí como que todas las cosas malas de mi vida, y dentro de mí, se iban lejos y nunca regresarían." Un niño de ocho años comentó: "Cuando te escuché tocar empecé a llorar porque me tocó el corazón y nada había tocado mi corazón antes." Un niño de nueve años que vive en un barrio asolado por pandillas escribió: "Yo pensé que los amigos eran lo único importante en mi vida, pero ahora me doy cuenta de que la música también es importante. La música también puede estar en mi vida." ¿Qué mayor beneficio puedes recibir por tu trabajo que saber que ayudaste a cambiar la vida de un niño? La retroalimentación de la gente joven cuyo espíritu ha sido tocado por la magia sin palabras de la música mantiene a Sonia concentrada en su misión.

Sin embargo, ese deseo de compartir el poder de la música con niños latinos y otros menores de su comunidad no siempre estuvo tan claro. Tomó forma como resultado de un incidente desagradable que despertó su necesidad de justicia. Estaba con su esposo en una presentación de *La Bohême*, sentada en el anfiteatro: "No podía ver al director, así que me asomé al frente. Dos señoras sentadas a nuestras espaldas se quejaron de que les tapaba la vista. Me disculpé, pero una de ellas comentó: 'Ustedes no deben estar aquí, no saben nada de este tipo de música.' Desde luego no sabían que yo era directora de orquesta, pero su actitud en verdad me molestó y me percaté de que debía hacer algo. En ese momento decidí crear mi programa de educación musical. Quería que *mi* gente encajara ahí y me dije: '¡Voy a demostrarle a estas personas quién debe estar aquí!' ¡Ese incidente fue como una inyección de vitaminas para toda la vida!"

Yo tuve el placer de asistir a una presentación de la Orquesta Santa Cecilia en el Teatro John Anson Ford de Los Ángeles. Los adorables escenarios naturales y la sensible ejecución de piezas de Beethoven y Rodrigo hicieron de la velada una conjunción perfecta de música y naturaleza. No obstante, para mí lo más destacado fue la presencia magistral y apasionada de Sonia. Estamos tan acostumbrados a los directores varones que sentir la poderosa energia femenina de Sonia al dirigir la interpretación de sus músicos de las obras clásicas que eligió fue una experiencia singularmente emocionante. Nunca olvidaré esa noche.

Al dar a conocer el repertorio clásico a la audiencia latina, al inspirar a nuestros niños y educar a nuestros jóvenes, Sonia Marie de León de Vega se dedica por completo a compartir su talento musical así como su poder de latina. ¡Si alguna vez hubo alguien que en verdad debe estar en una sala de conciertos, ese alguien es esta dotada y decidida maestra!

Dar algo tuyo, como otros te han dado a ti
Hilda Solís, congresista

Una de las mayores motivaciones al usar tu poder de latina para transmitirlo a otras es el agradecimiento. Si hubo personas que te motivaron y guiaron, entregándote bondadosamente parte de su ser para que pudieras avanzar y desarrollarte, es natural que quieras hacer algo por otra persona en el momento adecuado. Después de recibir apoyo desinteresado resulta placentero apoyar a otros. Una beneficiaria de tal apoyo moral fue Hilda Solís, la primera latina elegida para el senado por el estado de California y actual congresista de Estados Unidos.

Hilda fue la cuarta de siete hijos de una pareja de inmigrantes—padre mexicano y madre nicaragüense—y "siempre quería llamar la atención." Cuando la necesidad hizo que su madre tuviera que trabajar de nuevo, Hilda, entonces de diez años, se hizo cargo del hogar y de las responsabilidades de la crianza de los niños. También dio por hecho que empezaría a trabajar en cuanto terminara la preparatoria para ayudar con los gastos. Sin embargo, un tal señor Sánchez —uno de los dos guías importantes en su vida— la encaminó en una dirección insospechada: "Cuando estaba en la escuela se discriminaba a los latinos," me dijo Hilda. "No se les recomendaba seguir estudios académicos; más bien, se les capacitaba en algún oficio. Así que cuando en mi último año de preparatoria, el señor Sánchez, el consejero escolar, me preguntó sobre mis planes para el futuro, le respondí: 'No sé. Creo que haré lo mismo que mi hermana, trabajar como secretaria.' Era buena mecanógrafa y en esa época no sabía hacer otra cosa. El señor Sánchez me dijo, 'Tus calificaciones son muy buenas, ¿por qué no entras a la universidad?' y le contesté, '¿Está loco? Mis padres no ganan lo suficiente para mantener la casa, tengo que trabajar.' Pero él insistió y me enseñó cómo solicitar una beca y ayuda financiera. Su tenacidad me hizo entrar a la universidad; además, era muy rebelde y extrovertida y el señor Sánchez me enseñó a aplicar esas características de manera positiva."

Hilda asistió a la Universidad Politécnica del Estado de California. Ahí conoció a la segunda guía de importancia en su vida, Marisela Montes, joven latina que trabajaba para un programa de oportunidades educativas, en promoción y reclutamiento de estudiantes para la universidad. Marisela contrató a Hilda y así ésta tuvo la oportunidad de regresar a su antigua preparatoria para reclutar estudiantes. "Me reencontré con el señor Sánchez y entre los dos logramos enrolar al mayor número de latinos que había asistido a Cal Poly. Gracias a la ayuda que recibí de mis dos mentores, logré cumplir parte del sueño americano, del cual nunca había estado del todo consciente. Terminé la universidad, estudié la maestría en Administración Pública y con el tiempo me eligieron senadora del estado y congresista. Ahora me he convertido en mentora de otras personas."

De hecho, no tardó en hacerlo. Poco después de que el señor Sánchez la alentara a asistir a la universidad, Hilda empezó a compartir su recién descubierto poder transmitiendo esa visión a otros latinos, a través de su trabajo de reclutamiento para la universidad. Continuó participando en programas de apoyo y equidad para los latinos y demás personas frecuentemente ignoradas por el sistema político. Cuando contaba con sólo veintiún años, trabajó para el Departamento de Asuntos Hispanos de la Casa Blanca, durante la presidencia de Jimmy Carter, y después para la Oficina de Administración y Presupuesto, en la División de Derechos Civiles. Al respaldar a Hilda para formar parte del Congreso en el año 2000, el líder laboral Miguel Contreras dijo, "Muchas personas pensaron que no sólo necesitábamos . . . gente que votara en la manera adecuada, sino luchadores en Washington." Su papel de activista a favor de un mejor salario mínimo, del reconocimiento de la violencia doméstica y los derechos de las víctimas, de las mejoras en la atención de la salud y en la educación, así como la protección del medio ambiente, le han ganado a Hilda el título de "guerrera," junto con el respeto de los votantes y progresistas de todo el país. Por ejemplo, ella fue la primera mujer a la que se le otorgó el Premio John F. Kennedy al valor, por su trabajo pionero para mejorar el medio ambiente en las comunidades minoritarias y de bajos ingresos.

El asunto más importante en la agenda política de Hilda es asegurarse de que todos disfruten la oportunidad de compartir el sueño americano, incluso aquellos que apenas saben de su existencia: "En mi carrera política, mi meta es abrir puertas a los demás, ofrecer oportunidades a gente que por tradición no las ha tenido. Estamos en un proceso evolutivo irrefrenable y me propongo realizar los cambios necesarios en comunidades como aquella en la que crecí. Es interesante porque cuando las visito, los ancianos latinos me dicen que observar que hay políticas latinas exitosas les parece un cambio positivo y reconfortante. Agradecen que consideremos el panorama completo y no nos dejemos llevar sólo por razones egoístas."

Motivada por su fe en la justicia y la igualdad de derechos, así como por el deseo de brindar a otros las oportunidades que se le dieron, las razones de Hilda no son egoístas en absoluto.

Cómo ofrecer a las latinas un espejo que reafirme su identidad
Christy Haubegger, fundadora de la revista *Latina*

Es posible que las latinas jóvenes resten importancia al número creciente de publicaciones destinadas a los latinos que han surgido en los últimos diez años; pero muchas recordamos habernos sentido intrusas al acudir a los puestos de revistas y no vernos reflejadas—excepto en raras ocasiones—en las publicaciones principales. Ni las imágenes ni los temas que encontrábamos se referían en concreto a nuestra experiencia o cultura. Christy Haubegger transformó eso y su contribución a la cultura latina ha sido mayúscula y enriquecedora. Al fundar la revista *Latina* decidió compartir su poder proporcionándole a las lectoras modelos a seguir, así como un espejo periodístico a través del cual pudieran verse bajo una luz que reafirmara su identidad.

El camino de Christy para convertirse en una de las empresarias latinas más influyentes e inspiradoras se trazó muy pronto en su vida. Mexicoamericana por nacimiento, pero adoptada por padres angloamericanos, reconoce que el amor y el apoyo que recibió en su hogar fueron las bases para la formación de su espíritu seguro y empresarial. "Mis padres nunca me presionaron ni me dijeron que debía ser exitosa; de hecho, creo que para ellos un hijo exitoso es aquel que está rodeado de amor y es generoso y bueno. Pero mientras crecía siempre me dieron ánimos. Me decían que era hermosa, capaz, fuerte y lista; solían decirme todo el tiempo, 'Tú puedes ser lo que quieras, no debes limitar tus sueños, no importa lo que los demás te digan.' "

Los padres de Christy esperaban que los mensajes del mundo exterior fueran diferentes, porque en los años sesenta y setenta las oportunidades para las latinas en Texas eran muy restringidas. Si bien sus padres eran blancos, se dieron cuenta de que los latinos no tenían muchas oportunidades y no querían que su hija sufriera por esa situación. Christy está convencida de que cuando los padres reafirman con cariño la fuerza y el potencial de sus hijos "acabas por empezar a creerlo." Y ella creció creyendo en sí misma, confiada en que podía fijarse metas —incluso ambiciones— y conseguirlas. Pero también se percató de que no encajaba del todo ni en el mundo angloamericano ni en el de los latinos de padres latinos. De hecho, fue su madre angloamericana quien la presionó para que tomara clases de español en la preparatoria en lugar de francés, por el cual se inclinaba Christy porque había un "chico lindísimo" en la clase: "Mi madre consideraba que era muy importante que nunca me sintiera avergonzada de lo que soy y que pudiera responder en español a la gente que se me acercara suponiendo que lo hablaba.

En la universidad, Christy llegó a la conclusión de que no encajaría en un mundo estrictamente anglo, ni en uno latino, sino que lo haría en *ambos*. Luego de graduarme en filosofía ("¡Sabía que tenía que obtener una maestría, pues nadie abre una tienda de filosofía!"), decidió estudiar derecho como una manera de prepararse para hacer algo positivo por la comunidad latina. "Pensé que podría trabajar en un despacho de asistencia jurídica o en el Fondo Mexicoamericano de Educación y Defensa Legal (MALDEF por sus siglas en inglés) o algo así. Pero tomé un par de clases de administración, me interesaron los negocios y como tarea elaboré una especie de plan en miniatura para un negocio. Se trataba de una propuesta para una revista dirigida exclusivamente a las latinas.

Eso ocurrió pocos años después de que se publicaran los resultados del censo de 1990, anunciando que la de los noventa sería "la década de los hispanos." Fue una gran noticia que llamó la atención de Christy. Una revista orientada a las latinas parecía un negocio viable y en su tarea detalló los planes para emprender una. Como respuesta a su propuesta el profesor le dijo, "Si este aumento de la población hispana es cierto y no existen revistas de ese tipo, deberías considerar hacerlo."

La respuesta de Christy en aquel entonces fue, "¡Oh, no, yo voy a ser abogada!"

Sin embargo, a medida que se acercaba su graduación de la escuela de leyes, Christy no podía dejar de pensar en la revista. Al haber sentido la falta de imágenes en los medios con las que pudiera relacionarse en su adolescencia y juventud, sabía que otras latinas debían sentir un vacío similar. Una revista para latinas era una idea estimulante y un proyecto que valía la pena, pero, ¿podría llevarlo a cabo? Se preguntaba si debía abandonar su carrera como abogada por una propuesta de alto riesgo y razonó consigo misma antes de tomar una decisión definitiva: "Una parte de mí pensó: 'Dentro de sesenta años, cuando tenga ochenta y tantos, preferiría recordar que intenté algo en grande, incluso si fracasé espectacularmente, a cuestionarme qué hubiera pasado si lo hubiera intentado.' También me dije, 'Bueno, quizá deba intentarlo e iniciar la revista, porque, ¿qué es lo peor que puede pasar? Puedo fracasar y dedicarme a las leyes . . . ¡lo que no está nada mal!' "

Otra parte importante de la vida de Christy también le ayudó a tomar la decisión de acercarse a la comunidad de latinas por medio de una revista nueva e inspiradora. En la universidad se inscribió en el programa Hermanos Mayores/Hermanas Mayores. Lo que aprendió de su relación con su hermana menor cambió el rumbo que tomaría su vida. Christy me confesó que se hizo hermana mayor de una joven chica mexicoamericana y que su relación fue determinante. "Comprendí lo poco que su familia y la sociedad esperaban de ella y recuerdo haber pensado que era una locura. Éramos el mismo tipo de chica, excepto que yo tuve suerte en algunos aspectos. Pensaba que podía hacer lo que me propusiera. Pero la madre de ella había sido derrotada muchas veces, a pesar de ser muy buena y me impactó eso de 'Si no fuera por la gracia de Dios. . . .' No me pareció correcto que mi vida fuera tan diferente de la de ella sólo porque me había criado en un lugar distinto y que mis sueños fueran mucho más grandes que los suyos. En ese instante vi con claridad que el sueño americano no se materializa del todo para la mayoría de la gente."

Christy supo que valía la pena correr el riesgo al pensar en la diferencia que una revista como *Latina* representaría en las vidas de muchachas como su hermana menor. Quería evitar que otra generación de mujeres jóvenes fuera incapaz de visualizarse como astronautas, ejecutivas o doctoras en medicina y sabía que una revista donde latinas como éstas contaran sus historias podría ser crucial para chicas como aquella que la admiraba como su hermana mayor.

No sucedió de inmediato. Christy necesitaba conseguir el financiamiento con inversionistas para quienes ésta era una empresa radicalmente nueva; debía intentar convencerlos de que una latina veinteañera tenía lo necesario para montar una revista viable con un público fiel. Me comentó cómo, una vez más, la ayuda de sus padres fue fundamental para superar el comienzo. "La razón por la que pude pensar siquiera en empezar una revista fue porque mi familia me dijo que podía hacer lo que me propusiera. Dada su gran fe en mí, soy buena manejando el rechazo, lo que es importante porque muchísimas personas dijeron 'no,' cientos . . . Yo intento aprender de cada rechazo y le pregunto a la gente: '¿Qué pude haber hecho diferente? ¿Qué fue lo que hice mejor o peor?' "

Por supuesto, Christy consiguió el apoyo para lanzar *Latina* y el resto es historia. Sin ser en lo absoluto presuntuosa, admite que para hacer realidad su idea tuvo que ser una especie de pionera. No había ninguna revista dirigida al mercado específico de las latinas y, por lo tanto, no contaba con una ruta a seguir. Debió construir una propia, tal y como muchas otras latinas han tenido que hacerlo en sus propios campos: "En ocasiones pienso que labramos nuestro propio sendero, pues no existe uno establecido. Como latinas debemos ser pioneras. Creo que somos buenas en ello, pues no esperamos que nadie nos regale nada, ya que nadie lo hace. Estamos obligadas a hacer nuestro propio camino."

Al aplicar su poder de latina para arrancar una revista que muestra de manera entusiasta los éxitos de las latinas en toda clase de actividades, Christy Haubegger ha comunicado a miles de mujeres jóvenes la seguridad de que ellas también pueden convertirse en pioneras. Y eso es lo que significa compartir el poder.

Cómo compartir la fe en forma creativa
Jaci Velásquez, intérprete y compositora

En ocasiones el proceso de potenciamiento adopta la forma de una creación artística, como una novela, una película o una canción. Si bien el arte siempre busca provocar un efecto emocional, existen algunos libros, películas o canciones extrañas que nos conmueven de tal manera que modifican la manera en que nos vemos a nosotras mismas o al mundo. Cuando una compositora comunica su percepción a través de una forma artística convincente, sus oyentes reciben un obsequio único. Justo eso es lo que la cantante y compositora Jaci Velásquez espera que ocurra con su público.

Apenas con veintitantos años, Jaci ya está compartiendo su poder de latina con millones de personas. Comenzó su carrera a los catorce años cantando con su familia en Houston, Texas. Después se volvió una estrella en el ambiente musical cristiano y en la actualidad lo es en el mundo de los discos, tanto en el mercado hispano como en el angloparlante. Seis años después de haber comenzado a grabar, cuatro de sus siete producciones han recibido discos de oro y uno de platino. Ha colocado dieciséis canciones en primer lugar en las listas de popularidad. Además de sus talentos musicales, Jaci transmite a su público una cualidad profundamente personal y espiritual. Sus canciones reflejan su franqueza sobre lo que es ella, algo muy poco común en un medio donde los artistas suelen presentar una imagen fabricada. Jaci me confió que la honestidad es la base de su relación con el público.

"Para mí, en verdad es importante ser honesta en lo que canto, "dice," ya que creo que cuando alguien intenta construir una apariencia y convertirse en un artista con imagen pretenciosa, se aleja como persona de su público. Quiero que mi público sepa quién soy porque es la única manera en que puedo relacionarme con ellos.

Una de sus canciones en particular demuestra su honestidad emocional: "Cómo se cura una herida," que trata de la desintegración del matrimonio de sus padres, hecho que en su momento causó un efecto devastador en Jaci. Incluida en su álbum *Mi corazón* (ganador del premio al Mejor Disco Pop Femenino del Año de los Premios Billboard Latinos), esta canción es impactante para los miles de oyentes que son hijos de padres divorciados. "La canción es parte de un proceso de curación, "dice ella," para mí y para la gente que la escucha. Mucha gente se ha acercado a mí y me dice, 'Mis padres se divorciaron y pensé que iba a enloquecer. Te agradezco que hayas compuesto esa canción porque siento que Dios la utilizó para cambiar mi vida en forma positiva.' Mis canciones han sido mi terapia, por lo que me alegra compartir algo de esperanza y motivación."

No es un secreto que la fuente de esperanza y dirección de Jaci es su fe en Dios; ella valora su capacidad creativa para expresar esa creencia por medio de sus canciones. En una época en la que la mayoría de los jóvenes se sienten confundidos por las opciones conflictivas que les presenta la vida y el bombardeo de presiones y temores, el mensaje de fe contenido en muchas de sus letras es considerado inspirador y reconfortante. Si se toman en cuenta los mensajes agresivos que los adolescentes reciben de la música, de las películas o de la publicidad, que promueven la violencia y el sexo sin amor, el estilo sincero y espiritual de Jaci ofrece una alternativa que no sacrifica la música y no suena a sermón; se trata más de poder generacional que de presión generacional.

Jaci, quien es tan franca sobre su relación con Dios como lo es con respecto al amor, al desencanto y al dolor causado por la separación de sus padres, cree que con sus canciones se acerca a la juventud que busca respuestas a las preguntas más importantes de la vida. "Creo que la nueva generación está buscando algo: un poco de esperanza; algunas veces nos desvían del camino y pensamos que lo podremos encontrar en otras cosas. Necesitamos gente que diga: '¿Sabes qué? no te voy a obligar a nada, pero éste es el único lugar en el que vas a hallar tu inspiración.' El público es muy receptivo con ese mensaje. Nunca intento sermonear ni hacer que otros crean lo que yo creo. Sólo quiero transmitir un poco de esperanza, la misma que Dios le da a mi vida. Cuando las cosas no están del todo bien y la vida me juega una mala pasada, sonrío y sé que no voy a desmoronarme. ¿Por qué dejaría Dios que fracasara? Sé que puedo superarlo."

Como muchas otras latinas, la fe de Jaci es la base de su tenacidad de aguantadora para soportar sus problemas personales. Al combinar esa cualidad esencial con su espíritu creativo y con la valentía de una atrevida que no teme presentar al público anglo e hispanohablante un mensaje que, aunque no siga las tendencias de la moda, es inspirador, esta cantante pop, llena de sentimiento, comparte su poder de latina por medio de sus canciones honestas y sinceras.

Tres generaciones con el poder de las latinas
Angélica María, actriz y cantante

Conocida como "La Novia de México," la actriz Angélica María es querida en su país y en toda América Latina. Si bien comenzó su carrera actoral a los cinco años de edad, la historia de cómo desarrolló su poder de latina y lo transmitió con éxito a su hija, Angélica Vale, empezó mucho antes, con Angélica Ortiz Sandoval, su madre, toda una pionera.

A pesar de haber crecido en una época en la que en México no se esperaba que las mujeres siguieran estudios profesionales, Angélica Ortiz Sandoval estudió la carrera de administración; trabajó como secretaria y luego alcanzó logros en la industria cinematográfica y teatral que pocas mujeres en el mundo eran capaces de conseguir en esos días. Angélica se expresa con orgullo de los logros fundamentales de su madre: "Era una mujer adelantada a su tiempo en este país, no sólo por haber estudiado y tenido una carrera exitosa, sino porque se divorció cuando tuvo que hacerlo. De secretaria pasó a ser una de las productoras de cine y teatro más importantes; fue una verdadera vanguardista. Era una mujer muy culta con gran sentido del humor y una insuperable capacidad para trabajar. Siempre creyó en dar oportunidades a la gente joven. Fue una mujer excepcional, pero sobre todo era muy humana, la mejor madre, abuela y amiga.

Como productora, escritora, directora, diseñadora de escenarios y de vestuario, además de gerente de promoción y relaciones públicas, la madre de Angélica fue un extraordinario ejemplo de una aguantadora atrevida; estaba decidida a hacer lo que fuera necesario para alcanzar sus metas y nunca dudó en arriesgarse. Cuando una puerta se cerraba, ya estaba abriendo otra.

Angélica abrió la puerta a su propio éxito cuando sólo tenía cinco años. Asistió a una fiesta infantil con su tía y conoció al famoso productor de cine Gregorio Wallerstein, quien buscaba a un niño para una película. De inmediato, Angélica recogió su cabello y dijo que se lo cortaría para verse como niño. A Wallerstein le admiró su audacia y después de hacerle una audición, la contrató para el papel. Corría el año de 1950 y la película se llamó *Pecado*, con Zully Moreno y Roberto Cañedo.

No es extraño que Angélica haya heredado la seguridad en sí misma y las habilidades teatrales de su madre. Apareció en veintiún películas durante su niñez y en treinta y cinco más, en su adolescencia y madurez. También ha actuado en diecisiete telenovelas, de las cuales la más popular fue *Corazón salvaje*. Como cantante, se ha presentado en más de cuatrocientos cincuenta programas musicales en México, América Latina, Estados Unidos e Italia. Considerada la creadora de la "balada ranchera," ha grabado cuarenta y cinco discos de larga duración y compactos. También se dice que fue la primera artista mexicana que entonó una canción de protesta.

Angélica me contó cómo utilizó cada una de las siete fortalezas de su poder de latina para obtener todos sus logros: "Desde luego, como artista he tenido que usar mi espíritu creativo para desarrollar una visión de mi futuro: elaborar espectáculos, escoger una película, una obra teatral o una canción y de alguna manera adivinar lo que el público quiere ver o escuchar. Tuve que ser aguantadora para ignorar los chismes que en ocasiones son continuos y exagerados, así como para soportar el cansancio de las giras, las desveladas y los meses cuando el trabajo escaseaba. En cuanto a pertenecer a un círculo de comadres, la única forma que concibo el trabajo y el éxito es cuando me considero parte de un equipo. Es necesario ser diplomática para llevarse bien con algunas de las personalidades de este negocio. Ser atrevida es esencial; sólo con audacia se conquistan los miedos. Después de cincuenta y dos años de experiencia no pienso todavía en el retiro, ¡nada puede detenerme! No siempre fue fácil convertirme en malabarista y equilibrar el trabajo y la familia, pero, aun cuando por decisiones importantes en mi carrera tuve que sacrificar tiempo para mí y mis seres queridos, más adelante conseguí ese balance.

¿Que si me siento como una reina? Ciertamente intento tener esa clase de fuerza. Cuando has tenido como ejemplo a una luchadora como mi madre, haces lo que sea necesario para ser fuerte.

Con el potencial del poder de latina heredado de su valerosa madre, el cual desarrolló durante toda su vida, es natural que Angélica haya infundido esas cualidades en su hija, la actriz Angélica Vale, quien desde que nació acompañó a su madre en todas sus giras; incluso empezó a trabajar en el teatro a los dos años y medio. Según dice Angélica María, "Compartimos el escenario, juntas y felices ¡las tres! Éramos un equipo: mi madre, mi hija y yo."

Lo que Angélica María le transmitió a su hija, a través de sus palabras y de su ejemplo, fue que eligiera algo que quisiera alcanzar y no permitiera que nada la detuviera. Que se preparara obteniendo la capacitación necesaria y se informara bien de lo que enfrentaría. Le dijo que el conocimiento y la experiencia le ayudarían a superar sus miedos: "Estar informada es ser fuerte. Siempre he intentado ser un ejemplo de luchadora para mi hija. He procurado ser un modelo a seguir en cuanto a trabajo arduo, tenacidad y profesionalismo. Ella me adora y yo a ella."

Al haber tenido como modelo a una mujer valerosa y creativa, su madre, a Angélica María le resultó natural modelar a su vez ese comportamiento para su hija. Tres Angélicas, las tres mujeres destacadas y un ejemplo célebre de cómo compartir tu poder con las personas más cercanas a ti.

Cómo propiciar el poder de latina en tu propio jardín

Cada una de las historias contenidas en este capítulo nos ha mostrado algunas de las formas de compartir el poder de latina. Sonia Marie de León de Vega motiva a los niños de su comunidad a involucrarse con la música clásica. Al verla como una talentosa directora de orquesta, las jóvenes latinas con aspiraciones musicales no necesitan preguntarse si algún día podrán encontrar un lugar en el mundo de la música clásica: con ella como un modelo apasionado y poderoso a seguir, pueden estar seguras de ello.

La congresista Hilda Solís está compartiendo su poder al devolver lo recibido a su comunidad y al país entero. Su trabajo legislativo en beneficio de las minorías, los pobres, las víctimas de la violencia doméstica, el medio ambiente y otros temas, es fuente de inspiración para todas nosotras. Hilda es la prueba de que el poder de las latinas puede conducir al poder político, el cual, en manos de mujeres como ella, produce cambios importantes en nuestra sociedad.

La creación de la revista *Latina* por parte de Christy Haubegger fue una pieza fundamental en el desarrollo de nuestra cultura. Antes estábamos marginadas por los medios de comunicación y *Latina* nos dio presencia. Vernos reflejadas en sus páginas reafirma nuestra identidad y valida nuestras aspiraciones. La revista de Christy continúa otorgándole poder a las latinas al dar a conocer perfiles de mujeres notables de nuestra comunidad y artículos que motivan a las lectoras a desarrollar sus capacidades.

La cantante pop Jaci Velásquez comparte su fe a través de sus canciones y constituye un modelo a seguir para las jóvenes latinas al poner en primer lugar sus valores más profundos. Los jóvenes que disfrutan su música escuchan un mensaje que los impulsa a buscar soluciones espirituales, en lugar de obedecer los dictados de una cultura juvenil consumista.

Angélica María nos brinda el ejemplo de cómo recibir el poder de la madre y, en su momento, transmitirlo a tu hija, de manera que ésta desarrolle la misma confianza, fuerza y éxito. Su historia sirve como metáfora de cómo cada una de nosotras recibe las siete fortalezas de otras mujeres —nuestras madres o alguien más que nos haya inspirado— y luego transmite ese poder a nuestras hijas y a otras mujeres de la comunidad o a algún otro lugar.

Creo que cuando alcanzamos un punto en la vida en el cual nuestro poder de latina está bien desarrollado tenemos la responsabilidad y la obligación de compartirlo con nuestras comunidades y el mundo. Hemos recibido sabiduría, guía, amor y apoyo; otras mujeres han compartido su poder con nosotras, permitiéndonos convertirnos en lo que somos. Es nuestro turno de hacer lo mismo.

¿Cómo compartir tu poder de latina con tu hija, sobrina, vecina o alguna otra joven latina? Estoy convencida de que es necesario darse cuenta de la clase de personas que ya son nuestras hijas y aceptar sus intereses y anhelos particulares. Muchas jóvenes —aun si no conocen con claridad qué es lo que quieren hacer con su vida— sienten, en general, qué les emociona, qué les intriga y qué le da sentido a su vida; pero en ocasiones no saben cómo construir el camino que las llevará de un sueño a una vida en la que aporten al mundo algo que les guste hacer. A veces su familia o la sociedad les dice que no deben seguir sus instintos ni ir en pos de cierta meta porque no es realista y resulta difícil o inapropiada para una mujer o una latina en particular. Como modelos a seguir, tías, madres y comadres, nuestra tarea es permitir que las chicas se convenzan de que *pueden* lograrlo, de que el reto de la vida es encontrar una forma de realizar lo que disfrutan. Cuando una joven latina cuenta con alguien que la quiere lo suficiente para apoyar su individualidad y la ayuda a cultivar sus sueños, esa energía cariñosa la alienta, lo que aumenta sus posibilidades de lograr esos sueños. Nosotras podemos inyectar ese tipo de energía a las muchachas de nuestra comunidad.

Además de reconocer y validar sus sueños, también debemos estar al tanto de los problemas que enfrentan muchas jóvenes latinas. Según un informe reciente de la Coalición Nacional de Organizaciones Hispanas de Servicios Humanos y de Salud (COSSMHO), las chicas latinas que habitan en Estados Unidos "tienen mayor probabilidad que sus pares blancas o afroamericanas de enfrentar las cuatro amenazas más serias para la salud y la educación de las jóvenes en la actualidad: la depresión, el embarazo, la drogadicción y la delincuencia." Contrario a ciertos estereotipos populares, cuanto más se adapte una jovencita a la cultura dominante en la sociedad estadounidense, más probable será que sea presa de la depresión o las drogas, que se embarace o reduzca sus aspiraciones culturales. Según parece, las nuevas inmigrantes que traen consigo el deseo (al igual que sus padres) de obtener una vida mejor, así como la decisión para lograrlo, tienen menor probabilidad de desperdiciar las oportunidades que les ofrece el país. Por otro lado, según estadísticas recientes, veintitrés por ciento de las latinas en Estados Unidos abandonan la preparatoria, en tanto que las mujeres blancas sólo alcanzan siete por ciento.

A cada una de nosotras corresponde asegurarnos de que nuestras hijas aprovechen todo lo que la sociedad les ofrece, incluyendo la educación necesaria para cumplir sus sueños. Lo primero es hacer que las chicas tomen conciencia de sus dones creativos e intelectuales y después ayudarlas a identificar su potencial para transformar esos dones en una vida plena, una vez hayan adquirido la educación y la experiencia necesarias. Seria una tragedia ver tanto poder potencial de latinas desperdiciado por la falta de guías y de comadres que apoyen y orienten a las jóvenes. Así que dedica tiempo para conversar con tu hija y con otras jóvenes de tu comunidad. Reúnanse con otras latinas exitosas y pónganse en contacto con una escuela o un grupo de jóvenes vecinos. Dile al director que deseas participar en el día de orientación vocacional (o establece tu propio día) para informar a las chicas acerca del trabajo que disfrutas realizar y los pasos que ellas también pueden dar para hacer lo que les guste.

Estoy convencida también de algo que quizá suene demasiado simple y obvio para mencionarse, pero no hay nada más importante en la vida de nuestras hijas que un ejemplo inspirador. Permíteme contarte una historia sobre una de mis clientes. Acudió a mí porque su hija adolescente se negaba a ir a la escuela. Hablamos del problema y le di algunas sugerencias que puso en práctica con la chica. No obstante, nada funcionó, por lo que mi clienta dejó de intentarlo. Sin embargo, ella, la madre, decidió inscribirse en la escuela. Tomó clases de inglés como segundo idioma y algunos cursos de computación. Ya que no confiaba en dejar a su hija de trece años sola en la casa cuando tomaba sus clases nocturnas, hacía que la acompañara. En un principio la muchacha se negaba, pero ella la obligó. Con el tiempo la hija se percató de que la madre iba a conseguir su propósito y estuvo presente cuando recibió su certificado al terminar los cursos y los profesores la felicitaron por su buen desempeño. Esto tuvo un efecto profundo en la hija; la motivó a involucrarse en el proceso de aprendizaje y mejorar su vida.

La moraleja de la historia es que podemos charlar con nuestros hijos, esperar que se comporten de cierta manera, motivarlos, obligarlos y sobornarlos, pero no hay nada mejor que *demostrarles* las cosas con nuestro propio comportamiento. Igualmente, es esencial inspirar a cada mujer que, sin importar su edad, puede necesitar el impulso que nuestro ejemplo le proporcione. El poder de las latinas se extiende cuando buscamos motivación en otras y reconocemos nuestro potencial en las mujeres que de manera generosa comparten su poder con nosotras.

El poder está dentro de ti y a tu alrededor

Escribí este libro para ti, porque sé que tienes algo valioso que ofrecer al mundo. Como cada una de las mujeres que han compartido aquí su historia, cuentas con el potencial para hacer realidad tus sueños y los atributos del poder de las latinas pueden ayudarte. Dicho poder no consiste en cambiar lo que eres, sino en reconocer y desarrollar un poder heredado que ya posees. Te fue legado por las mujeres que te rodean —familiares cercanos y lejanos o miembros de tu comunidad— así como por tus ancestros femeninos. Esas mujeres lograron ser creativas, aguantadoras, comadres, diplomáticas, atrevidas, malabaristas y reinas porque el medio cultural y político al que pertenecieron les exigió poseer esas cualidades. Tú, como su hija cultural, heredaste su valor, su creatividad, su tenacidad y su hábil equilibrio. Llevas contigo su confianza, su diplomacia y su unión con otras mujeres. Todo esto resulta en una sabiduría colectiva que las latinas tienen la fortuna de transmitir de generación en generación y la cual debemos valorar y compartir con generosidad con otras. Mi deseo es que tu poder de latina se haga presente de cualquier manera en que te haga brillar más. ¡En verdad eres la directora, la guía y la reina de tu vida!

Bibliografía

Agosin, Marjorie (ed.), *Miriam's Daughters: Jewish Latin American Women Poets*. Sherman Asher Publishing, Santa Fe, Nuevo México, 2001.

Ávila, Elena, R. N., M. S. N., *Woman Who Glows in the Dark: A Curandera Reveals Traditional Aztec Secrets of Physical and Spiritual Health*. Jeremy P. Tarcher/ Putnam, Nueva York, 1999.

Bergman, Emilie et al., *Women, Culture and Politics in Latin America*. University of California Press, Berkeley, 1992.

Bolen, Jean Shinoda, M. D., *The Millionth Circle: How to Change Ourselves and the World*. Conari Press, Berkeley, California, 1999.

Carnes, Robin Deen y Sally Craig, *Sacred Circles: A Guide to Creating Your Own Women's Spiritual Group*. Harper, San Francisco, 1998.

Csikszentmihalyi, Mihaly, *Creativity: Flow and the Psychology of Discovery and Invention*. HarperPerennial, Nueva York, 1996.

Hirshfield, Jane (ed.), *Women in Praise of the Sacred: 43 Centuries of Spiritual Poetry by Women*. HarperPerennial, Nueva York, 1994.

Latina Feminist Group/Duke University Press, *Telling to Live: Latina Feminist Testimonios*. Latina Feminist Group/Duke University Press, Durham y Londres, 2001.

Miranda, Alfredo y Evangelina Enríquez, *La Chicana: The Mexican-American Woman*. University of Chicago Press, Chicago, 1979.

Paz, Octavio, *Sor Juana*. Belknap Press/Harvard University Press, Cambridge, Massachusetts, 1988.

Pearson, Carol S., Ph. D., *The Hero Within: Six Archetypes We Live By*. Harper & Row, San Francisco, 1989.

Peña Doria, Olga Marta, *Digo yo como mujer; Catalina D'Erzell*. Nuestra Cultura, México, 2000.

Perrone, Bobette, H., Henrietta Stockel y Victoria Krueger, *Medicine Women, Curanderas, and Women Doctors*. University of Oklahoma Press, Norman, Oklahoma, 1989.

Riding, Alan, *Distant Neighbors: A Portrait of the Mexicans*. Vintage Books, Nueva York, 1989.

Saldívar-Hull, Sonia, *Feminism on the Border: Chicana Gender Politics and Literature*. University of California Press, Berkeley, 2000.

Shorris, Earl, *Latinos: A Biography of the People*. Avon Books, Nueva York, 1992.

Silverblatt, Irene, *Moon, Sun, and Witches: Gender Ideologies and Class in Inca and Colonial Peru*. Princeton University Press, Princeton, Nueva Jersey, 1987.

Sosa, Lionel, *The Americano Dream: How Latinos Can Achieve Success in Business and in Life*. Dutton/Penguin Putnam, Nueva York, 1998.

Wills, Gary, *Papal Sin: Structures of Deceit*. Image Books/Doubleday, Nueva York, 2000.

Agradecimientos

Agradezco, en primer lugar, a todas las mujeres que a lo largo de la historia han hecho posible que las mujeres de hoy seamos todo lo que podemos ser; a las mujeres contemporáneas que trabajan mejorar las vidas de los miembros de su comunidad, y por nuestras comadres espirituales con quienes siempre contamos cuando las necesitamos.

Mi agradecimiento muy especial para mi editora en Simon & Schuster, Marcela Landres, quien creyó firmemente en este libro, me brindó apoyo y entusiasmo ilimitados, así como útiles sugerencias editoriales.

Expreso también mi agradecimiento a:

Las agentes literarias Angela Miller y Betsy Amster, por su amabilidad y compromiso.

Yolanda Hernández, quien localizó a nuestras entrevistadas y llevó a cabo esta gran tarea al entregar su apoyo de todo corazón.

Pepe Barreto, Miguel Weich, Aranzazú Flores, Ron Arias, Judy Lane, Bob Morones, Jerry Velazco y Marta García, quienes me ayudaron de manera entusiasta a establecer contacto con las entrevistadas en este libro.

Mis padres, quienes me dotaron con el espíritu de la vida.

Mis hijas, Eleonora, Gabriela y Natalie; mis nietas Sophia y Esther quienes son mi fuente más profunda de inspiración.

Mi hermana Norma y cuñada Quela, siempre junto a mí cuando las necesito.

Los hombres latinos que han brindado su apoyo a la misión que las latinas nos fijamos en la vida. Con gratitud especial para Alex, mi esposo, mi alma gemela, quien se enorgullece de todo lo que hago y disfruta conmigo mi éxito. Oscar, mi cuñado, quien constantemente me recuerda que, para ser en verdad poderosas, las mujeres deben también ser inteligentes en lo que se refiere al aspecto financiero. Bruno, mi hermano, la persona con la que toda mi vida podré contar y quien, al igual que mi marido, trabaja con ímpetu incansable contra la discriminación, el racismo y el sexismo. Brian, mi yerno, quien trabaja por las mismas valiosas causas que Bruno y Alex defienden y es un esposo excelente para mi hija y un padre maravilloso para mis nietas.

Por último, mi agradecimiento sincero a todas las entrevistadas que compartieron su historia y su sabiduría para que las lectoras puedan reconocer con orgullo y poner en práctica su propio poder de latinas.

Índice analítico